注册国际投资分析师考试指定用书（



# 固定收益证券估值与分析

国际投资专业人士学习平台
瑞士投资专业人士培训中心　编著
中　国　证　券　业　协　会

中　国　证　券　业　协　会　编译

中国财经出版传媒集团
中国财政经济出版社
北京

**图书在版编目（CIP）数据**

固定收益证券估值与分析／国际投资专业人士学习平台，瑞士投资专业人士培训中心，中国证券业协会编著；中国证券业协会编译．--北京：中国财政经济出版社，2024.7

注册国际投资分析师考试指定用书．2024

ISBN 978－7－5223－2754－9

Ⅰ．①固…　Ⅱ．①国…　②瑞…　③中…　Ⅲ．①固定收益证券－证券投资－资格考试－教材　Ⅳ．①F830.91

中国国家版本馆 CIP 数据核字（2024）第 034706 号

责任编辑：郁东敏　　　　责任校对：胡永立

封面设计：中通世奥　　　　责任印制：党　辉

**固定收益证券估值与分析**

**GUDING SHOUYI ZHENGQUAN GUZHI YU FENXI**

中国财政经济出版社 出版

**URL**：http：//www.cfeph.cn

E－mail：cfeph@cfeph.cn



社址：北京市海淀区阜成路甲 28 号　邮政编码：100142

营销中心电话：010－88191522

天猫网店：中国财政经济出版社旗舰店

网址：https：//zgczjjcbs.tmall.com

北京鑫海金澳胶印有限公司印刷　各地新华书店经销

成品尺寸：185mm×260mm　16 开　18.5 印张　283 000 字

2024 年 7 月第 1 版　2024 年 7 月北京第 1 次印刷

定价：55.00 元

ISBN 978－7－5223－2754－9

（图书出现印装问题，本社负责调换，电话：010－88190548）

本社质量投诉电话：010－88190744

**打击盗版举报热线：010－88191661　QQ：2242791300**

# 前　　言

注册国际投资分析师（CIIA）考试由注册国际投资分析师协会（Association of Certified International Investment Analyst，ACIIA）主办。ACIIA是由欧洲金融分析师联合会、亚洲证券分析师联合会以及欧洲、亚洲、大洋洲和拉丁美洲的近30个国家和地区的投资分析师组织，于2000年6月联合成立的国际性专业机构，其宗旨是推行投资分析领域的国际标准。CIIA考试涵盖了投资分析师应当掌握并熟练运用的各类专业知识，其专业水准得到了注册国际投资分析师协会各成员国家和地区，以及部分其他专业组织的广泛认可，通过CIIA考试是具有在不同国家或地区从事金融服务业工作能力的重要标志之一。

中国证券业协会于2001年成为ACIIA的会员，此后开始推动引入CIIA考试，并于2006年3月11日在我国组织了首次CIIA考试。CIIA考试作为我国证券行业多层次人才教育培训体系的重要组成部分，对促进证券行业专业人员提升专业素养和国际视野，积极服务资本市场高水平制度型开放具有积极意义。同时，CIIA考试充分尊重不同国家或地区的投资分析专业人员学习和工作的法律环境和语言环境，允许使用中文参加考试，非常适合我国从事投资分析、财富管理、企业融资以及投资银行等工作，特别是需要在不同国家和地区工作的专业人士报考。截至2024年6月，我国境内共有2288人通过了CIIA考试。

近期，注册国际投资分析师协会发布了2024版注册国际投资分析师考试教材，新版英文教材在逻辑结构和层次上重新进行了梳理，更新了部分内容，主要包括：一是各本教材中局部内容调整。根据理论知识和市场实践发展，更新各本教材的局部内容，如《公司财务》中增加租赁相关内容，《衍生产品估值与分析》中增加多种期货合约、套期保值的介绍，更新期权定价模型、套利关系的内容，细化信用衍生品的介绍等。二是新编《投资组合管理》，增加现代投资组合理论、有效市场假说与行为金融、多因子模型和因子投资、客户目标及投资策略、资产负债管理、国际投资、可持续投资、绩效度量与评价、投资经理的选择、股票投资组合管理、交易所交易基金、另类投资、金融科技和数据分析等内容，重新梳理了章节构成。三是优化逻辑、体例，考虑教材内容体系庞大，各本教材对部分章节知识的排布顺序进行了调整，使内容由浅入深、循序渐进，增强逻辑性，重新编排了章、节、小节、知识点编号。四是更新了数据、案例，增加了一些新的企业经营案例、年报分析案例等，更新了各类图表、案例中的数据，时间信息与近期市场进程同步。

为便于报考人员学习、掌握相关知识体系，中国证券业协会组织专家对英文原版教材进行了翻译。在历时数月的 2024 版《注册国际投资分析师考试指定用书》翻译工作中，专家们对整套 7 本教材逐字逐句研读、斟酌、修订，力求信、达、雅，但由于编译工作浩繁，时间紧张，书中难免有所疏漏、不足甚至错误之处，恳请读者批评指正。

如有任何意见和建议，欢迎发送邮件至 zybzb@ sac. net. cn。

**中国证券业协会**

2024 年 7 月

# 目　　录

注：加 * 的章节为必考内容。

# 第1章　基本原理

## 1.1　导论：债务工具的概念

### 1.1.1　导论

从法律上看，债券是因债务而产生的有价证券。这类证券由借款人在承认其负债的基础上发行。从证券的意义上看，借款人发行证券时，向证券持有人承诺在将来一个时期，归还所借款项（债务本金或面值）及利息（票面利息）。借款人按照约定偿还本金的日子即是债券的“到期日”。

债券的面值（借款人到期偿还的本金）与票息（被认为是利息而不是本金）的法律属性有所不同。本书后面会解释，这一差异使得人们可能把本金支付与票息支付区别对待，由此导致套利活动，促进了某些重要金融工具的发展。①

市场参与者常常把债券称为“票据”。他们在描述某类债务工具的名称时，通常把“债券”与“票据”混同使用。无论从形式还是内容上看，两者的确没有什么不同。之所以存在两个名称，是由历史造成的。根据习惯，人们把期限超过7年的债务工具称为“债券”，把7年以下的债务工具称为“票据”。近年来，按照某些项目发行的证券（如中期票据或欧洲中期票据）以及

---

①　瑞士法律规定，债务工具只有符合下列条件才能被称为债券：“债务工具的借款金额足够大，其中的一部分借款金额必须按照相同的条件分配给数量足够多的贷款者；债务工具在发行时，必须公开募集资金，或发行招股说明书，在交易所公开交易，这样的发行才是《瑞士债法典》b条目第一项第一条第727项规定的‘债券发行’（《瑞士债法典》第一条1156项）。债务工具必须发行给不确定的人群，或购买者数量至少达到20个。发行债务工具募集的资金至少达到200万瑞士法郎，发行时必须公开进行，把债务工具分成不同的部分，销售给购买者。”

票息浮动的证券，也被称为“票据”。

从金融视角来看，债券（票据）不过是一系列未来现金流的组合。

### 1.1.2 发行债券的经济作用

当公司需要筹集1年以上的资金时，发行债券是其可选择的重要渠道之一。公司一般面向机构投资者和个人投资者发行债券，而不是去银行借款来满足中长期资金的需要。债券发行筹集的资金可以满足发行人1年以上的资金需要，而诸如欧洲商业票据（ECP）和国库券其筹集资金的使用期限在1年以下。按照会计原则规定，债券发行筹集的资金，作为发行人的借款，计在资产负债表的负债项下。持有债券可以使投资者（或债券持有人）在未来确定时期得到一系列现金收入，这些现金收入的获取时间在债券发行时已经按照约定（债券契约）确定下来。

债券投资人可以是家庭（散户投资者），也可以是诸如养老基金、银行、商业公司、保险公司、投资基金这样的机构投资者。

人们投资一家公司的债券，而不是投资其股票，是出于某种策略考虑，具体涉及若干因素。例如，当发行证券的公司清算或陷入财务困境时，债券持有人会比股票持有人得到更好的保护，因为债券持有人是公司的债权人，求偿顺序先于股票持有人。按照会计原则，投资者持有的债券头寸，计在其资产负债表的资产项下。

债券市场的存在对于一个经济体相当重要，其内部债券发行人由此可以减少对银行和外国贷款者的依赖，私人投资者与机构投资者有了一个长期的投资工具。

### 1.1.3 债券发行人

债券发行人是按照公开或私下募资规则，希望筹措到中长期资金的机构。对于投资者而言，发行人的信用质量非常重要，它关系到投资者能够在多大程度上获取发行人承诺的现金流收入。表1-1按照地区和发行人类别展示了全球债券市场的概况。

表 1-1　　全球债券市场概况

| | 规模 | | 其中（10 亿美元） | | |
|---|---|---|---|---|---|
| 国别 | 金额（10 亿美元） | 占比（%） | 政府 | 金融机构 | 公司 |
| 美国 | 35 113 | 41.5 | 15 210 | 14 857 | 5 046 |
| 欧洲区 | 19 621 | 23.2 | 9 247 | 8 967 | 1 407 |
| 日本 | 12 062 | 14.3 | 8 976 | 2 383 | 703 |
| 其他成熟市场 | 9 407 | 11.1 | 4 766 | 3 270 | 1 371 |
| 新兴市场 | 8 420 | 9.9 | 3 209 | 3 731 | 1 480 |
| 共计 | 84 623 | | 41 408 | 33 208 | 10 007 |
| 占比 | | | 49% | 39.2% | 11.8% |

资料来源：国际清算银行（BIS），2015 年 3 月季刊。

全球最大的债券发行人是主权国家，它们发行债券为政府开支筹措资金。国家发行大量债券的证据在于，即便是发达国家，政府债务占 GDP 的比重常常超过 60%，有的国家（如日本）甚至高达 200%。金融类文献把这类债券称为政府债券。政府债券发行人的信誉依赖于其未来持续征税与借款的能力。美国与日本是世界上两个最大的发行人——新兴市场经济国家当前的发债规模依然小得多，至少以其本币发债的规模是如此。新兴市场经济国家发行政府债券时，硬通货（以美元为主，欧元为辅）占发行币种的很大一部分。

地方或州债券是较低一级的政府实体（如加拿大的省、澳大利亚的州、瑞士的州）发行的政府债券。人们认为地方政府或州政府同样可以通过课税保障其债券的兑付。美国的市政债券是个特别的例子，对于某类投资者而言，这类债券是免税的。它们构成美国债券市场的一个子市场——市政债券市场。

政府机构债券是由与政府有关的实体或政府资助实体（GSE）发行的。美国“房利美”（Fannie Mae）和“房地美”（Freddie Mac）就是这类机构，它们发债一般不会获得政府直接担保。“政府机构”都是国家为了贯彻某项特别政策而专门成立的实体。

超国家机构债券是由少数几个主权国家共同拥有的实体（通常是银行）发行的债券。国际复兴开发银行（或称“世界银行”）、欧洲投资银行、亚洲开发银行、非洲开发银行和泛美开发银行就是这类实体。它们依法依规并根据业务需要发行债券，人们一般认为这些机构的政府股东会对其发行的债券提供额外的安全保障。

政府有时会对某些机构发行的债券进行担保，这类债券就是金融界所说的“政府担保债券”。一般认为，这类债券发行人具有还款能力，且政府担保又提供了额外的保障。

公司债券是公司（上市公司和/或非上市公司）发行的债券。按发行人性质，公司债券可以分为金融类公司债券与非金融类公司债券两大类。传统分类有：能源类公司债券、交通运输类公司债券、工业类公司债券、银行与金融公司类公司债券。其中，工业类公司债券不仅包括制造业公司债券，还包括服务类和商业类公司债券。当然，公司债券所对应的行业分类还可以进一步细分为石油天然气、电子通信、建筑、保险等。各家评级公司和指数提供商都有各自的分类体系。在全球公司债券市场的历史上，美国非金融类公司债券的市场规模占有很大比重，到现在情况依旧如此。

人们通常认为，公司债券本息兑付由公司营业状况决定，可问题在于公司债券的信用质量会发生变动。发行人在发行公司债券时，会提供记载公司信用详细情况的“发行文件”，投资者会据此得到有关发债公司信用质量的有用信息。随着时间的推移，这些信息会过时，投资者转而依赖信用评级机构对债券的信用评级。评级机构在债券发行时以及发行后整个存续期内，对债券进行持续的信用状况跟踪。信用评级，是评级机构通过分析发行人财务状况、管理水平、经济和债务特征以及支持债券偿付的收入来源等因素，给予一只债券的以符号表示的信用级别。

如果发行人把特定资产作为发行债券的抵押品，这类债券称为“可担保债券”。一旦发行人破产，可担保债券持有人可以处置抵押品资产，并用所得资金兑付债券本息。届时，投资者能够回收多少本息，取决于抵押品当前的市场价值。因此，当发行人倒闭时，此类债券持有人并非依赖法律规定的求偿顺序主张权利。

覆盖债券①就是担保债券的一个例子。金融机构（如银行）发行覆盖债券，以为其购买财产或金融资产进行融资。这类债券投资者的权益，不仅有

---

① 这类债券在德国和瑞士较为普遍，称为“潘迪杰芙债券”（Pfandbrief），是担保债券的一个特别类别。瑞士的担保债券由瑞士州银行所属的“中央担保债券发行机构”和瑞士抵押机构的“抵押银行”发行。发行这类债券的目的，是为发放抵押贷款的银行提供流动性（通过投资者的债券购买）。需要注意的是，覆盖债券有特定担保物，并受法律保护。

发行人的直接保障，还得益于抵押资产池的保障——无论是资产池的当前市场价值，还是资产池未来产生的现金流，都为债券兑付提供了保障的基础。资产池中的具体资产类别可以有所变化，但当债券发行人破产时，池中的资产就与发行人资产负债表中的其他资产隔离开来。资产池中的资产类别包括居民住宅抵押贷款、商用住房抵押贷款以及政府债券。

覆盖债券的一个显著特点是，当发行人破产时，债券持有人的权益不受影响。一旦发行人破产，资产池中的资产将被冻结，并被挂牌出售。一般债券契约都有提前支付条款，规定在债券到期之前，如果发行人破产，债券本息要立即得到偿付。但对于覆盖债券而言，假如资产池抵押价值足以偿还债券本息，债券持有人就不能根据上述提前支付条款，行使追索权。

无担保债券，也称信用债券，是没有以发行人的有形资产或金融资产做担保的债券。一旦发行人破产，无担保债券持有人只能对发行人的资产净值行使求偿权，前提是这些资产不是其他债项的抵押品。

公司发行无担保债券的原因在于，它们通常没有足够的资产担保其债务。鉴于无担保债券持有人承担的风险较高，所以这类债券的票息率高于同一类别的担保债券。

需要注意的是，发行人破产时，破产公司的清盘是根据其所在国的破产法律强制进行的。多数情况下，法庭会指定一家官方机构来出售公司那些属于破产资产范围内的资产。然而，出售资产的收入足够偿还债务的情况非常罕见。实际上，除了抵押资产价值不足的风险以外，破产的行政成本（如管理费、律师费等）也相当高。一般回收率（发债公司破产后，债券持有人分得的现金与发债公司的债务比例）也就是40%左右。例如，安然公司破产时的清算费用为1.59亿美元。雷曼公司破产后，专家估计的清算成本超过2亿美元，大概算是历史上最昂贵的破产。

在支付了清算费用之后，出售破产公司的资产尚不足以偿付所有债权。为此，国家法律规定某些债权会优先得到偿付，如职工工资、社会保障费用以及税收。这类债权相对于公司的其他债权，具有“优等索取权”。优等索取权得到完全偿付之后，无担保债券持有人才能得到偿付。[①]

如果公司持续发行担保债券，无担保债券持有人的债权利益将会受损。为防止这一情况发生，无担保债券契约中往往设置一些限制条款，即有名的“禁止抵押”条款。我们稍后还会讨论这些限制条款。

同一家公司发行的公司债券，既有“优先级”债券（发债公司破产时债券持有人受偿顺序排在最前面），也有“次等级”债券（受偿顺序排在“优先级”债券之后）。此外各个等级还可以进一步细分，如有“低等级、次等级”债券。

金融危机之后，金融公司债券的信用评级发生变动。各类新颁布的带有“援助”条款的法规改变了在压力环境下信用评级的规则。有时，优先级债券会变成次等级债券。

或有可转换债券（“可可债券”）是最新流行的次等级债券。当发生预定的触发事件时（如资本率过低，或者发债公司的生存能力引起关注时），这类债券要么自动转换成股票，要么自动注销本金。某种程度上，这类债券权利等级甚至排在股票之后——当然这同债券的标准概念有点矛盾（参见“混合债券”章节）。

市场参与者常常用“夹层融资工具”描述结构化债务工具。这类次等级债券兼有债券和股票的特点，一旦发债公司倒闭，其持有人求偿顺序处于优先级债券与股票之间。[②]

最后一类债券发行人，是特殊目的机构（SPV）[③]。与普通公司不同，这类公司没有通常意义上的商业活动。它们通常设在海外，因为那些地区公司所得税税率低，公司注册快捷容易。有时，这类机构也会根据国内法规的专门管理规定，在国内设立。设置 SPV 是从发起人（银行或其他机构）手中收购资产（通常是金融资产）。这些资产包括住宅或商用抵押贷款、公司债券、消费贷款以及任何能够产生现金流的其他资产。SPV 通过发行债券为收购资产筹措资金。由于 SPV 没有通常意义上的商业活动，其发行债券本息兑付完

---

① 需要注意的是，银行对公司发放贷款时，往往要求以得到优先索取权作为放贷条件。因此，只有当公司偿付了银行的债权之后，无担保债券持有人才能根据其受偿顺序，索取债权。

② 需要注意的是，某些情况下，银行有权将其发行的夹层融资工具认定为其法定资本的组成部分。

③ 这类公司就是众所周知的“特殊目的实体”（SPE）。

全依赖于其收购资产的现金流收入情况、资产质量，以及债券本身的信用等级。

金融文献把 SPV 发行的债券称为“资产支持证券”（ABS）。如果 SPV（收购的）资产是抵押贷款，其发行的债券被称为“抵押贷款支持证券”（MBS）。人们习惯上还要进一步区分商用抵押贷款和住宅抵押贷款。如果支持债券发行的资产是住宅抵押贷款，发行的债券称为“住宅抵押贷款支持证券”（RMBS）；如果支持债券发行的资产是商用抵押贷款，发行的债券称为“商用抵押贷款支持证券”（CMBS）。后面若干章节会涉及这方面的详细内容。

需要注意的是，可能会有第三方机构保证这类债券本息兑付。带有此类条款的债券称为“保证债券”。通常是母公司为下属的子公司的债券兑付提供保证。再有就是发债公司自己购买保险，一旦发债公司违约，保险公司提供债券兑付保证。

### 1.1.4　债券特征

为及时满足投资者需求以及自身融资需要，债券发行人（在投资银行帮助下）一直致力于业务创新。因此，为市场上五花八门的各类债券开列出详尽的种类清单，难度很大，甚至根本就不可能。

本节帮助读者熟悉债券的若干特征，即熟悉债券现金流的特性。为此，本书针对债券特征的划分标志，引用的是国际货币基金组织（IMF）发布统计结果时采用的标准。按照这套标准，债券被看作是一个合约条款的组合，该条款组合依法规定债券发行人支付债券持有人现金流的结构与数量。这些条款记载于“债券契约”中，形成正式的债券合约，其全貌参见吸引投资者的招募说明书。招募说明书中的债券条款很重要。债券条款规定发债人必须执行哪些行为，必须禁止哪些行为。评级较低的债券违约风险较高，因此债券条款也比较多，以便更好地保护投资者权益。债券条款的严格程度带有周期性——与较差的市场环境相比，市场环境较好时的债券条款数目就少一些，对投资者的保护也相应少一些。债券条款是债券发行人与债券投资者长期博弈的结果。

投资级债券典型的债券条款如下：

同等权益条款：不论是优先等级债权，还是次等级债权，同一等级的债权人的权益完全相同。招募说明书中的这一条款，使得投资者确信发债公司违约时，同一等级的其他债权人的求偿顺序不会优先于他（她）。

消极抵押条款：如果发债公司抵押资产会减少债权人的保护程度，发债公司将不会进行资产抵押。有了消极抵押条款，当前的债券持有人可以阻止发债公司将来发行更多的债务，这些债务会损害当前债券持有人对发债公司资产的要求权。

连带违约条款：发债公司不得挑选其发行的某一种债券进行违约。如果发行公司的某类债券发生违约，该公司的其他债券也要处于违约状态，这样才能确保投资者免受不公正对待。

控制权改变条款：当发债公司控制权发生变化时保护投资者利益。条款规定当发债公司被收购时（毒性卖权），投资者可以按照面值把债券销售给发债公司。

此外，信用等级较低的债券还有额外的条款限制发债公司的灵活性，以保护债券持有人的利益。例如，对进一步借债的限制、对开支的限制（限制股票回购，或向附属机构转移资金）、留置权限制（限制抵押资产）、限制资产出售（出售资产所得资金用于指定用途）。

#### 1.1.4.1 债券到期日

债券到期日是合同约定的偿还债券本金的日期。到期日可以是债券发行时确定的将来的一个日期，或是根据经济、法律和财政条件确定的日期。如果某种债券的到期日是固定的，金融界称这类债券为“子弹债券”。子弹债券的期限或许在1年到100年之间。例如，可口可乐公司1993年发行1.5亿美元的子弹债券，到期日是2093年，期限长达100年。2009年3月1日，纽约市当局兑付了某位投资者手中1 000美元的135年以前发行的子弹债券。当年为修建通往布朗克斯区的道路，纽约市发行了这种市政债券。多年来纽约市当局为这批债券支付的票息率是7%，在2009年到2147年期间，市政当局还要为其他38位债券持有人完成本息偿付。当然，多数情况下子弹债券的期限在1年以上30年以下。

现实中，人们常常把期限在1年到5年之间的债券称为“短期债券”，期限在5年到12年之间的称为“中期债券”，期限在12年以上的称为“长期债券”。

子弹债券的偿付是“一次性”的，即到期日发债人一次性支付一笔现金给债券持有人，完成本金兑付。

发行人兑付债券之前的持续时间（年/月/日）被称为债券的“剩余期限”。例如2010年7月13日这一天，2009年7月13日发行、到期日为2019年7月13日的债券，其剩余期限为9年。

多数情况下，债券到期日是一个精确的日期。然而，有时候债券到期日只是精确到月份，而没有准确的到期日期。在后一种情况下，投资者就有必要关注发行人有关具体兑付日期的通知。

有的债券没有到期日，被称作“永续债券”。英国统一公债就是个例子，它们于18世纪由英国政府发行。虽然这些债券有提前赎回条款，可由于票息率低（2.5%），它们一直没有被英国政府提前赎回。今天银行发行的永续债券中的提前赎回条款，是为维护发行人的利益而设置的。这项条款使得银行可以用比较低的中短期利率，筹集到法规对资本监管约束下所需的长期资金。长期以来，虽然监管当局对银行这一做法进行限制，但迄今为止，几乎所有银行发行的永续债券仍然带有对发行人有利的提前赎回条款。因此，真正意义上的永续债券并不存在。例如，Allianz银行发行的面值5亿瑞士法郎、票息率为3.25%的永续债券，其第一赎回日为2019年7月4日。

读者稍后会明白，银行发行此类债券的目的在于获取长期资金，如其发行股票一样，并把这部分资金作为法定资本的一部分，同时享有针对票面利息进行税前抵扣的优惠待遇。①

发行人可能在债券契约中加入“偿债基金条款”，规定发行人每年按照一个固定比例（偿债基金比率），逐年偿还债券本金的一部分。实施该条款的办法有多种：发行人在市场上公开回购一部分债券；定期通过抽签方式提前兑付一部分债券等。还有一些债券条款规定，由发行人/债券持有人决定是提前赎回还延迟赎回。

**【例1-1】** 某投资者按102.00的报价买入一张票面利率5%、面值1 000

---

① 《巴塞尔协议Ⅱ》要求银行要有充足资本以抵御经营风险。

欧元、10 年期的债券。该债券的偿债基金比率为面值的 90%[①]，债券带来的每年现金流是多少？

偿债基金于第 1 年年末启动，此后 9 年内每年提前偿付未清偿余额的 10%，到期日最后偿付剩余的 10%。所有偿付均按面值计算。债券每年现金流如表 1－2 所示。

**表 1－2** （单位：欧元）

| 年份 | 未清偿余额 | 票息支付（5%）① | 偿债基金偿付 ② | 本金支付 ③ | 年度支付金额 ①+②+③ |
|---|---|---|---|---|---|
| 1 | 1 000 | 50 | 100 | | 150 |
| 2 | 900 | 45 | 100 | | 145 |
| 3 | 800 | 40 | 100 | | 140 |
| 4 | 700 | 35 | 100 | | 135 |
| 5 | 600 | 30 | 100 | | 130 |
| 6 | 500 | 25 | 100 | | 125 |
| 7 | 400 | 20 | 100 | | 120 |
| 8 | 300 | 15 | 100 | | 115 |
| 9 | 200 | 10 | 100 | | 110 |
| 10 | 100 | 5 | | 100 | 105 |

可赎回债券是发行人有权按照既定价格（赎回价格），在规定期限内（赎回日）把自己发行的债券购买回来的一个债券种类。赎回价格通常是面值加上溢价（赎回溢价）。此类债券发行时就确定了第一赎回日以及对应的赎回价格。

**【例 1－2】** 债券 1：英力士集团 2006 年发行 17.5 亿欧元、票息率 7.875%、到期日为 2016 年 2 月 15 日的可赎回债券，发行人有权（欧式赎回权）在下述日期按如下价格提前赎回（见表 1－3）：

**表 1－3**

| | |
|---|---|
| 2011 年 2 月 15 日 | 103.938 欧元 |
| 2012 年 2 月 15 日 | 102.625 欧元 |
| 2013 年 2 月 15 日 | 101.313 欧元 |
| 2014 年 2 月 15 日 | 100 欧元 |

① 偿债基金比率为到期提前偿还部分与发行总额之比。本例中，每年应偿还发行总额的 10%［＝90%／(10－1)］。

债券 2：瑞银集团泽西分行 2006 年发行 3 亿英镑、票息率 5.25%、2021 年 6 月 21 日到期的可赎回债券，发行人有权在下列日期之后任意时间按如下价格提前赎回（美式赎回权）（见表 1－4）：

**表 1－4**

| | |
|---|---|
| 2016 年 6 月 21 日 | 100 英镑 |
| 2017 年 6 月 21 日 | 100 英镑 |
| 2018 年 6 月 21 日 | 100 英镑 |
| 2019 年 6 月 21 日 | 100 英镑 |
| 2020 年 6 月 21 日 | 100 英镑 |

债券 1 只能在特定的赎回日才能赎回，在赎回日之间的时间段是不能赎回的。这样的赎回权称为欧式赎回权，如例 1－2 所示。债券 2 的发行人有权在赎回日之后的任意时间段平价赎回债券，这种“连续”的赎回权被称为美式赎回权。

当利率大幅度下降时，可赎回债券的发行人可以行使赎回权，购回老债券；同时按较低票息率发行新债券，从事有利的再融资活动。因此，可赎回条款可以避免债券发行人在利率下降时被迫支付较高的票面利息。

从投资者的角度看，可赎回条款减少了债券的价值，因为该条款妨碍投资者获取因利率下降带来的较高的投资回报。例如，发债公司几年前按照 10% 票息率发行了可赎回债券，而当前公司可以按照 5% 借入资金。在这种情况下，赎回条款会为发债公司带来再融资与节省利息开支的机会（相关内容见“混合债券”章节）。

可售回债券是倒过来的可赎回债券。这类债券的条款规定债券持有人有权在预定的日期，按照约定的价格，把债券卖给发债人。这样，对投资者而言，可售回条款增加了债券的价值。当债券交易价格低于售回价格时，可售回条款的存在保护了投资者利益。

可变利率债券（VRDB）是这样一类债券：债券期限很长，但通常只要提前 7 天发出通知，债券可应投资者或发行人的要求随时赎回。所以，这类债券包含的赎回权和售回权是美式的。

可撤回债券是拥有在事先约定的固定日期行使赎回权（投资者与发行人

都有赎回权）的债券。与可变利率债券随时行使赎回权有所不同的是，它们的行权日期是在发债时就约定下来的。

某些债券条款允许发行人或投资者在债券发行后更改债券到期日，从而延长债券期限，这类债券就是“可延期债券”。债券到期日更改后，债券本息支付方式不会改变。当发行人或投资者发现与当前利率环境相比，债券到期日的利率环境将使其处于不利地位时，他（她）就会行使（延长债券期限）这个权利。[①]

#### 1.1.4.2　利率

债券发行人以什么样的方式支付债券持有人，是债券契约的一项重要内容。

持有债券的一项重要收入是票息，它是由票息率（即债券利率）决定的。有些债券的票息每年支付 1 次，也有半年支付 1 次、按季度支付以及按任何时间段支付的，这些都要在债券发行时做出说明。

一次票息额按下列办法计算：

$$\frac{\text{面值}\times\text{票息率}}{\text{年计息天数}}\times\text{计息周期天数}$$

**【例 1－3】**计算票息

---

面值：5 000 美元

年票息率：2%

半年支付 1 次票息，计息周期天数：180 天

年计息天数：360 天

$$\text{票息}=\frac{5\ 000\times 2\%}{360}\times 180$$

$$=50\ (\text{美元})$$

---

在债券整个生命周期内，票息率可以是固定的，也可以是变动的，还可以先固定一段时间而后变动。票息率可以随着一项指数而变动，还可以根据投资者或发行人的需要，设计成任何变动方式。

① 我们将看到，当市场利率上升，以及/或者发行人信用质量变差时，就会发生这种情况。

需要注意的是，银行、专门设立的商业公司以及 SPV 发行的结构化产品，常常以债券的形式出现（如票据、凭证等）。这类发行人支付利息的方式新颖，人们难以（甚至不可能）概括现存的所有的票息支付模式。所以，本节只是帮助读者了解票息条款的大致轮廓。

固息债券是在债券的整个生命周期内，票息率被预先设定的债券。票息率的设定原则是在债券发行时确定下来的。这类债券的票息率可以在债券整个生命周期内不发生变化，如在债券全部期限内，票息率都是3%；或者票息率根据某些预先设计的方案而改变，比如 10 年期债券的票息率，最开始的两年是2%，后面的5 年是4%，接下来的3 年是3%。所有这些有关票息率的规定，都在发行债券时进行了说明。

整个债券生命周期内票息率保持不变，也没有提前偿付条款的债券称为“普通债券”。中期票据[1]是普通债券的一个例子。它们通常由银行发行，期限介于2～8 年之间，票息率在发行时被确定下来，并在整个债券生命周期内保持不变。

利息递增债券是票息率发行时固定，但随着时间变化而递增的债券。比如，一个 10 年期的利息递增债券，最初的 5 年票息率为 3%，接下来的 3 年票息率为 3.2%，最后两年票息率为 3.4%。因此，债券的现金流预先是已知的，且随着时间递增。

利息递减债券是票息率发行时固定，但随着时间变化而递减的债券。比如，一个 10 年期的利息递减债券，最初 5 年的票息率为 3%，接下来的 4 年为 2.8%，最后 1 年为 2.5%。因此，债券的现金流预先已知，并随时间而递减。

在发行债券时就预先设定票息率，这一做法让发行人在今后利率下降或其信用质量提升时处于不利地位。[2] 现实中，发行人通过设定可赎回条款，在市场条件有利时提前赎回债券，以此维护自身利益。然而，发行人要获得充足的流动性，才能行使赎回权。如果先前发行债券筹集的资金已经投入一个长期项目中，那么发行人就不大可能有充足的流动性来行使赎回权。实际情

---

① 我们以后会了解瑞士联邦法律对债券与中期票据的明确区分。

② 投资者要求的补偿数量依投资对象的风险高低而定。其他条件不变时，发行人信用质量的改进会减少投资者要求的补偿数量。换句话说，当发行人改进了信用质量时，其发行债券的票息率就低一些。

况常常是，发行人按照新的条款发行新债券，以筹集资金偿还先前发行的老债券。但是详细考察后，人们很快发现债券发行往往成本很高，会减少提前赎回债券的好处。发行浮息债券是解决这个问题的方法之一。

浮动利息债券或浮息债券（FRN），是票息率在债券存续期间发生变化的债券，其票息率随观察到的参考利率或指数在利率重设日定期调整。这类债券在发行时，就规定了票息率的调整时期以及新的票息率的计算方法。例如，债券条款规定票息率 3 个月调整一次，新票息率是 3 个月美元 Libor 利率加上 50 个基点（见图 1－1）。

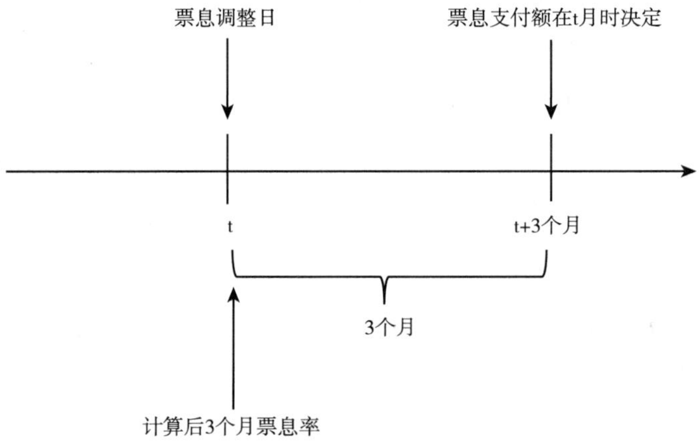


**图 1－1　FRN 息票的确定和偿付**

现实中的票息调整日要精确得多，例如 1 月、4 月、7 月、11 月的 28 日为票息调整日，票息率就要根据这些日子观察到的参考利率进行调整。可是，如果这些票息调整日恰巧与银行休假日重合，就无法计算参考利率。因此，债券契约中就规定了替代方法，被称为“营业日惯例”。营业日就是商业银行和外汇市场开门营业，发生交易和结算的日子。有些市场参与者把营业日定义为某个清算系统或某个交易所开门营业的日子，例如，TARGET 日（泛欧自动实时清算系统日）、NYSE 日（纽约股票交易所日）或是 FED 日（美联储日）。

债券契约的营业日惯例中特别提及以下的内容：

**后营业日惯例：**票息调整日是后面营业日的第一天。

**修正的后营业日惯例**（简称“修正惯例”）：票息调整日是后面营业日的第一天，如果该日是下个月的第一天，票息调整日就是前一个营业日。例如，如果票息调整日是 2 月 28 日，而该日恰好是周天，那么票息调整日就是前一个营业日，也就是 2 月 26 日。因为 2 月 28 日的下一个营业日是 3 月 1 日，已经属于（后面）下一个月的营业日了。

**前营业日惯例：**票息调整日是前营业日第一天。

如果参考利率未来上涨，浮息债券发行人要承担融资成本上升的风险。为减轻这一风险，发行人就设置某些条款来限制他们必须支付的票息的增加。对于投资者而言，如果未来参考利率随时间下降，他们收到的票息将会减少，不利于他们的投资收益。为减缓这一风险，发行人也会设置一些条款限制票息减少的情况发生。这样一来，他们既确保照顾了投资者的需要，也方便他们顺利发行债券进行融资。

保息债券（DL 债券）是兼有浮息债券和固息债券特点的债券。这类债券在发行时是浮息债券，票息率是在某个基础利率（如 6 个月 Libor）上加一个溢价，每半年票息率调整一次。当基础利率在票息调整日，或两个连续票息调整日触及或低于一个特定数值时，债券票息率在今后剩余期限内保持固定。[①] 这一特性，限制了票息率过低的风险，因而有利于投资者，而不利于发行人。

带上限的浮息债券是票息率在债券生命周期中存在最大值的浮息债券。这一特点防止了票息率过高，因而有利于发行人，不利于投资者。

领子浮息债券是在整个债券生命周期内，票息率存在最大值与最小值的浮息债券。这一特点使这类债券的票息率只能在一定范围内变动，减少了发行人与投资者双方的利率风险。

棘轮债券是票息率只能向下变动的浮息债券。这类债券条款通常规定在开始的一段时间内，票息率固定于发行时的一个数值（比如开始两年为 3%）。这段时间过去之后，票息率按照基础参考利率加上一个发行时规定的溢价定期调整。假如根据基础利率计算出来的票息率低于最初的固定数值（比如 1%），票息率就按照这个新的数值重新设定；如果计算出来的票息率高于最初的固定数值（比如 4%），那么票息率不需要调整，依然按照最初的数值设定（例如 3%），直到下一个票息调整日。

① 采自国际货币基金组织的定义。

这样的债券显然有利于发行人。发行人会预先知道支付的票息数额，并享有市场有利时的好处。这类债券是固息可赎回债券的完美替代品。事实上，发行人既可以获取利率下降的好处，又避免了为赎回老债券而发行新债券带来的行政成本。鉴于棘轮条款不利于投资者，债券条款中往往包含售回权规定，投资者据此可以要求发行人在特定日子兑付债券，当然，其前提必须是票息率发生了调整。

可转换浮息债券是发行人或投资者有权将固息债券转换成浮息债券，或将浮息债券转换成固息债券的浮息债券。

拍卖利率债券（ARS）是浮息债券的一种，票息率由定期拍卖来决定。一般每 7 天、28 天、35 天拍卖一次。发行人在相同日期支付票息（见“混合债券”章节）。

一般说来，票息支付周期与票息调整周期是重合的。随 3 个月 Libor 利率调整票息率的浮息债券，在 t 月调整票息率，在 t+3 个月支付票息。“t+3 个月”这一时刻支付的票息额，是基于“t”时刻的公布的，以“t”时刻为起点、以“t+3 个月”时刻为终点的 3 个月 Libor 利率计算出来的。[①]

然而，有些浮息债券的票息调整频率高于票息支付频率，这些债券就是“不匹配的浮息债券”。例如，假如浮息债券每 3 个月支付 1 次票息，但每 1 个月都要根据 1 个月 Libor 利率调整 1 次票息率，就是不匹配的浮息债券（见图 1-2）。

对于投资者而言，当 1 个月期 Libor 上涨时，3 个月付息 1 次的不匹配浮息债券的票息收入，要高于“正常的”浮息债券，这当然有利于投资者；反之，当 1 个月期 Libor 下降时，则有利于发行人。每日拍卖 1 次、月初支付票息的利率拍卖债券，是不匹配的浮息债券的另一个例子。

触发债券是允许持有人在固息和浮息之间进行转换的债券。如果浮息票息率高于固息票息率，债券持有人选择收取浮息；反之，如果浮息票息率低于固息票息率，债券持有人就选择收取固息。这类债券相当于有票息率下限的浮息债券。

---

① 一个计息周期的开始就确定了利率，利息在计息周期的终点支付。人们把这样的利息支付方式叫作利息支付“延后”。

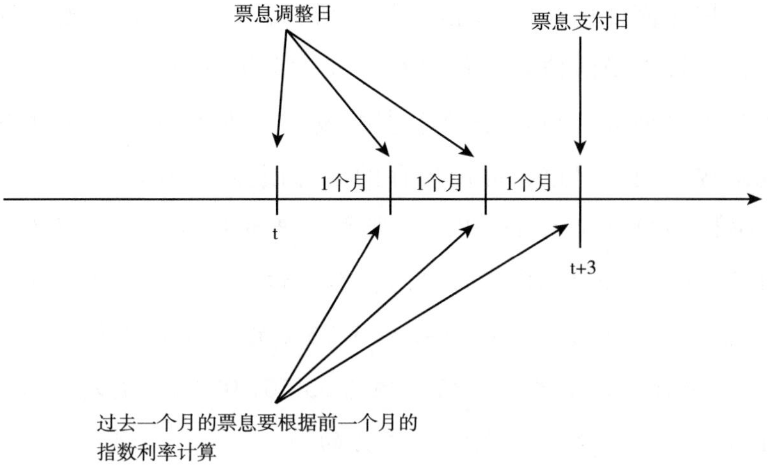


**图 1-2　不匹配的 FRN 息票的确定和偿付**

逆浮息债券，也被称为“反浮息债券”，是当参考利率或指数利率上涨（下降），票息率下降（上涨）的浮息债券。这类债券发行时确定一个固定利率为标准计算票息率。计算出来的票息率等于这个固定利率减去参考利率（通常是 SOFR 利率）。

例如，某逆浮息债券以 3 个月 SOFR 为参考利率，每季度调整 1 次票息率。该债券发行时确定的固定利率是 6%。如果债券发行时 3 个月 SOFR 为 3%，那么头 3 个月债券票息率就是 3%（=6% -3%）。下一个票息调整日（3 个月以后），如果 3 个月 SOFR 利率为 4%，那么今后 3 个月的票息率就是 2%（=6% -4%）。

如何计算逆浮息债券的票息率，尚无正式规则。一般的计算公式如下：

**票息率 = 固定利率 - 乘数 ×浮动利率**

公式中固定利率和与参考利率相乘的乘数，都是发行人与投资者在债券发行时商定的。其他情况不变时，乘数越大，参考利率变化对票息率的影响越大。

收益债券是发行人有足够支付票息的利润时，才支付票息的债券。因此，收益债券若出现不支付票息的情况，也不算违约。有的收益债券带有累计的特点，意味着发生拖欠票息后，发债公司必须在给股东分红前，把上次所欠的票息补上。这种性质与优先股很像。

零息债券是在债券生命周期内不支付票息的债券。高折扣债券到期按照面值兑付，但按照面值的较大折扣发行。所以，这类债券的投资回报就是价格与面值之差。资本增值债券平价发行，高于平价兑付。

上述种种零息债券，可能来源于直接发行，即发行人出于融资目的而发行；也可能来源于间接渠道，即由现存的固息债券演变而来。

**【例 1-4】**2009 年 2 月 18 日，欧洲复兴开发银行发行了价值 1 000 万美元、到期日为 2039 年 2 月 18 日的零息债券。该债券以平价发行并包含每年可赎回条款。发行人支付的本金按照每年 5.75% 的累计利率计算。因此，2039 年 2 月 18 日一次性支付给债权人的数额为 53 507 083.72 美元。这个零息债券是由欧洲复兴银行为融资而“直接”发行的。

计算过程：$10\ 000\ 000 \times (1+0.0575)^{30} = 53\ 507\ 083.72$(美元)

零息债券也可以由投资银行通过剥离现有的未到期的固息债券而“间接”发行出来。这种零息债券被称为“本息剥离债券”，非常适合金融交易者的投资需要。

剥离债券过程是：投资银行以自身名义购买大量高质量债券（通常是没有提前赎回条款的政府固息债券)，然后运用收到的现金流发行零息债券。发行的零息债券的到期日与收到的政府债券现金流的日子相同。

**【例 1-5】**一张 10 年期、面值 1 000 美元、票息率 5%（半年支付 1 次票息）的政府债券，可以剥离成 21 个零息债券。其中 20 个零息债券的面值是 25 美元（对应着 20 次政府债券的票息支付)，这些零息债券的到期日也与 20 笔政府债券的票息支付日一一对应：

第一张零息债券的到期日是 6 个月以后；

第二张零息债券的到期日是 1 年以后；

第三张零息债券的到期日是 18 个月以后；

……

第 21 个零息债券面值1 000美元，其到期日与政府债券的到期日相同。

美国的投资银行是最早创造这类零息债券的机构，它们推出的产品包括：国债投资成长票据（TIGRs)[①]、美国国债利息凭证（CATS)、政府收据证明(COUGRs)、雷曼投资机会票据（LIONs)。这些产品大受投资者青睐。

① 美林证券 1982 年首次创造出这类债券。

从 1985 年开始，美国政府制定了自己的“本息剥离项目”。该项目允许金融机构出于剥离债券的需要，向美国财政部提交标准国债。财政部根据前述程序分解现金流，剥离出零息国债。每一个剥离出来的零息国债都有自己的编码，发行人都是美国政府。

法国政府债券市场与英国金边债券市场同样存在本息剥离债券交易活动，情形与美国类似。零息债券自然是现实中相当有用的金融工具，但更重要的是，零息债券这一概念本身，对加深对金融分析以及金融工程的理解，更具关键作用：人们终于认识到，所有债券都是由时间离散的现金流组成，人们可以把每一笔现金流想象为一个零息债券。这样的思考，衍生出诸如即期收益率曲线的概念，相关内容的详细讨论见“利率期限结构以及应用”章节。

通货膨胀挂钩债券是票息率与一个特定的通货膨胀指数相联系的债券。这类债券的优点是，可以避免投资者票息收入由于物价上涨造成的购买力损失。从这个意义上看，这类债券是最安全、风险最低的投资对象（详细内容参见“第 3 章混合债券”）。

#### 1.1.4.3　货币种类

债券契约中的一个重要内容涉及本金货币种类和票息货币种类。多数情况下本金支付与票息支付使用同一种货币。例如，发行人发行瑞士法郎（CHF）债券以后，本金与票息支付都用瑞士法郎支付。但是，如果本金支付与票息支付的货币种类不一致，这样的债券就称为“双重货币债券”。例如，瑞士资本市场发行的“外币利息支付债券”（FIPS）[①]，用瑞士法郎进行本金支付，用其他货币进行票息支付。

长期可售回浮息债券（ALPS）是带有可售回条款的双重货币浮息债券。

**【例 1－6】** RESEAU FERRE DE FRANCE 公司于 1999 年发行面值 5 亿欧元、2029 年到期的债券。债券 2015 年 7 月之前的票息率是 5.05%（以欧元计），之后的票息率为 5.35%（以英镑计）。债券在 2015 年 7 月 12 日有一次

① 注意不要把这个词与“固定收益定价系统”（FIPS）混同起来，后者是纳斯达克为高收益债券定价的工具。

按照 100 欧元价格的售回机会。如果不行使售回权，债券将按照 1 欧元兑换 0.652 英镑的汇率，使用英镑进行本息兑付。

多货币条款债券是允许持有人选择本息兑付币种的债券。

特别提款权（SDR）债券是由国际货币基金组织以特别提款权为基础发行的债券。

特别提款权是货币单位，而不是交易货币。它的价值由国际货币基金组织成员国的“一篮子”货币所决定。货币篮子里的每一种货币所占的比重由该货币在国际中的重要性决定。国际货币基金组织每周一计算特别提款权与欧元、美元、日元和英镑的兑换比率。特别提款权的利率根据货币篮子组成货币的短期利率加权平均计算得出，也在每周一由国际货币基金组织发布。

只有成员国和特定的中央银行，才有资格购买由国际货币基金组织发行的债券。

#### 1.1.4.4　可转换或交换条款

债券契约中可能带有转换或交换条款。可转换债券持有人有权按照条款规定，将债券转换成发债公司特定数目的普通股票。转换权属于债券持有人（当然发债公司也有强制转换权）。转换是不可逆的。

反向可转换债券是允许发行人用标的公司股票偿还债券本息的债券。标的公司与发行人以及债券担保人都没有经济联系。银行发行结构化产品时，常常出现这类债券的影子。

可交换债券是能在到期日前的特定时间，以特定价格交换成第三方发行的债券或股票的债券。

#### 1.1.4.5　报价方式

债券价格是债券交易时的市场价值。一般情况下，债券采用面值的百分比报价法。买卖债券时，要把报价转换成买卖金额，需要将报价乘以面值，再除以 100。例如，面值 5 000 瑞士法郎的债券报价 86.70，价格 $=(86.70\times 5\,000)/100=0.867\times 5\,000=4\,335$（瑞士法郎）。

但是，美国国债按面值百分比报价法的最小变动单位，是 1/32。例如，

1 000 美元的国债报价为 89－16，转换成市场价格为 895 美元，因为：

$$1\ 000 \times (89 + 16 \div 32) \div 100 = 1\ 000 \times 89.5 = 895\ (\text{美元})$$

美国这种报价习惯起源于历史上这类债券交易价格最小变动单位为 1/32 个点（0.03125）的惯例。美国国债报价常常如上例所示，在百分数后面加一个横杠（“－”）而不是小数点：如“103－14”表示 $103\frac{14}{32} = 103.4375$。

#### 1.1.4.6　累计利息

由于不同债券支付票息的日期不同，直接比较两个债券的价格比较困难，所以，债券报价是不含利息的。也就是说，假设报价时票息刚刚支付完毕，后面剩下的计息周期都是完整的。

但在现实中，购买债券往往发生在两个票息日中间，债券购买者支付的金额，除了报价以外，还要有按比例计算的累计利息。债券购买者从下一个票息支付日收到当期的完整票息，包含了他（她）先前支付给债券出售者的累计利息。

**债券的全价＝报价＋累计利息**

此式意味着，在两个票息日之间购买债券时，支付的全价（也叫作“总价”或“脏价”）高于报价（也叫作“净价”）。

**【例 1－7】** 2016 年 8 月 20 日，1999 年发行 2019 年到期、票息率 2.5%、面值 200 000 日元的债券报价 104.55，每年票息日是 6 月 25 日。该债券的购买价格是多少？

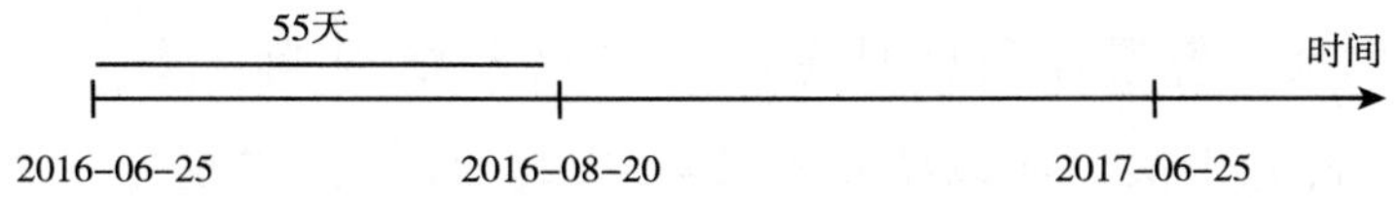


从 2016 年 6 月 25 日到 2016 年 8 月 20 的累计利息归债券出售者所有。从交易日（2016 年 8 月 20 日）到下一个票息日（2017 年 6 月 25 日）的票面利息归债券购买者所有。虽然在交易时，债券购买者向债券出售者支付了累计利息，但他（她）在下一个票息日却可以得到当期的全部票息。

2016 年 8 月 20 日债券购买者为债券价格支付金额计算如下：

支付额＝1.0455 × 200 000＝209 100（日元）

同时，为55天的累计利息支付金额计算如下：

支付额 $=\frac{55}{360}\times 2.5\%\times 200\ 000=763.89$(日元)

支付给债券出售者的总额 $=209\ 100+763.89=209\ 863.89$(日元)

债券购买者下一个票息日可以收到当期全部票息计算如下：

当期票息 $=2.5\%\times 200\ 000=5\ 000$(日元)

但考虑到他（她）已经支付了763.89日元的累计票息，他（她）实际得到的票息是：

实际票息 $=5\ 000-763.89=4\ 236.11$(日元)

这个数值对应的是305天（从2016年8月21日到2017年6月25日）的票息：

实际票息 $=\frac{305}{360}\times 2.5\%\times 200\ 000=4\ 236.11$(元)

应该注意的是，市场不同，债券种类不同，计算规则也不尽相同。例如：

• 瑞士债券、德国国内债券、欧洲债券的计算规则假定1年360天、1个月30日。累计利息公式是：

$$\text{累计利息}=\frac{30\cdot m+d}{360\cdot C}$$

式中，C——票息率；

m——自上一个票息日到交易日的月份数；

d——剩余天数。

• 美国国债计算累计利息时应用“实际天数/实际天数”规则。考虑到美国国债半年付息1次，所以票息率要除以2。计算公式是：

$$\text{累计利息}=\frac{\text{自上个票息日以来的实际天数}}{\text{两个票息日之间的实际天数}}\cdot\frac{C}{2}$$

• 日本和英国国债累计利息的计算，假设1年365天，按实际天数计算上个票息日到交易日的时间。

$$\text{累计利息}=\frac{\text{自上个票息日以来的实际天数}}{365}\cdot C$$

• 法国债券计算累计利息时，公式的分子分母都用实际天数。

$$\text{累计利息} = \frac{\text{自上个票息日以来的实际天数}}{\text{两个票息日之间的实际天数}} \cdot C$$

式中，C——年票息率。

不同的计息规则会导致不同的计算结果。

**【例 1－8】** 请计算美国国债与美国公司债券在 2016 年 7 月 15 日的累计利息。两个债券票息率都是 5%，都是半年付息 1 次，1 年中的 2 个票息日分别是 5 月 15 日和 11 月 15 日。

我们计算国债累计利息时采用“实际天数/实际天数”规则，5 月 15 日到 7 月 15 日是 61 天（＝16＋30＋15），5 月 15 日到 11 月 15 日这个计息周期的天数是 184 天（＝16＋30＋31＋31＋30＋31＋15）。累计利息率是：

$$\text{累计利息率} = \frac{61}{184} \times 5\% \times \frac{1}{2} = 0.828804\%$$

计算公司债券累计利息时，我们就要采用“30/360”规则。5 月 15 日到 7 月 15 日是 60 天（＝15＋30＋15），5 月 15 日到 11 月 15 日的天数是 180 天。累计利息率是：

$$\text{累计利息率} = \frac{60}{180} \times 5\% \times \frac{1}{2} = 0.833333\%$$

### 1.1.5　优先股

本节最后一部分，我们讨论一下优先股[①]。优先股不是债券，而是股票。与普通股持有人一样，优先股持有人也是公司的股东。他们有分红权而没有投票权（有时在特别情形下有受限制的投票权——如在发行新股时）。之所以要讨论它们，是因为优先股与债券很相似。

第一个相似之处是，优先股分红依据股份面值的百分比而定，而不是由股东大会确定一个固定金额。

第二个相似之处是，部分优先股可以有到期日，而那些没有到期日的优先股被称为“永续优先股”。

第三个相似之处是，大多数优先股有偿债基金条款，也就是本金偿还采

① 美国说法是“股票”（Stock），英国说法是“股份”（Share）。

取逐年摊销方式进行。

第四个相似之处是，部分优先股可以转换成发债公司的普通股。当优先股到期时，转换带有强制性。

鉴于优先股分红没有确定固定分红金额，所以发行人必须规划如何确定优先股的分红率。公司一般采取以下三种方法：

第一种方法是发行时就简单地确定一个分红比率（此时的优先股为“固息优先股”），类似于固息债券的票息率。

第二种方法是根据事先确定的日期的利率水平，重新评估分红率。这类优先股就是“浮息优先股”（ARPS），可能还带有利率上限与利率下限条款。

第三种方法是根据拍卖结果确定分红率。这类优先股就是“再行销优先股”（RP），拍卖过程类似于前面提到的从每 7 天到每 49 天拍卖 1 次的拍卖利率债券类似。

当政府为避免系统性风险，为处于困境中的公司提供流动性援助时，公司发行的优先股是相当不错的投资工具。这就是历史上发生过的事情。美国政府于 2008 年为美国国际集团（AIG）提供救济就是一例，美国政府不是贷款给 AIG，而是通过购买公司专门发行的优先股，成为 AIG 的股东。

与债券不同，优先股发行人即使不支付红利，也不算违约。当然，相关条款对不分红的优先股有专门规定。

如果条款规定未分配的红利“可以累计”，那么上次未分配的红利可以累计到下一次一并发放。

如果条款规定未分配的红利“不可累计”，那么上次未分配的红利今后不再发放。为弥补这个条款对优先股持有人的亏欠，条约中的其他条款规定优先股分红在先，普通股分红在后，因而使优先股股东与普通股股东相比，其权利处于优势地位。这些条款也许还规定一旦不分红，优先股股东就有投票权。

需要注意的是，优先股不能被看作公司的债务，分红不能抵税。

### 1.1.6 结论

本章本节描述了构成债务工具特性的主要条款。金融机构的证券数据库必须正确记录与阐释这些条款，否则将产生金融、法律与声誉风险。我们今后在学习涉及金融机构业务的章节中，会理解这一点。

## 1.2　货币时间价值

货币时间价值原理表明，今天一笔货币金额的价值，大于明天同等金额货币的价值。很多理由可以解释这个现象，但所有理由都可以归纳为：今天是确定的，未来是不确定的。例如，人们发现多数情况下存在通货膨胀现象，这意味着某种东西今天值 100 欧元，1 年以后的价值在 100 欧元以上。此外，推迟购物会带来"机会成本"：想购买的东西未来不一定更贵，可就是买不到了。人们在生活中感受到，当前消费比将来消费会带来更大的满足感。因此，社会必须提供动力，来引导人们推迟满足消费欲望，这个动力由利率来表示。按经济学家的说法，利率的功能之一，就是弥补由风险和偏好当前消费而带来的效用损失。利率通常以年利率的形式出现，代表借款者因贷款者贷出货币的服务而支付给贷款者的报酬。利率有很多种类。

### 1.2.1　单利与复利

单利假定利息本身不产生利息，计算公式是：

**单利 = 初始金额 × 利率 × 年数**

初始金额是计算一段时期利息的本金。例如，1 000 欧元按照 7% 的单利投资 10 年，利息 = 1 000 × 0.07 × 10 = 700 欧元。然而，现实中，人们常常将收到的利息进行再投资，以期在随后的时期获取更多利息。

复利假设利息本身被再次投资。因此，复利是利息与利息带来的利息之和。给定初始金额与时间段，复利计算公式是：

$$复利 = 初始金额 \times [(1+利率)^{年数} - 1]$$

**【例 1－9】** 1 000 欧元按照 R = 7% 的复利投资 10 年，利息是多少？

利息 $= 1\,000 \times [(1+0.07)^{10} - 1] = 967.15$（欧元）

计算过程见表 1－5。

**表 1-5** （单位：欧元）

| 年份 | 期初本金<br>[1] | 利息<br>[2] = [1] ×R | 期末本金<br>[1] + [2] |
|---|---|---|---|
| 1 | 1 000.00 | 70.00 | 1 070.00 |
| 2 | 1 070.00 | 74.90 | 1 144.90 |
| 3 | 1 144.90 | 80.14 | 1 225.04 |
| … | … | … | … |
| 10 | 1 838.46 | 128.69 | 1 967.15 |

我们发现，10 年后的复利是 967.15 欧元，而不是 700 欧元。

### 1.2.2 现值与终值

计算将来一笔支付（或接收）金额，或者将来一系列支付（或接收）金额的现值称为贴现。用于贴现现金流的复利利率也称为“贴现率”。因此，未来收入的现值（实际价值）计算公式是：

$$\text{现值} = \frac{\text{终值}}{(1+\text{利率})^{\text{年数}}}$$

未来现金流的现值与投资时间长度及利率水平反向变化。

**【例 1-10】** 某金融公司试图与你约定，如果你现在支付给该公司 60 000 欧元，10 年后公司将支付给你 100 000 欧元。按照 7% 的利率计算，10 年后 100 000 欧元的现值是：

$$\text{现值} = \frac{100\ 000}{(1.07)^{10}} = 50\ 835(\text{欧元})$$

你如果履行了这个约定，就意味着花了 60 000 欧元购买了价值 50 853 欧元的东西，你当然应该拒绝这样的交易。

运用复利概念，计算单笔支付（接收）或多笔支付（接收）终值的过程，就是以复利计算终值的过程，公式是：

$$\text{终值} = \text{现值} \times (1+\text{利率})^{\text{年数}}$$

**【例 1-11】** 把 100 欧元按 5% 利率存入银行账户，问第一年底和第二年底账户上的钱分别是多少？

第一年底账户上的金额 $= 100 \times (1 + 0.05) = 105$（欧元）

第二年底账户上的金额 = 105 × (1 + 0.05) = 110.25(欧元)

为什么不是 110 欧元？因为第一年接收的利息 5 欧元按照 5% 的利率产生了利息 (5 × 0.05 = 0.25)。这个过程可以直接表示为：

$100 \times (1+0.05)^2 = 110.25$(欧元)

利率越高，投资期限越长，以复利法产生的终值越大。

**【例 1－12】** 假如有人在 1934 年 1 月 1 日把 1 000 欧元按照 10.5% 的利率存入银行，试问到 2000 年 12 月 31 日，银行账户里有多少钱？

由于计息周期是 67 年：

账户余额 $= 100 \times (1.105)^{67} = 804\ 030.69$(欧元)

要是按照单利计算终值：

账户余额 = 1 000 + 1 000 × 0.105 × 67 = 8 035(欧元)

### 1.2.3 年金

若干年内，每年年底支付一笔固定的金额，这是年金的特殊形式。这一系列金额的现值由下列式子给出：

$$\textbf{现值} = \sum_{t=1}^{n} \frac{CF}{(1+R)^t} = \frac{CF}{R} \cdot \left[1 - \frac{1}{(1+R)^n}\right]$$

该公式假定第一笔金额是从现在算起的一年之后收到的。

**【例 1－13】** 例 1－12 中的金融公司试图与你达成这样的交易：如果你今天把 70 000 欧元贷给公司，公司今后 10 年之内每年年底支付给你 10 000 欧元。如果使用 7% 的利率，这笔 10 年期年金的现值是：

$$\text{现值} = \frac{10\ 000}{0.07} \times \left[1 - \frac{1}{(1+0.07)^{10}}\right] = 70\ 236(\text{欧元})$$

接受这笔交易，意味着花费 70 000 欧元购买了价值为 70 236 欧元的东西，当然要接受这样的交易。

假定每笔金额再投资利率相同，一系列同等金额的货币终值计算公式是：

$$\textbf{终值} = \sum_{t=0}^{n-1} CF \cdot (1+R)^t = CF \cdot \frac{(1+R)^n - 1}{R}$$

如同计算现值一样，上述公式假定第一笔现金流发生在从现在开始的一年以后。下面的简单例子说明了公式的应用。

**【例 1-14】** 按照平价（面值 1 000 欧元）购买票息率 7% 的 10 年期债券，假定再投资利率为 7%。到第 10 年年底，获得的全部票息的终值是多少？

$$70\times\frac{(1+0.07)^{10}-1}{0.07}=967.15(\text{欧元})$$

本例用单利计算的终值是：

$$1\,000\times0.07\times10=700(\text{欧元})$$

额外的 267.15 欧元（$=967.15-700$）是票息再投资而产生出来的"利息的利息"。

### 1.2.4　连续贴现与连续复利

复利不仅适用于 1 年计息 1 次的情况，也适用于更高频次的计息。可以证明，如果 1 年计息频率为 m（1 年支付 m 次利息），那么一笔初始金额 $N_0$ 按照利率 R 投资 n 年后的终值是：

$$\text{n 年后终值}=N_0\cdot\left(1+\frac{R}{m}\right)^{m\cdot n}$$

当 m 趋于无穷大时（每时每刻支付利息），可以证明公式变成了 $N_0\cdot e^{R\cdot n}$，$e\approx2.718$，是欧拉数。此时计算终值的公式是：

$$\text{终值}=\text{初始值}\cdot e^{\text{时间}\cdot\text{连续复利利率}}$$

连续复利计算终值会产生更高的数值。因为每时每刻都在支付利息，所以产生的利息就更多。

**【例 1-15】** 把 100 欧元按 5% 连续复利的利率存入银行账户，问第一年底和第二年底账户上的钱分别是多少？

$$\text{第一年底账户上的金额}=100\times e^{0.05\times1}=105.13(\text{欧元})$$

$$\text{第二年底账户上的金额}=100\times e^{0.05\times2}=110.52(\text{欧元})$$

### 1.2.5　债券估值

债券估值建立在现金流贴现法和均衡概念之上。

#### 1.2.5.1 零息债券估值

零息债券被认为是最简单的债券，它于t时刻到期时，只支付1笔现金流$CF_t$。零息债券的价格（$B_{0,t}$）就是最终现金流（也是唯一的现金流）的现值。

$$B_{0,t}=\frac{CF_t}{(1+k)^t}$$

式中，$CF_t$——t期期末收到的现金流；

k——合适的贴现率。

**【例1-16】** 假设贴现率是7%，面值为1 000欧元、期限为5年的零息债券的价格是多少？假如贴现率不变，期限为7年的零息债券的价格又是多少？

$$B_{0,5}=\frac{1\ 000}{1.07^5}=712.99(\text{欧元})$$

$$B_{0,7}=\frac{1\ 000}{1.07^7}=622.75(\text{欧元})$$

前例假定贴现率是一样的，与债券期限无关。但一般说来，贴现率随期限不同而不同。我们把贷款人从0时刻到t时刻的要求的回报率（也叫作"即期利率"）定义为$R_{0t}$，还本付息的现金流只有一笔$CF_t$，这样的零息债券价格为：

$$B_{0,t}=\frac{CF_t}{(1+R_{0,t})^t}$$

上式使我们可以使用不同期限的贴现率。

**【例1-17】** 假设5年的即期利率$R_{0,5}=50\%$，面值为1 000欧元、期限为5年的零息债券的价格是多少？又假设7年的即期利率$R_{0,7}=6\%$，期限为7年的零息债券的价格又是多少？

$$B_{0,5}=\frac{1\ 000}{1.05^5}=783.53(\text{欧元})$$

$$B_{0,7}=\frac{1\ 000}{1.06^7}=665.06(\text{欧元})$$

给定即期利率，我们能够计算不同期限零息债券的价格。这一原则，可以适用于附息债券的价格计算，见下节。

#### 1.2.5.2 静态套利与附息债券估值

附息债券被看作是一系列未来现金流，这些现金流可以被一个零息债券的组合复制出来。

**【例1-18】** 投资者A持有一个期限为4年、面值为1 000欧元、票息率6%的债券。投资者B希望复制投资者A债券的现金流，并且他（她）只能用零息债券复制，他（她）该怎么购买债券，才能做到这一点？

投资者B应该购买：

- 一个1年后到期、面值为60欧元的零息债券。
- 一个2年后到期、面值为60欧元的零息债券。
- 一个3年后到期、面值为60欧元的零息债券。
- 一个4年后到期、面值为1 060欧元的零息债券。

购买这样一个组合，投资者B收到的现金流与投资者A完全一样。

这个组合的价格是多少？根据定义，它的价格应该与被复制的债券价格相同，因为两者现金流是一样的。否则，套利活动就会发生（买进便宜者，出售价格较高者，匹配现金流后获取无风险收益）。因此，人们用下列关系计算债券价格：

**债券价格＝复制零息债券组合的价格**

由于组合价格是所有零息债券价格之和，所以附息债券价格是债券所有现金流的现值之和：

$$P = \sum_{t=1}^{T} \frac{CF_t}{(1 + R_{0,t})^t} = \frac{CF_1}{(1 + R_{0,1})^1} + \frac{CF_2}{(1 + R_{0,2})^2} + \cdots + \frac{CF_T}{(1 + R_{0,T})^T}$$

式中：$CF_t$——t期期末收到的现金流（票息/本金）；

T——剩余年份数；

$R_{a,b}$——一个单笔金额从a时刻投资到b时刻兑付的即期利率。

**【例1-19】** 如果即期利率分别为$R_{0,1}=7\%$、$R_{0,2}=8\%$、$R_{0,3}=8.5\%$、$R_{0,4}=9\%$，期限为4年、面值为1 000欧元、票息率6%的简单债券价格是多少？

表1-6是债券现金流情况。

**表 1－6**

| 时间 | 0 | 1 | 2 | 3 | 4 | 4 |
|---|---|---|---|---|---|---|
| 现金流（欧元） | | 60 | 60 | 60 | 60 | 1 000 |
| 贴现率 | 0 | 0.07 | 0.08 | 0.085 | 0.09 | 0.09 |

$$债券价格(P) = \frac{60}{(1+0.07)} + \frac{60}{(1+0.08)^2} + \frac{60}{(1+0.085)^3} + \frac{1\,000+60}{(1+0.09)^4}$$

$$=905.42(欧元)$$

（1）特殊情况

如果债券半年付息 1 次，前述公式仍然可以成立。

$$P = \sum_{t=1}^{T} \frac{CF_t}{(1+R_{0,t})^t} = \frac{CF_1}{(1+R_{0,1})^1} + \frac{CF_2}{(1+R_{0,2})^2} + \cdots + \frac{CF_T}{(1+R_{0,T})^T}$$

式中，$CF_t$——第 t 个半年末收到的现金流（票息/本金）；

T——剩余的半年数；

$R_{0,t}$——从 0 时刻到第 t 个半年的投资回报率，即代表一个单笔金额从 0 时刻投资到第 t 时刻的即期利率。

（2）影响债券价格的因素

票息率影响债券价格。债券价格依赖于承诺的现金支付（或预期的现金流），它们出现在算式中的分子上，因此，债券价格与票息率有关。

$$P = \sum_{t=1}^{T} \frac{CF_t}{(1+R_{0,t})^t} = \frac{CF_1}{(1+R_{0,1})^1} + \frac{CF_2}{(1+R_{0,2})^2} + \cdots + \frac{CF_T}{(1+R_{0,T})^T}$$

在期限相同的情况下，高票息债券比低票息债券价格高，因为前者预期现金流比较多。

**【例 1－20】** 即期利率分别为 $R_{0,1}=7\%$、$R_{0,2}=8\%$、$R_{0,3}=8.5\%$、$R_{0,4}=9\%$。两个期限为 4 年、面值为 1 000EUR 的债券，其中一个债券票息率 6%，另一个债券票息率 7%，两个债券的价格分别是多少？

表 1－7 是两个债券现金流情况。

**表 1－7**

| 时间 | 0 | 1 | 2 | 3 | 4 | 4 |
|---|---|---|---|---|---|---|
| 债券 1 的现金流（欧元） | | 60 | 60 | 60 | 60 | 1 000 |
| 债券 2 的现金流（欧元） | | 70 | 70 | 70 | 70 | 1 000 |
| 贴现率 | 0 | 0.07 | 0.08 | 0.085 | 0.09 | 0.09 |

两个债券的价格分别是：

$$P_{债券1}=\frac{60}{(1+0.07)}+\frac{60}{(1+0.08)^2}+\frac{60}{(1+0.085)^3}+\frac{1\ 000+60}{(1+0.09)^4}$$

$$=905.42(欧元)$$

$$P_{债券2}=\frac{70}{(1+0.07)}+\frac{70}{(1+0.08)^2}+\frac{70}{(1+0.085)^3}+\frac{1\ 000+70}{(1+0.09)^4}$$

$$=938.25(欧元)$$

显然，第二个债券的价格比较高。

贴现率影响债券价格。债券价格还与算式分母上的贴现率有关，所以，债券价格与贴现率反向变化（如果贴现率下降，债券价格则上涨；贴现率上涨，债券价格则下降）。

**【例 1－21】** 如果即期利率分别为 $R_{0,1}=7\%$、$R_{0,2}=8\%$、$R_{0,3}=8.5\%$、$R_{0,4}=9\%$，期限为 4 年、面值为 1 000 欧元、票息率 6% 的债券价格是多少？当 2 年期即期利率上涨了 0.5%，债券价格如何变化？

表 1－8 是债券现金流情况。

**表 1－8**

| 时间 | 0 | 1 | 2 | 3 | 4 | 4 |
|---|---|---|---|---|---|---|
| 现金流（欧元） | | 60 | 60 | 60 | 60 | 1 000 |
| 贴现率 | 0 | 0.07 | 0.08 | 0.085 | 0.09 | 0.09 |

债券价格是：

$$P=\frac{60}{(1+0.07)}+\frac{60}{(1+0.08)^2}+\frac{60}{(1+0.085)^3}+\frac{1\ 000+60}{(1+0.09)^4}$$

$$=905.42(欧元)$$

如果 2 年期即期利率上涨了 0.5%，$R_{0,2}=8.5\%$，债券价格变为：

$$P=\frac{60}{(1+0.07)}+\frac{60}{(1+0.085)^2}+\frac{60}{(1+0.085)^3}+\frac{1\ 000+60}{(1+0.09)^4}$$

$$=904.95(欧元)$$

显然，新的债券价格比较低。

### 1.2.6　价格/收益率关系

给定一个时期，持有债券的总收益有三个组成部分。

**总收益 = 价格收益 + 票息收益 + 再投资收益**

其中，“价格收益”随债券报价的变化而变化，“票息收益”来源于票息收入，“再投资收益”是先前收到的票息再次投资带来的收益（即“利息的利息”）。

价格收益部分可以进一步分为两部分：

**价格收益 = 收益率变动引起的价格收益 + 摊销的溢价或折价**

其中，“收益率变动引起的价格收益”来源于作为贴现率的即期利率的变化（哪怕有一个即期利率发生变化），“摊销的溢价或折价”显示债券价格会趋向于最后支付额。

人们已经知道，当期收益率与债券价格反向变化，而债券价格也与当期收益率成比例地反向变化（零息债券除外），可当期收益率不能很好地估计总收益，因为它只依赖票息收益。

债券价格与到期收益率之间也存在反向关系，但这个关系却不是线性的（见图 1 – 3）。

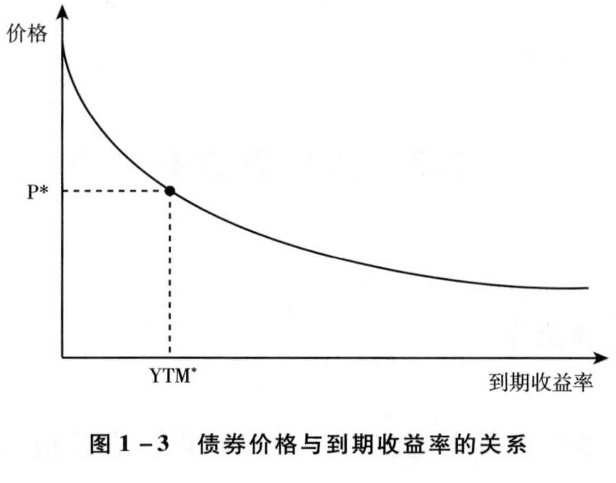


**图 1 – 3　债券价格与到期收益率的关系**

人们发现，到期收益率就是债券的内部报酬率。即便如此，它也要在若干严格限定条件下才能衡量债券总收益。这些条件是：

• 票息再投资利率要等于到期收益率。实际上，每一笔票息都会按照收到票息时的市场利率进行再投资。如果该利率与到期收益率不相等，总收益率就与到期收益率不一致。给定到期收益率，比较高的（比较低的）再投资利率，会产生比较高的（比较低的）总收益率。

• 票息率高、期限长的债券的再投资利率风险非常大，由其造成的收益变化与到期收益率造成的收益变化差异很大。

• 半年付息 1 次的债券收益率应该进行年化调整，以得出等价收益率。考虑到总收益报告以年为基础，这样的调整很有必要。

大多数情况下，人们用到期收益率测量回报率时，暗含的假定是：期限不重要，市场上只有一个利率可供借贷，这个利率永远不变。

可实际上，到期收益率与总收益率完全不同，我们应该牢记这一点。

**【例 1-22】** 假如有人按照 6% 的到期收益率（YTM = 6%）平价购买了（购买价格为 100）期限为 4 年、票息率为 6%（每年付息 1 次）的债券。另假定随后利率向下变动，以致第一年票息按照 4.5% 的利率投资 3 年，第二年票息按照 3% 的利率投资 2 年，第三年票息按照 2% 的利率投资 1 年。若初始投资额为 100，问第四年年底衡量的总收益率是多少？

$$\text{第四年年底的总财富} = 6 \times 1.045^3 + 6 \times 1.03^2 + 6 \times 1.02 + 106 = 125.33$$

$$\text{4 年投资实现的总收益率} = \left(\sqrt[4]{\frac{125.33}{100}} - 1\right) \times 100\% = 5.81\%$$

该数值低于 6%。

## 1.3　债券收益率

### 1.3.1　当期收益率

债券的当期收益率是简单地由每年票息除以债券价格（扣除累计利息的价格，即净价格）而来的：

$$\text{当期收益率} = \frac{\text{每年的票息}}{\text{净价格}}$$

如果票息率是固定的（一般情况是这样），当期收益率就与债券价格反向变化。当债券价格上涨（下降）时，当期收益率下降（上涨），因为前者使票息收益在债券价值中的比重变小，后者使票息收益在债券价值中的比重变大。因此，其他因素不变的情况下，当期收益率比较高的债券，其价格比较低。

**【例 1－23】** 期限为 2002—2012 年、票息率为 3.25% 的 XYZ 债券，在某日 13 点 06 分报价为 98.01。

当期收益率 = 3.25%/98.01 = 3.31%

当期收益率只考虑票息收入因素，所以用它衡量两个不同债券的收益率时，会产生问题。例如：

零息债券的当期收益率为零，因为它没有票息。

其他因素不变时，价格低于面值的债券的当期收益率，在债券趋于到期日时会变小（票息是固定的，债券价格在临近到期日趋于面值，因为面值是到期兑付额）；价格高于面值的债券的当期收益率，会随着债券到期日的临近而变大，因为此时债券价格会变小，逐步向面值靠近。

### 1.3.2　到期收益率

债券的到期收益率（用 YTM 表示）是这样一个利率：用它去贴现债券未来现金流，把所得的现值加总以后，正好等于债券的市场价格。假设在一个票息日，刚刚分配完一次票息，此时的债券价格为：

$$P = \sum_{t=1}^{T} \frac{CF_t}{(1+YTM)^t} = \frac{CF_1}{(1+YTM)^1} + \frac{CF_2}{(1+YTM)^2} + \cdots + \frac{CF_T}{(1+YTM)^T}$$

式中，P——债券价格（市场价格）；

$CF_t$——t 期末收到的现金流（票息/本金）；

T——债券剩余时间（或年份数）。

债券到期收益率就是投资债券的内部报酬率（用 IRR 表示）。

**【例 1－24】** 某位投资者以 116.00 的价格购买剩余期限 4 年、票息率 10%、面值 1 000 欧元的债券，票息刚刚发放完。此时到期收益率是多少？

解出下列方程可以算出到期收益率：

$$\frac{100}{(1+YTM)^1} + \frac{100}{(1+YTM)^2} + \frac{100}{(1+YTM)^3} + \frac{1\ 100}{(1+YTM)^4} = 1\ 160$$

运用计算机计算的结果是 YTM = 5.44%。

到期收益率假设债券持有到期，所有现金流都可以确定收到，中途收到的现金流立即在到期收益率的水平上进行再投资。正如我们已经知道的那样，不应该把“到期收益率”与“总收益率”混为一谈。

如果债券半年付息 1 次，情况也不难处理。首先计算“半年到期收益率 $YTM_s$”：

$$P = \sum_{t=1}^{T} \frac{CF_t}{(1+YTM_S)^t}$$

$$= \frac{CF_1}{(1+YTM_S)^1} + \frac{CF_2}{(1+YTM_S)^2} + \cdots + \frac{CF_T}{(1+YTM_S)^T}$$

式中，$CF_t$——第 t 个半年末收到的现金流（票息/本金）；

T——剩余的半年数。

然后，用下面公式将“半年到期收益率”转换成“年化到期收益率”：

欧洲国家计算公式为：

$$YTM_A = (1+YTM_S)^2 - 1$$

美国或英国计算公式为：

$$YTM_{US_A} = 2 \cdot YTM_S$$

英美国家计算年化到期收益率时没有计算复利，这是他们的惯例（这导致其到期收益率低于欧洲国家）。下面用例子说明这一问题。

**【例 1-25】** 10 年期欧元债券的票息率是 6%，半年付息 1 次，当前价格是 110.00。刚刚分完一次票息。此时到期收益率是多少？如果每年付息 1 次，到期收益率又是多少？

解出下列方程可以算出半年到期收益率：

$$110 = \frac{3}{(1+YTM_S)^t} + \frac{3}{(1+YTM_S)^2} + \cdots + \frac{103}{(1+YTM_S)^{20}}$$

解得：

$YTM_s = 2.37\%$

对应的年化到期收益率$(YTM_A) = (1+2.37\%)^2 - 1 = 4.79\%$

如果每年付息一次，运用公式可以计算出到期收益率是 4.72%，低于上述数字（前提当然是债券价格 110 保持不变）。这在我们意料之内，因为半年收到的票息参与了复利过程。提醒一下，如果这个债券是美国债券，其到期收益率是 2×2.37% =4.74%，而不是 4.79%。

如果债券按季度支付票息，处理原则相同。不同的计算惯例导致不同的计算结果。当然，债券价格不会依据不同的收益率计算方法而变动，但比较债券收益率时，计算方法保持一致还是相当重要的。

#### 1.3.2.1　两个票息日之间的到期收益率

如果债券买卖发生在两个票息日之间（见图 1-4），购买者就要支付累计利息给出售者。累计利息的大小依赖于累计期天数 f 占整个计息周期天数的比重。

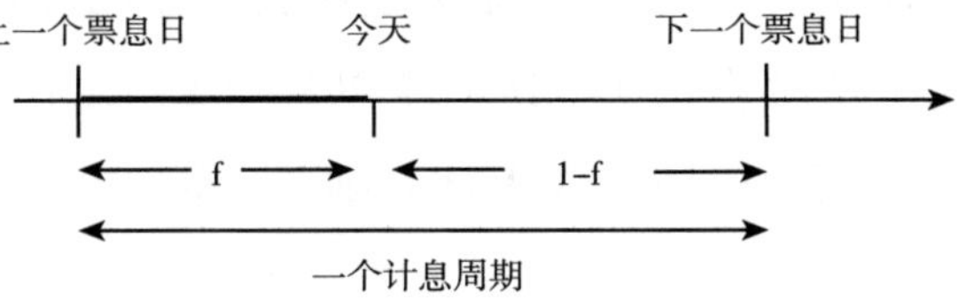


**图 1-4　两个票息日之间的到期收益率**

所以，购买债券需要支付的总价格（1 年支付 1 次票息）是：

**总价格 = 报价（或净价）+ f · 票息**

因此，计算到期收益率的公式应该调整一下，以便把累计利息包括在总价格中。

$$
\begin{aligned}
P + f \cdot C &= \sum_{t=1}^{T} \frac{CF_t}{(1+YTM)^{t-f}} \\
&= \frac{CF_1}{(1+YTM)^{1-f}} + \frac{CF_2}{(1+YTM)^{2-f}} + \cdots + \frac{CF_T}{(1+YTM)^{T-f}} \\
&= (1+YTM)^f \cdot \left[\frac{CF_1}{(1+YTM)^1} + \frac{CF_2}{(1+YTM)^2} + \cdots + \frac{CF_T}{(1+YTM)^T}\right]
\end{aligned}
$$

下面说明一下公式的运用。

**【例 1-26】** 某债券的票息率是 6%，市场报价是 108.00，剩余期限为 9 年零 3 个月，计算到期收益率。

因为 f = 9 个月 = 0.75 年，支付的总价格 = 108 + 0.75 × 6 = 112.5。通过解方程：

$$
112.5 = (1+YTM)^{0.75} \times \left[\frac{6}{(1+YTM)^1} + \frac{6}{(1+YTM)^2} + \cdots + \frac{106}{(1+YTM)^{10}}\right]
$$

得：YTM = 4.90%（迭代计算的结果）

上述方法是一般性原则，需要牢记的是，计算累计利息的累积天数时，各个国家不尽相同。

1.3.2.2　票息效应对到期收益率的影响

两个期限相同但现金流规模不同的债券，即便它们的再投资利率一样，它们的到期收益率也有所不同。这种现象称为“票息效应”或“票息偏差”①。

我们在下例计算债券价格时，使用的利率分别是单笔金额投资1年后回收、2年后回收的利率。因此，2年期利率就是单笔金额投资2年后回收，中途没有发生现金流的利率。这两个利率分别称为1年期即期利率和2年期即期利率。例如，$R_{0,1}$代表从现在（0）到1年以后（1）之间的利率，$R_{0,2}$代表2年期的即期利率，进一步地，$R_{a,b}$代表从a到b之间的即期利率。后面章节会详细讨论即期利率。

**【例1－27】** 债券A期限为2年，票息率10%；债券B期限为2年，票息率5%。1年期即期利率$R_{0,1}=6\%$，2年期即期利率$R_{0,2}=7\%$。债券价格是：

$$P_A = \frac{10}{1.06} + \frac{110}{1.07^2} = 105.512$$

$$P_B = \frac{5}{1.06} + \frac{105}{1.07^2} = 96.428$$

可两个债券的到期收益率并不相同。

$$P_A = \frac{10}{1.06} + \frac{110}{1.07^2} = 105.512 \rightarrow YTM_A = 6.953\%$$

$$P_B = \frac{5}{1.06} + \frac{105}{1.07^2} = 96.428 \rightarrow YTM_B = 6.975\%$$

收益率存在差异的原因，在于到期收益率是两个即期利率的复杂平均数。例中债券B分配给较高的2年期即期利率的现金流比重更大一些。

附息债券的公式是：

$$P = \sum_{t=1}^{T} \frac{CF_t}{(1+R_{0,t})^t} = \frac{CF_1}{(1+R_{0,1})^1} + \frac{CF_2}{(1+R_{0,2})^2} + \cdots + \frac{CF_T}{(1+R_{0,T})^T}$$

① 零息债券没有票息效应。

到期收益率的公式是：

$$P = \sum_{t=1}^{T} \frac{CF_t}{(1 + YTM)^t}$$

$$= \frac{CF_1}{(1 + YTM)^1} + \frac{CF_2}{(1 + YTM)^2} + \cdots + \frac{CF_T}{(1 + YTM)^T}$$

人们在对比两式后发现，到期收益率显然是即期利率的复杂平均数。因此，读者应该看出到期收益率与即期利率 $R_{0,T}$的区别。

实际上，当一系列的即期利率 $R_{0,t}$随时间逐步上升时（此时即期利率曲线是正向的，正式讨论见下面小节中的收益率曲线部分），人们发现到期收益率（YTM）低估了对应期限的即期利率 $R_{0,T}$（见图 1－5）。

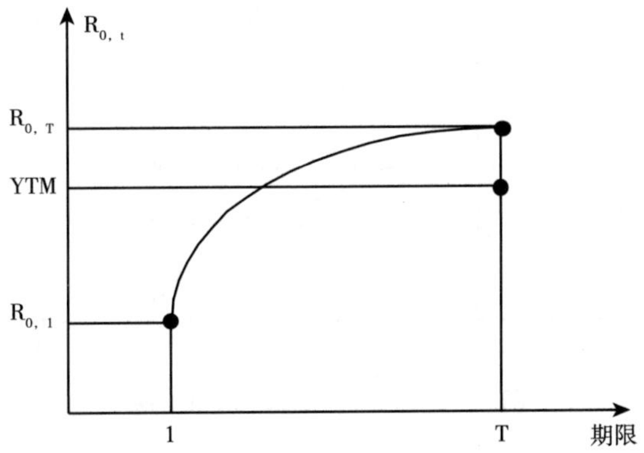


**图 1－5　到期收益率与即期利率**

下面的例子说明这个问题。[①]

**【例 1－28】** 考虑一系列下降的即期利率的情形：$R_{0,1}=2\%$、$R_{0,2}=4\%$、$R_{0,3}=5\%$、$R_{0,4}=5.5\%$、$R_{0,5}=6\%$。我们选出 3 个仅仅票息率有差异的债券，计算它们的价格与收益率（见表 1－9）。

**表 1－9**

| 债券 | A | B | C |
|---|---|---|---|
| 期限 | 5 年 | 5 年 | 5 年 |
| 票息率 | 0% | 3% | 10% |

① Pierre André, "Les obligations ordinaires: typologie, procédures d. émissionel aspects boursiers", HEC University of Geneva, Geneva, 1995.

续表

| 债券 | A | B | C |
|---|---|---|---|
| 兑付 | 100% | 100% | 100% |
| 价格 | 74.73 | 87.69 | 117.96 |
| 到期收益率 | 6% | 5.91% | 5.76% |

显然，附息债券的到期收益率低估了相同期限实际的即期利率（本例中5年期即期利率为6%）。票息率越高，高估造成的两者之间的偏差越大。

假如即期利率$R_{0,t}$是下降的，到期收益率（YTM）会高估相应的即期利率（$R_{0,T}$）（见图1-6）。

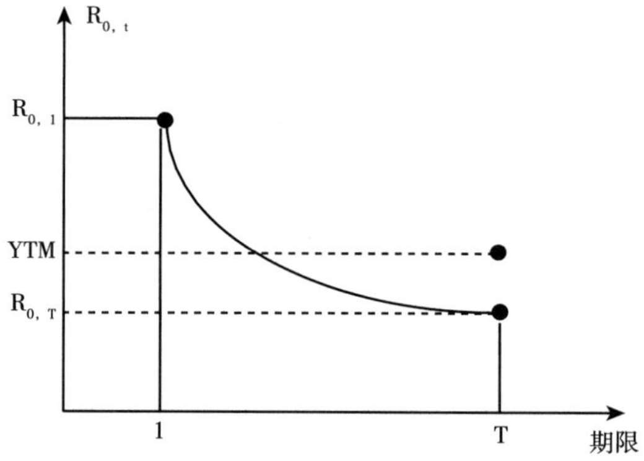


**图1-6 到期收益率与即期利率**

下面的例子说明这一点。

**【例1-29】** 考虑一系列下降的即期利率的情形：$R_{0,1}=6\%$、$R_{0,2}=4\%$、$R_{0,3}=3\%$、$R_{0,4}=2.5\%$、$R_{0,5}=2\%$。我们选出3个仅仅票息率有差异的债券，计算它们的价格与收益率（见表1-10）。

**表1-10**

| 债券 | A | B | C |
|---|---|---|---|
| 期限 | 5年 | 5年 | 5年 |
| 票息率 | 0% | 3% | 10% |
| 兑付 | 100% | 100% | 100% |
| 价格 | 90.57 | 104.35 | 136.52 |
| 到期收益率 | 2% | 2.08% | 2.21% |

显然，附息债券的到期收益率高估了相同期限实际的即期利率（本例中5

年期即期利率为 2%）。票息率越高，高估造成的两者之间的偏差越大。

就附息债券而言，即期利率（$R_{0,T}$）与到期收益率（YTM）极少相同。后面章节会介绍如何处理这个问题。

### 1.3.3　赎回收益率

对于可赎回债券而言，赎回收益率（$YTM_C$）就是这样的收益率：用它去贴现债券赎回期间的现金流，把它们加起来的总和，正好等于债券市场价格。

$$P = \sum_{t=1}^{TC} \frac{CF_t}{(1 + YTM_C)^t}$$

$$= \frac{CF_1}{(1 + YTM_C)^1} + \frac{CF_2}{(1 + YTM_C)^2} + \cdots + \frac{CF_{TC}}{(1 + YTM_C)^{TC}}$$

式中，$CF_t$——期末收到的现金流（票息/本金）；

TC——距离赎回日的剩余年份数。

公式假定债券将被赎回，赎回期间收到的现金流是确定的。

**【例 1－30】** 投资者购买的债券与前例相同（10% 票息率、面值 1 000 EUR、4 年期限、报价 116.00)，债券可在 3 年后按照 103 的价格赎回。债券可赎回收益率是多少？

计算下列方程，可得可赎回收益率 $YTM_C$：

$$\frac{100}{(1 + YTM_C)^1} + \frac{100}{(1 + YTM_C)^2} + \frac{1\ 030 + 100}{(1 + YTM_C)^3} = 1\ 160$$

计算机软件通过试错程序计算的结果 $YTM_C = 5.07\%$。

可赎回收益率与到期收益率的不同之处在于，前者贴现期比较短（赎回日在到期日之前），现金流规模也往往比较大（赎回价格常常高于面值）。

### 1.3.4　其他收益率

#### 1.3.4.1　日式收益率

值得注意的是，部分日本债券交易者把当期收益率修订了一下，变成日式收益率：

$$日式当期收益率=\frac{年票息-\dfrac{价格（\%）-100}{剩余期限}}{价格}$$

日式收益率不仅考虑票息收入，还考虑了投资期间的资本利得/资本损失。所以，溢价购买的债券由于投资期间发生资本损失而收益率低，折价购买的债券由于投资期间发生资本利得而收益率高。网站 http：//www. mof. go. jp/English/bonds/guide. htm 有更多日式收益率的内容。

### 1.3.4.2　平均存续期收益率

平均存续期收益率（$YTM_{AL}$）仅用于比较“分期还本债券”（如有偿债基金条款的债券、抵押贷款支持债券等）和“到期一次性还本债券”（子弹债券）两类债券的收益率。为简单起见，假设全部本金偿付发生在“平均存续期到期日”。债券的平均存续期是各期本金偿付时间的加权平均数（注意，计算平均存续期时不用考虑票息率，只考虑）：

$$平均存续期（以年为单位）=AL=\sum_{t=1}^{T}\frac{t\ 时刻还本金额}{需偿还的本金总额}\cdot t$$

平均存续期收益率只不过是到“平均存续期到期日”的内部报酬率（IRR）（将“平均存续期到期日”视为债券到期日）：

$$P=\sum_{t=1}^{AL}\frac{CF_t}{(1+YTM_{AL})^t}=\frac{C_1}{(1+YTM_{AL})^1}+\frac{C_2}{(1+YTM_{AL})^2}+\cdots+\frac{C_{AL}}{(1+YTM_{AL})^{AL}}+\frac{本金}{(1+YTM_{AL})^{AL}}$$

式中，$C_t$——在 t 期末收到的票息（不包括本金偿付）；

AL——债券的平均存续期。假定全部本金偿付发生在平均存续期到期日。

**【例 1－31】**某投资者买入票息率 5%、面值 1 000 欧元的 10 年期债券，报价为 102。该债券具有 90% 的偿债基金比率①，偿债基金从第一年末开始偿付，接下来的 9 年中每年偿付 10%。所有的偿付均按面值计算，那么，平均

① 偿债基金比率系指债券到期前提前偿付的百分比。

存续期为：

$$AL=\frac{100}{1\ 000}\times 1+\frac{100}{1\ 000}\times 2+\cdots+\frac{100}{1\ 000}\times 10=5.50(\text{年})$$

平均存续期收益率可由下式求解：

$$\frac{50}{(1+YTM_{AL})}+\frac{50}{(1+YTM_{AL})^{2}}+\cdots+\frac{50}{(1+YTM_{AL})^{5}}+\frac{1\ 025}{(1+YTM_{AL})^{5.5}}=1\ 020$$

注意，平均存续期为 5.5 年，故最后一笔现金流为 1 025，因为只累积了半年的票息（25 欧元）。

迭代计算得到的答案是，$YTM_{AL}=4.58\%$。这个债券基本等价于“到期收益率 4.58%、期限 5.5 年的子弹债券”。

## 1.3.5　其他基本概念

下列三个日期在利率计算中至关重要：

- 议定日，借款人与贷款人议定贷款固定利率的日期。
- 贷出日，资金贷出的日期。
- 偿付日，资金偿还的日期。

后续讨论将使用即期利率（上文已经遇到）和远期利率（下文将要提到）的概念。

### 1.3.5.1　即期利率

即期利率记为 $R_{0,t}$，为 t 时刻到期的纯贴现债券[①]（零息债券）的年收益率。换言之，即期利率等于 0 时刻贷款、t 时刻一次性还本付息所要求的回报率。关于即期利率，读者要牢记：

- 议定日等于贷出日。
- 即期利率是只对投资者支付一次性现金流的贷款或债券的利率。

通常，即期利率用年利率表示。

**【例 1－32】** 某债券现价为 797.19 欧元，2 年后还本 1 000 欧元，问 2 年

① 注意，此处纯贴现债券的准确定义是到期偿付 1 欧元的债券。

期即期利率是多少？1 年期即期利率又是多少？

鉴于该债券为纯贴现债券，其收益率即为 2 年期即期利率。

$$797.19 = \frac{1\,000}{(1+R_{0,2})^2} \longrightarrow R_{0,2} = 12\%$$

该利率为年化利率。由于条件不足，1 年期即期利率无法计算。

#### 1.3.5.2 远期利率

远期利率记为 $F_{t,h}$，为议定日（0）与借出日（t）不相同的利率。如果今天议定 1 笔 1 年后（t）开始的 2 年期贷款，那么从第 1 年末到第 3 年末（从 t 年到 t + h 年）的利率即为远期利率。

关于远期利率，读者需要记住的是：

- 议定日为今天，但贷出日在未来。
- 远期利率是只付一次现金流给投资者的贷款或债券的利率。

通常，远期利率也按年利率表示。

**【例 1－33】** 根据约定，1 年后贷款 841.68 EUR，3 年后连本带息偿还 1 000 EUR。问 1 年后的 2 年期的远期利率是多少？

因为该贷款相当于纯贴现债券，其到期收益率就是 2 年期远期利率。

$$841.68 = \frac{1\,000}{(1+F_{1,3})^2} \longrightarrow F_{1,3} = 9\%$$

该利率是年化利率。

#### 1.3.5.3 即期利率与隐含的远期利率的关系

隐含的远期利率一般可以通过计算期末财富与期初财富的比率计算出来，也可以通过对应即期利率的比率计算出来：

$$F_{t_1,\,t_2} = \sqrt[t_2-t_1]{\frac{(1+R_{0,\,t_2})^{t_2}}{(1+R_{0,\,t_1})^{t_1}}} - 1$$

**【例 1－34】** 即期利率分别为 $R_{0,1} = 6\%$、$R_{0,2} = 7\%$、$R_{0,3} = 7.5\%$，问隐含的第 1 年后的 1 期远期利率是多少？第 2 年后的 1 期远期利率是多少？

第 1 年后的 1 年期远期利率可用相连的两个即期利率来求得。若投资者按 2 年期即期利率 $R_{0,2}$ 投资 100 欧元，2 年后将收到偿付额：

$$100 \times (1+0.07) \times (1+0.07) = 114.49 \text{（欧元）}$$

另一种投资策略是按当前即期利率 $R_{0,1}$ 投资 100 欧元，1 年后将收回的本息按远期利率 $R_{1,2}$ 进行再投资。请注意，本交易策略在 0 时刻就已经确定各时点上的头寸数值。第 1 年年末，投资者收到本息偿付：

$$100 \times (1.06) = 106.00 \text{（欧元）}$$

将这部分钱按远期利率再投资，结果应与两年期即期利率投资结果相同：

$$106.00 \times (1 + F_{1,2}) = 114.49 \text{（欧元）}$$

我们发现：

$$F_{1,2} = \left[\frac{\text{财富金额（第 2 年末）}}{\text{财富金额（第 1 年末）}} - 1\right] \times 100\% = \left(\frac{114.49}{106.00} - 1\right) \times 100\%$$

$$= 0.0801 \times 100\% = 8.01\%$$

以此类推出第 2 年后的 1 年期远期利率：

$$F_{2,3} = \left[\frac{\text{财富金额（第 3 年末）}}{\text{财富金额（第 2 年末）}} - 1\right] \times 100\% = \left[\frac{100 \times (1.075)^3}{114.49} - 1\right] \times 100\%$$

$$= 0.0851 \times 100\% = 8.51\%$$

从结构上看，即期利率可以看作前后相连的一系列远期利率的几何平均数：

$$(1 + R_{0,t}) = \left[(1 + R_{0,1}) \cdot (1 + F_{1,2}) \cdot (1 + F_{2,3}) \cdot \cdots \cdot (1 + R_{t-1,t})\right]^{\frac{1}{t}}$$

### 1.3.6　收益率曲线

尽管收益曲线的概念从直觉上看显而易见，但这一表述成为市场术语的时间其实并不长。在 20 世纪 70 年代初期以前①，专业文献提到这一名词的时候非常少。在这之前，虽然利率期限结构的研究也见之于部分学术文献，但最早同时出现“收益率曲线”和“利率期限结构”这两个术语的会议论文发表于 1971 年②。用规范的术语来讲，利率期限结构研究的是零息票利率（或即期利率）和到期期限之间的关系，而收益曲线研究的是到期收益率与到期

① 我们能找到的这个方面的最早的论文是“英国政府债券的收益率曲线和代表性收益率”，英格兰银行公报，1967 年 3 月。

② J. Huston Mc Culloch，“衡量利率期限结构”，《商业期刊》，1971 年 1 月，pp. 19 – 31.

期限的关系。人们在市场交易活动中通常采用收益率曲线的概念，不用利率期限结构。当然，很多债券分析和经济分析中采用的是利率期限结构的概念。

#### 1.3.6.1 观察到的市场收益率曲线

市场中最早出现、最常使用的收益率曲线是一个二维坐标图。图中横轴表示时间或到期期限，纵轴表示到期收益率。同一发行人（或非常类似的发行人）不同期限的债券收益率的观察值，以散点形式出现于坐标图区域，有一条线将这些散点连接起来。最常用的收益曲线是主权发行人的收益率曲线。美国市场上经常使用美国国债收益率曲线。日本市场上经常使用日本政府债券收益率曲线。但是在欧元区，情况复杂一些：在采用单一货币之前，每个采用欧元作为本位币的国家有可能用相对较少数量的债券，描绘出其收益率随到期期限变化的曲线，作为市场标准的政府基准曲线。现在欧元区市场的情况不甚明朗，设定无违约风险债券基准的标准程序尚不存在。鉴于德国的债券市场与欧洲其他国家相比，交易规模大，收益率低，流动性好，人们常把德国政府债券收益率作为基准。部分是由于存在这种复杂情况，人们对互换曲线（见下节）的依赖有所增加，因为全欧洲只有一个互换曲线。

市场收益曲线不仅限于描述政府债券市场，市场收益率曲线甚至也不需要刻画收益率和到期期限之间的关系。下文将详细讨论这些曲线。

（1）债券收益率

如前所述，今天市场上最常用的收益率曲线是政府债券收益率曲线。但近年来，政府债券收益率曲线的统治地位受到互换曲线的挑战。另外，尽管用利率期限结构模型贴现现金流的方法进行债券估价被认为是最好的，但市场操作还需要一个收益率，作为确定债券价格的基准。

政府债券收益率曲线通常是根据最新发行的政府基准国债确定的。① 由于期限短于 1 年的债券通常被视为货币市场工具而不是债券②，所以债券市场收益率曲线中的最短期限通常是 1 年。一条理想的收益曲线可能包含任意数目

---

① 一些市场，如日本政府债券（JGB）市场，“基准国债”带有唯一性，特指确定政府债券收益率曲线时使用的、最新发行的、只限于若干期限的国债。

② 大多数债券指数不包括期限小于 1 年的债券：每当债券指数进行权重的重新分配时（通常每月一次），就剔除掉那些到期期限小于 1 年的债券。

的数值点，但在实际操作中，它通常只包括 1 年期及其整数倍的债券。曲线所描绘的最长期限取决于市场上情况，通常是最新发行的最长期的债券期限。首先根据实际观察到的债券收益率和相应的期限描绘散点①，然后用直线把这些点连接起来。尽管市场人士认识到这种方法不精确，但也认可其合理性。当然，存在很多数据拟合方法，但没有一种方法明显优于其他方法，而且也缺乏判断优劣的市场标准。因此，人们认为直线拟合法参考起来清楚方便。曲线上那些没有直接观察值的收益率，是通过用直线连接左右两个临近观察值所估计出来的。这种方法被称为直线插值法。

如前所述，现实中根据收益率观察值绘制收益率曲线的方法，就是用某种形式的曲线“穿过”观察点，运用诸如三次样条函数②拟合收益率曲线的平滑技术意味着，绘制收益率曲线不一定穿过所有数值点，只是使所有数值点到曲线的距离满足某种形式上的最小化。从本质上说，收益率曲线只是人为制造物，以方便市场沟通，而并非期望其成为真实的“平价收益曲线”。事实是，几乎没有债券按面值报价交易。人们常常发现，债券以明显的溢价或者折价进行交易，尤其是那些可以追加发行和随时可以购买的不限量发行的债券。这个事实有力地说明了，在风险管理、结构化产品设计以及委托人报告或监管报告等要求精确估价的情况下，不宜使用这类收益率曲线。

我们接下来讨论为收益率和收益率曲线建模的几种方法。还有一种选择是，仅用收益率曲线拟合数据而并不建立解释性的模型。我们这里有必要研究任何数值分析方法都必须面对的一般性问题。

这一问题内容是：我们的任务是依据债券价格/收益率的市场观察值，通过制作即期利率曲线或零息票利率曲线，精确地预测债券的价格/收益率。只有当所有的债券价格都等于面值，并且当所有债券的到期期限都是整数年时，这个任务才容易完成。在这种不太可能出现的情况下，我们运用本息剥离法精确地计算出相应的即期利率曲线。但通常来说，我们不会遇到这种情况，而通常要解决的问题可以重述如下：

---

①　在绘图时，债券的期限通常取近似值为最接近的整数年期限：因此一个到期期限为 9 年零 10 个月的债券在绘图时将取 10 年期限，尤其是如果这个债券是 2 个月前发行的，而在这 2 个月内同一个发行人没有发行另外的 10 年期债券的情况下，更是如此处理。

②　一个样条就是一项插值函数，插值函数采用分段多项式函数。

我们掌握了一定数量的债券，并且希望从中导出收益率曲线，或更精确的即期利率曲线。这些债券构成一个组合 C。该组合也是一个现金流（本金/票息）矩阵 C，矩阵中的每一行表示同一个债券的现金流，按照先后顺序排列。因此，$c_{ij}$代表第 i 个债券在第 j 期发生的现金流。因为 $c_{ij}$是零息债券（期限为 j，收益率为 $z_j$），这笔现金流的价值就是贴现因子 $d_j = 1/(1 + z_j)^j$。D 是所有贴现因子构成的列向量，P 是投资组合或矩阵 C 中债券的市场价格（包含累计利息）所构成的向量。因此，我们已知 P 和 C，需要求解 D。因为每个债券的市场价格的观察值都应该是该债券现金流与相应贴现因子的乘积之和，所以有 $P = C \cdot D$（矩阵乘积）。当然，现实中这一关系不太可能这么精确，因此我们可以将矩阵方程修改为 $P = C \cdot D + \varepsilon$。其中，$\varepsilon$ 为误差向量，应当被最小化。然而，由于种种原因，这个方程不太可能直接求解。[①]

用平滑曲线拟合数据点的方法有很多，也有大量关于拟合收益曲线的文献。尽管很多计算机程序可以运用这些方法拟合曲线，但是目前仍然缺乏被广泛接受的市场标准，这就是为什么人们仍然使用相对粗糙方法的原因。

（2）互换

互换是双方交换未来现金流的交易。在种类繁多的互换交易中，利率互换（IRS）是最普通的互换，而其中的“固息对浮息互换”是最基本的类型。除非另有说明，我们以下所说的互换，是指这类利率互换。互换交易中，一方在一定时期的固定时间间隔内，向另一方支付固定利率，同时向对方收取浮动利率。市场惯例把支付固定利率的一方（固定端）称为“互换的买方”，其交易行为是“做多互换”；支付浮动利率、收取固定利率的一方称为“互换卖方”，其行为是“做空互换”。

互换交易规模的大小以名义本金来衡量，后者也是固定利率支付与浮动利率支付的依据。名义本金不会变化[②]。交换的现金流只有利息支付，而且还是“净额”，即双方利息支付之差。浮息利率要事先确定下来，一般采用 3 个月或 6 个月的 SOFR 或 €STR 利率。

**【例 1 -35】** 如果 €STR 是 4%，一份本金为 10 000 000 欧元、固定利率为

---

① 例如，现金流发生的时期数可能大于债券价格数，这时的直接求解无法实现。

② 即便本金发生交换，互换结果也完全相同：净额结算使得任何交换成为多余。因此互换名义本金不会发生风险。

5%、浮动利率为 €STR + 100 个基点的互换，不会发生任何资金易手（因为 5% 的固定利率与 4% 的 €STR 加 100 个基点的差额是 0）。注意，本例结论与互换的合约期或期限长短无关。

如果到下一次交换支付时，€STR 下降为 3%，总共需要交换的金额为：

10 000 000 × [5% − (3% + 1%)] = 10 000 000 × 1% = 100 000 欧元

多头支付 100 000 欧元给空头。

如果下一次交换支付时，€STR 提高到 4.5%，总共需要交换的金额为：

10 000 000 × [5% − (4.5% + 1%)] = 10 000 000 × 0.5% = 50 000 欧元

空头支付 50 000 欧元给多头。

附带说明一下，对净额结算的分析中，人们发现用名义本金衡量互换市场的规模在很大程度上夸大了现金流的支付量。实际上，在例 1 - 35 中的现金流从 -50 000 欧元到 100 000 欧元不等，也就是说，最多只占名义本金的 1%，尽管固定端的利率设定为 5%。

就大多数主要货币而言，互换市场是一个规模庞大并且流动性强的市场。任意期限的互换都可以被定价，期限可以长至与长期政府债券的期限相等（甚至更长）。近年来，《巴塞尔协议Ⅲ》的风险管理框架强化资本充足率监管，对长期互换市场产生影响，导致其流动性下降。互换在交易达成之前通常并不存在，在给定某一天的情况下，互换的基准到期日始终距离这一天有整数年的时间。这一点与债券不同，债券的到期日是固定的，因此 10 年期的基准债券的到期日并非每天发生改变，只是在新的基准债券发行的时候才会改变。因此，互换的收益率曲线相对容易画出，即便是运用相对粗糙的直线插值法，通常有更多的数据点，而且各点的间隔是均等的。互换曲线是一系列针对 6 个月 Libor 利率简单互换的固定利率连成的曲线，互换双方被认为有比较高的信用评级（因此几乎可以看作无违约风险的利率曲线）。

近年来，互换曲线使用方便，容易构造，日益成为公司债券市场上日常性的基准定价工具。尤其是在欧元区，互换曲线的使用越来越广泛，因为这个地区不存在被广为接受的主权收益率曲线。

另外，用互换为公司债券套期保值比用传统的政府债券或国债期货，承担的基差风险[①]比较小，波动性较大的市场中尤其如此。互换的套期保值功能在 1998 年的俄罗斯违约事件和美国长期资本管理公司的崩溃中表现得尤为明显。当时有风险的债券与安全的国债之间的利差急剧扩大，通过做空短期政府债券或国债期货为其公司债券头寸套期保值的公司，没有实现弥补损失的目标。因为他们持有的有风险债券价格下降时，无风险的政府债券价格反而上升了，因此政府债券空头头寸的价值同样在下降。那次做空政府债券进行套期保值放大了损失，而不是减小了损失，与套期保值的目标南辕北辙（如下方脚注所述）。与无风险的政府债券和国债期货相比，利率互换与风险债券的相似点更多。所以，做空利率互换（支付浮动利率）进行套期保值的效果，要好于做空政府债券或国债期货。1998 年以后，银行的公司债券交易室在选择套期保值工具时，放弃政府债券和国债期货，转而采用了利率互换。

最后，未清偿的利率互换名义本金规模并非如政府债券那样严格固定（国债期货除外），它们仅仅由两方交易者创造。所以，交易者非常容易寻找作为套期保值工具的互换合约的交易对手方。

当一项新的互换交易开始时，交易者要确定一个固定的利率水平，使互换合约的初始价值为零。鉴于互换包含两个现金流系列，或两端——浮动端和固定端，意味着固定利率支付额的现值等于浮动利率支付额的现值。这还意味着互换的固定利率可以看作处于平价状态的固息债券的票息率。固息债券的票息率等于互换的固定利率。由于是平价交易，所以这个隐含在互换中的“债券”的收益率等于票息率。

因此，我们在市场上看到的那条标明各个期限固定利率的互换曲线，可以解读为各个对应期限的平价债券的票息率/收益率。互换曲线也因此被称为“平价收益率曲线”。

国债收益率曲线与互换曲线之间存在差额，由此导出的曲线就是所谓的“互换利差曲线”，这也完全在人们的意料之中。

---

① 基差风险（Basis Risk）是一种特别形式的价差风险（Spread Risk），出现在套期保值交易中。只有当套期保值工具和套期保值对象完全相同时，套期保值才是完美的。当然这明显不可能，因此套期保值工具不能保证对全部的价格变动进行反向抵消。特别是，当两者价格变动时，价差（或本例中的基差）也可能发生变动，因此套期保值是不完美的。这种不完美套期保值的风险称为基差风险，其作用效果是双向的：基差变动既可能使套期保值者获利，也同样可能使其受损。但需要记住的是：套期保值应该是中性的，其目的既不是盈利，也不是亏损。

(3) 信用债券与利差曲线

信用债券是有违约风险的债券，它们通常由公司发行，因此也称为公司债券。此外，信用债券还可能包含使用外币的主权发行国发行的债券（偶然也包括本币政府债券）。信用曲线有多种形式，既有基于信用等级的综合形式，也有描述单个发行人利率期限结构的形式。通过详细分析单个发行人的信用曲线，人们可以得到下文描述的那些收益率曲线策略。但在信用债券市场上，交易操作的余地远不及发达的政府债券市场上那样大，原因是流动性不足和发行量小。即便如此，在公司债券市场迅速增长的背景下，有关方面还是有兴趣创建信用曲线的。利差曲线衡量同一发行人但期限不同的债券收益率与相应期限的政府债券收益率的差额，是由信用曲线和国债收益率曲线推导出来的。

### 1.3.6.2　理论收益率曲线

(1) 期限结构

期限结构特指零息票利率曲线或即期收益率曲线。期限结构不仅包括标准的市场收益曲线承载的信息，还具备解释功能：市场收益曲线只是将现实存在的点连接起来，而期限结构试图解释为什么那些点会在那个地方，或者至少为曲线创建一个函数形式。期限结构分析通常涉及对数学模型的构建和运用，其分析结果被金融分析师和经济学家广泛应用。一些最常见的用途包括：

- 研判金融市场动态；
- 预测未来的利率；
- 构建和管理投资组合；
- 创建和实施套期保值策略；
- 用模型预测影响货币政策的经济增长；
- 估计长期资本成本；
- 估计未来的通货膨胀。

期限结构有多种理论，主要有预期假说、流动性偏好理论、市场分割或习性偏好理论。我们后面详细讨论这些理论，在此仅简要说明：

- 预期假说认为收益曲线的形状和位置反映了市场对于未来利率的预期；
- 流动性偏好理论认为投资者偏好流动性好的债券，并且由于长期债券风险更大，因此投资者要求流动性好、期限风险溢价，使长期债券的收益率更高；

- 市场分割或习性偏好理论认为不同的投资者有不同的期限偏好，因此不同期限债券之间的可替代性有限。

（2）参数化建模

某些收益率曲线模型用特定函数去拟合市场观察值。比如，Nelson – Siegel 模型和 Nelson – Siegel – Svensson 模型就是用一个预先确定的、表现即期利率与到期期限关系的函数式，去拟合收益率曲线。尽管模型很简洁（使用的变量很少），但拟合没有闭式解，而是通过优化技术得到的。

此外，有人还使用因素模型。这些模型最早发端于 Vasicek（1977），此后 Cox – Ingersoll – Ross（1985）、Heath – Jarrow – Morton（1992）和 Duffie – Kan（1996）也进行了相关研究。此外，二叉树期限结构模型也在使用，如 Black – Derman – Toy 模型（1990）和 Black – Karasinski 模型（1992）。此处只是列举了部分当前使用的模型，详细解释这些模型超出本书和课程范围。但要注意，一些模型限制了收益率曲线的可能形状，有时还不能包括现存的收益率曲线形状。最后，Duffie – Kan 模型的一个版本，事实上能够包含相对成熟市场上某种情况下观察到的所有收益率曲线①。

### 1.3.7 利差分析

各种固定收益工具之间存在很多差异（适用程度、税收待遇、信用风险），人们因此有可能考察债券的不同特性对到期收益率的影响。一次考察最好只考虑一个方面的差异，这么做是有益的。例如，如果几个债券除了期限不同，其他各个方面都相同，那么分析师的注意力就应集中在利率的期限结构上。如果债券之间除信用风险不同，其他特性都一样，分析师的注意力就应放在利率的风险结构上等。总之，两个或两个以上债券之间的收益率差异被称作“利差”，对利差产生的原因和后果进行的分析称为“利差分析”。某个金融工具的利差，通常是用期限可比较（期限相同或相近）政府债券的收

---

① 见 Brousseau（2002）。

益率衡量的。因为从适销程度、信用风险、税收待遇方面看，政府债券是固定收益市场上质量最高的金融工具。其他债券与相应的国债之间的利差本质上是一种风险溢价，反映了投资者投资非政府债券时面临的风险（低流动性，高信用风险等）。

正常情况下，利差用基点表示。一个基点等于 0.01%。例如债券的到期收益率是 7%，另一个债券的到期收益率是 7.5%，两者利差就是 0.50%，也就是 50 个基点。此外，人们还可以在不同收益率水平上计算“相对利差”，其定义是：

$$\text{相对利差} = \frac{\text{债券 B 的收益率} - \text{债券 A 的收益率}}{\text{债券 A 的收益率}}$$

人们还可以计算“收益率比”：

$$\text{收益率比} = \frac{\text{债券 B 的收益率}}{\text{债券 A 的收益率}}$$

我们例子中的相对利差是 0.0714（0.50/7），收益率比是 1.0714。

#### 1.3.7.1　利差种类

人们已经看到，历史上市场参与者主要比较债券收益率与同期国债收益率，从而形成了债券的“国债利差”。

考虑到当今互换市场的重要性，人们经常以同期互换收益率为尺度衡量利差，从而形成债券的“互换利差”。

上述两个利差只是实际利差的近似估计。一旦债券之间或者互换之间票息率存在差别（互换收益率等于隐含票息率），我们就要面对能够扭曲到期收益率的息票效应。

为弥补这一缺陷，“Z 利差”应运而生。得益于市场信息系统的发展（如我们引用的彭博资讯），固定收益市场的专家们已经普遍接受这一概念。

在比较债券与互换的收益率时，Z 利差的概念可以剔除票息效应。传统互换曲线以平价收益率为基础构建。运用本息剥离法（详见“第 2 章 利率期限结构以及应用”的附录），人们可以导出互换的零息票利率或即期利率。

有了各个期限的即期利率（互换曲线 $z_0$）以后，我们就可以用它贴现债券的现金流。现金流现值加总的结果高于风险债券的市场价格。为使两者相等，需要把一个利差 $z_{xy}$（各个期限的 Z 利差是个常数）加到每个即期利率的数值上。通过迭代计算，人们最终会找到这样一个Z利差数值：把它加到即期利率上之后形成的贴现率，最终使风险债券的现金流的现值之和等于风险债券的市场价格（见图1-7）。

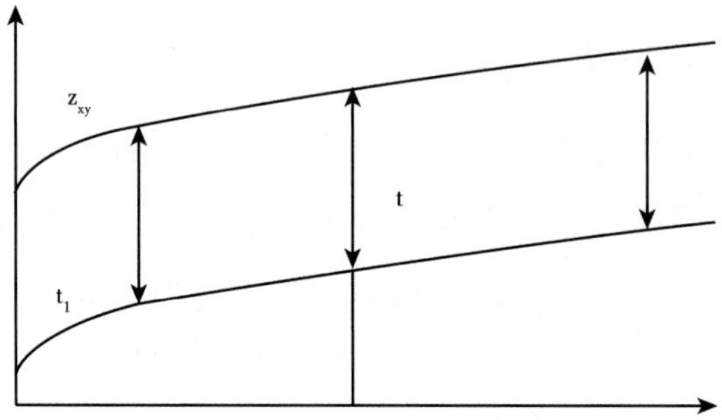


**图1-7　Z利差**

Z利差的优势是能够精确测量信用风险，免除票息效应的影响。但另一方面，计算Z利差需要大量数据，以比较一个时期以来的历史利差。所以直到近些年，它才成为一个市场估值标准。

#### 1.3.7.2　利差曲线

债券市场可以根据发行人类型（政府、公司、金融机构）、信用质量（不同的信用级别）、期限（短期、中期、长期）和票息率划分部类。每个部类都与其他部类存在利差。

#### 1.3.7.3　利差的决定因素

影响利差的因素很多。总地来说，两只债券任何属性上的差异都会反映到两者收益率的差别上来。简单地说，利差的决定因素分为：

- 期限因素；
- 发行人信用质量；
- 隐含期权；
- 税收待遇；
- 流动性因素。

对于第一个因素，读者可以参考“第2章　利率期限结构以及应用”的内容。

发行人的信用质量（违约概率）显然会影响债券收益率：只要存在违约的可能性，“期望收益率”（已经考虑到违约可能性）就低于“承诺收益率”（用承诺的现金流除以面值求得）。违约的可能性（违约概率）越大，违约损失金额（发生违约时造成的损失）越大，承诺收益率与期望收益率之间的差异（利差）越大。

图 1－8 给出了信用风险和期望收益之间关系的示意图（即利率的风险结构）：高风险债券要求较高的到期收益率。

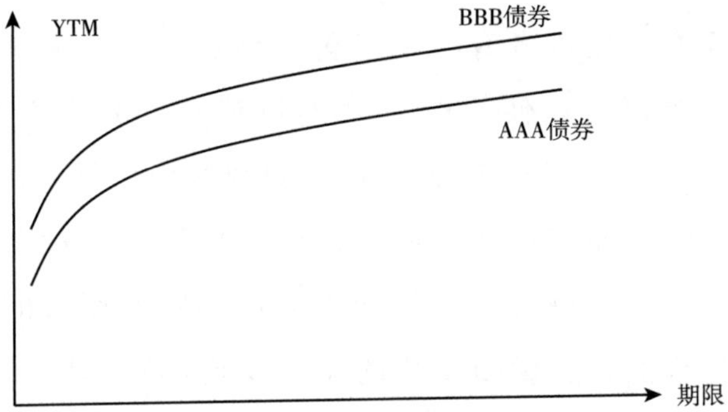


**图 1－8　不同信用级别债券的利率期限结构**

经济面临衰退或临近繁荣阶段尾声时，由信用等级造成的利差增大。经济前景不好时，投资者认为借款人违约概率变大，违约损失严重。因此，投资者对低信用等级借款人赋予的违约概率会上升，因而要求更高的风险溢价。

考虑到信用风险，投资者获得的收益率必须高到与违约风险相称，以弥补万一出现违约情况时所造成的损失。风险利率与违约概率之间存在下列关系。其中，$r_f$ 为无风险利率，$r_p$ 是风险利率，$(1-p)$ 为违约概率（也就是说 p 为借款人完全履行还款义务的概率）。首先假设违约时，债券持有人得不到任何偿付。有：

$$p \cdot (1+r_p) + (1-p) \cdot 0 = 1 + r_f$$

于是：

$$r_p = \frac{1+r_f}{p} - 1$$

信用风险溢价为：

$$\textbf{风险溢价} = r_p - r_f = \frac{1+r_f}{p} - (1+r_f)$$

如果发生债券违约时，债券持有者可以得到比例为 γ 的偿付（通常会如此），则有：

$$p\cdot(1+r_p)+\gamma\cdot(1-p)\cdot(1+r_p)=1+r_f$$

信用风险溢价为：

$$r_p-r_f=\frac{1+r_f}{\gamma+p-\gamma p}-(1+r_f)$$

隐含期权也会对收益率产生影响。很多债券赋予债券持有人或者发行人（或者两者都有）特定的选择权，可以为自身利益采取行动。比如发行人有权在到期日前偿还债券，投资者有权要求售回债券。前者为赎回权，后者为回售权。很明显，选择权可以使行权方（期权持有人）获益而使履约方“受损”。获得期权好处的一方必须以支付相应的利差为代价。例如，赎回条款允许发行人按照自己的意愿缩短债券期限，该期权只有在对发行人有利的情况下才会被执行，发行人行权后可发行低收益债券置换原来的高收益债券。由于期权具有一定的价值，有赎回条款的债券要比不附加赎回条款的债券提供更高的收益率（发行人必须为获得期权付费）。与此相反，可售回债券（投资者可选择预订价格将持有的债券出售给发行人）比没有售回条款的债券收益率低（债券持有人必须为其持有的期权付费）。

税收待遇对收益率的影响是显而易见的：因为投资者关心的是净收益，所以应税债券（例如公司债券）的总收益率必须要比可比较的免税债券（例如政府债券或市政债券）高一些。

应税固定收益证券的税后（净）收益率定义为：

**税后（净）收益率 = 税前（总）收益率 × (1 − 税率)**

【**例 1－36**】某应税债券的收益率为 10%，适用税率为 30%，税后收益率计算如下：

税后收益率 = 10% × (1 − 30%) = 7%

同样，也可以用下面的公式计算免税债券的课税等价收益率：

$$\textbf{课税等价收益率}=\frac{\textbf{免税收益率}}{1-\textbf{税率}}$$

流动性因素对收益率的影响是这样：债券的预期流动性越好，投资者要求的收益率越低。原因很简单：如果债券流动性差，投资者提前出售未到期债券时就会遇到困难。

债券的流动性可分为三个方面：

- 适销性：市场是否具有广度和深度。
- 剩余期限：因为到期时债券将因偿付而“转换”为现金（这一点与股票不同）。
- 融资能力：用作抵押品借入资金的方便程度。

即便是同一部类的债券之间，也存在着流动性的些许差异。例如，美国新发行的国债收益率，有时就比已发行的剩余期限相同的国债收益率低一点。“新发行的”国债是最近发行的基准期限国债（如5年期国债、10年期国债、30年期国债）。当更新的国债发行时，刚刚发行过的国债就变成“已发行的”国债，因为很多交易活动喜欢集中于新发行的债券上。

# 第 2 章　利率期限结构以及应用

## 2.1　利率期限结构

### 2.1.1　收益率曲线及其形状

利率的经济学含义涉及的是纯粹时间价格（货币的时间价值），所以，了解并熟悉利率与期限的关系，对于债券管理十分重要。在比较相同信用等级债券之间收益率时，最简便的方法是绘出描述每种债券的收益率—期限关系图表。这种简化的线段被称为市场收益率曲线。

其他属性相同、唯有期限不同的债券收益率之间比较精确的关系称为利率的期限结构（见图 2－1），其图形即为收益率曲线（见图 2－2）。

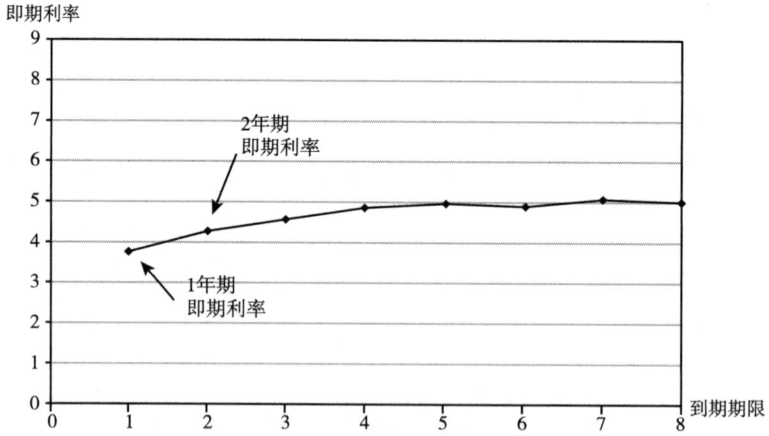


**图 2－1　利率期限结构**

构造利率期限结构时面临的问题是：

- 为避免息票效应和再投资风险，只能用零息债券生成利率期限结构。

● 某些期限的利率缺失：我们通常可以掌握 1 年、2 年、3 年、5 年、10 年期利率，但怎么才能得到 7.5 年期利率？

● 很少有非政府债券的即期利率，因为零息公司债券很少见。

出于上述考虑，多数人以市场收益曲线作为利率期限结构的替代物。市场收益曲线描绘的是同类债券、期限不同的债券的到期收益率与期限之间的关系。

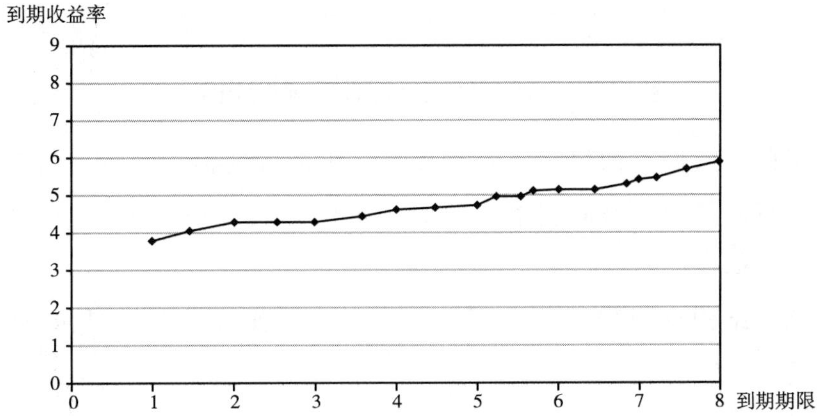


**图 2－2　收益率曲线**

缜密的说法是，利率期限结构展示了即期利率与剩余期限之间的关系，而收益率曲线展示了到期收益率与剩余期限之间的关系。一般情况下，两者非常近似。不过在分析期限/收益率关系时，最好用即期利率而不用到期收益率，因为前者免受息票效应，不会导致数据失真（这是它的优点之一）。

名义利率分为三个部分：

**名义利率＝实际利率＋通货膨胀溢价＋风险溢价**

其中，“实际利率”是对投资者延期消费的补偿（货币的时间价值）。“通货膨胀溢价”体现了维持投资者的购买力的意图，并反映投资期内的预期通货膨胀水平。“风险溢价”保护投资者免受其他潜在的负面影响，包括违约风险、提前赎回风险、市场风险等①。

所有债券的收益率均可分解为这三个部分。因此，我们必须为不同发行部类的债券，画出不同的收益率曲线。低评级债券必须按比较高的收益率进行交易（见图 2－3）。

① 注意，其中有些风险可以通过多样化进行分散。

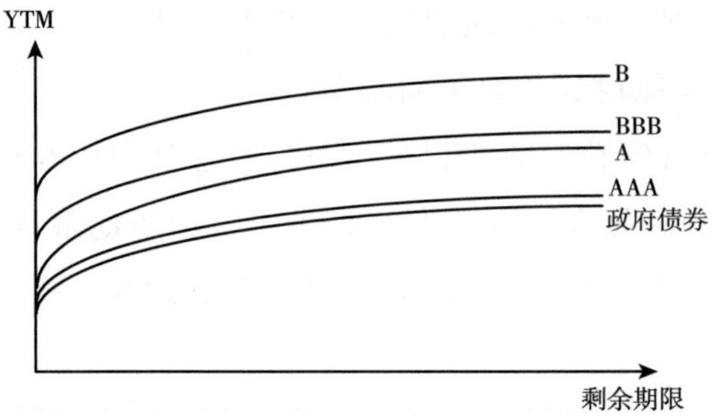


**图 2-3 不同信用等级的收益率/剩余期限关系**

有鉴于此，人们在构建收益率曲线时，所选取的债券必须在流动性风险、信用风险、赎回风险、票面利率、溢价（折价）程度以及其他风险特征方面具有足够的相似性。

利率期限结构有四种基本类型：正常型、倒置型、水平型和驼峰型（见图 2-4、图 2-5）。

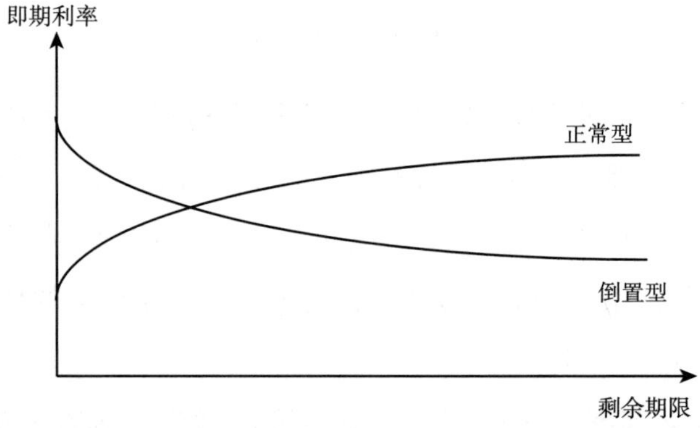


**图 2-4 期限结构基本形状：正常型与倒置型**

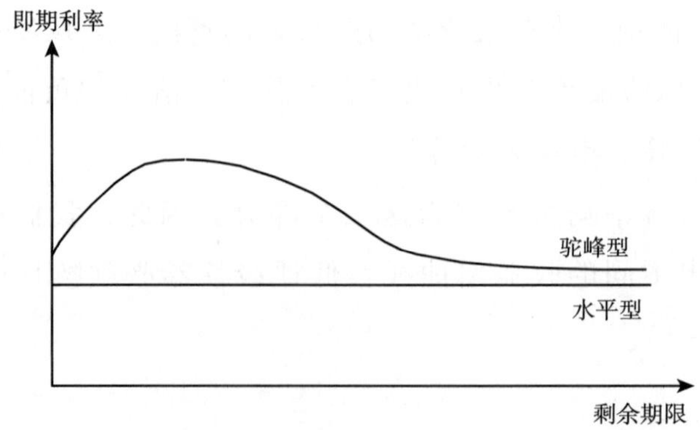


**图 2-5 期限结构基本形状：扁平型与驼峰型**

利率期限结构的短端主要受货币政策的影响，而长端对通胀预期更敏感。

### 2.1.2　利率期限结构理论

利率期限结构的形状理论有三个：预期理论、流动性偏好理论、市场分割理论。解释理论之前，我们要定义下列重要概念。

即期利率，是给定期限的当前利率，如 1 年期即期利率就是今天发行的零息债券的到期收益率。

远期利率，是给定期限的发生在未来的利率，如 1 年期以后的 1 年期利率，就是 1 年以后发行的 1 年期零息债券的到期收益率。

我们可以用即期利率计算出远期利率，这样得到的远期利率就是“隐含的远期利率”。

**【例 2－1】**1 年期即期利率是 4%，2 年期即期利率是 5%，1 年期以后的 1 年期隐含的远期利率是多少？

我们定义 $F_{1,1}$ 为“1 年期以后的 1 年期远期利率”。为解决这一问题，比较两个策略：

策略 1：投资 1 美元 2 年。

策略 2：投资 1 美元 1 年，本息取出后再投资 1 年。

隐含的 1 年期远期利率使得两种策略的结果相等，因此：

$$(1+0.05)^2=(1+0.04)\times(1+F_{1,1})$$

$$F_{1,1}=\frac{(1+0.05)^2}{(1+0.04)}-1=6\%$$

预期将来的即期利率是市场预期的未来特定日期的利率。它与远期利率的区别是，后者可以根据今天的市场信息计算出来。相反，将来的即期利率只有到了未来才能观察到。

#### 2.1.2.1　预期理论[①]

预期理论认为利率期限结构的形状仅仅反映市场对将来利率水平的预期。

① 预期理论有多种解释版本，详见法博齐（2012）第二章。

所以，隐含的远期利率是预期将来利率的无偏估计。

$$F_{t,\ t+1} = E\ (\tilde{R}_{t,\ t+1})\ ,\ t > 0$$

正确理解这一理论的关键，是假定投资者保持风险中性。他们购买债券时只考虑收益，不考虑期限因素。

**【例 2-2】**1 年期零息债券的到期收益率为 10%，2 年期零息债券的到期收益率为 12%。新的信息冲击市场后，投资者预期 1 年后的 1 年期即期利率为 16%。请问，若投资期分别为 1 年和 2 年，投资者如何决定其投资策略？2 年期零息债券的价格如何变化？

2 年期投资者可选择将 1 欧元投资于 2 年期债券，终值为：

$1 \times (1.12) \times (1.12) = 1.254$（欧元）

或分两次投资于 1 年期债券，期望终值为：

$1 \times (1.10) \times (1.16) = 1.276$（欧元）

因此，所有 2 年期投资者均选择投资于两个 1 年期债券。

1 年期投资者可选择将 1 欧元投资于 1 年期债券，终值为：

$1 \times (1.10) = 1.10$（欧元）

或者先投资两年期债券，并在持有 1 年后卖出，期望终值为：

$\frac{1 \times (1.12) \times (1.12)}{1.16} = 1.081$（欧元）

所以，所有 1 年期投资者均选择投资 1 年期债券。

上例中，假定投资者普遍具有这种偏好，他们就都会选择“滚动投资策略”，只投资 1 年期债券。因此 2 年期债券的价格（即利率）会发生调整，直到投资 2 年期债券的期望收益率与连续投资两个 1 年期债券的期望收益率相等为止。

所以，

$1 \times (1 + R_{0,2})^2 = 1 \times (1.10) \times (1.16)$

$R_{0,2} = 12.96\%$

2 年期零息债券收益率调整之后，投资者对两个债券的选择就无差异了。

“隐含的远期利率是预期将来利率的无偏估计”这一理论，还要以下面的假设为条件：

- 投资者预期具有同质性。

• 在给定投资期限内，投资者在长短期债券之间进行选择，追求财富最大化。

• 无交易成本。

• 债券市场是有效的，最新信息立即反映在债券价格上。

现实中，上述假设均遭到批评。如果假定隐含的远期利率是预期将来利率的无偏估计，那么将来的即期利率就会从现在的即期利率导出。这意味着，如果没有交易成本，每个债券都是其他债券的完美替代者，与期限无关（因为投资时无论怎么选择债券，预期收益率都一样）。的确，已定投资期限的投资者，可以选择以下任何策略实现同样的收益率：

• 购买与投资期限相同的纯粹零息债券并持有到期（“购买持有策略”）。

• 购买短期债券，并定期再投资（“滚动投资策略”）。

• 购买长期债券，债券到期前卖掉，发生资本利得或资本损失。运用远期利率可以预计资本利得/资本损失。

预期理论对利率期限结构的四种形状解释如下：正常型（倒置型）意味着市场预期将来利率上涨（下降），水平型意味着市场预期将来利率保持稳定。最后，驼峰型表示未来中期利率上涨，长期利率下降。当然，预期理论无法解释为什么利率期限结构常常是正常型的，因为利率上涨与利率下降出现的概率大致相同，按理说应该常常出现扁平形状的利率期限结构才对。

#### 2.1.2.2　流动性偏好理论

与预期理论不同，流动性偏好理论认定投资者喜欢持有流动性好的债券，流动性就是迅速把债券转化为现金的能力。由于长期债券的久期风险高于短期债券，所以投资者喜欢短期债券。[①] 因此，市场缺乏长期债券投资者。

**【例 2－3】** 债券 A 期限 1 年、票息率 6%，债券 B 期限 2 年、票息率 6%。1 年期和 2 年期的即期利率都是 6%。假如两个即期利率突然出乎意料地上涨到 7%，市场会发生什么现象？

两个债券当前都是平价债券（等于 100）。利率上涨后，2 年期债券价格

---

① 发生非预期的通货膨胀是另一个原因：如果发生了出人意料的通货膨胀，名义利率就会上涨。此时，短期债券持有者容易变卖债券，然后将资金按照比较高的利率进行再投资，而长期债券持有者只能等待长期债券兑付之后，才能利用利率上涨带来的投资机会。

跌到98.19，1年期债券价格跌到99.07。所以，利率上涨时，2年期债券价格下跌的幅度超过1年期债券。因此，厌恶风险的投资者认为，2年期债券的风险相对更大。

另一方面，借款人（政府、公司等）喜欢发行长期债券，以避免利率波动带来的支出增加。为吸引投资者购买长期债券，借款人为投资者提供了"风险溢价"（也称为"流动性溢价"或"期限溢价"）。

因此，流动性偏好理论认为，隐含的远期利率中应该有风险溢价 $L_{t-1,t}$ 这个因素。这样一来，预期将来的利率是：

$$E(\tilde{R}_{t,t+1}) = F_{t,t+1} - L_{t,t+1} \quad t>0$$

$$L_{t,t+1}>0$$

所以，隐含的远期利率与预期将来的利率之间，应该有正向偏差（见图2-6）。

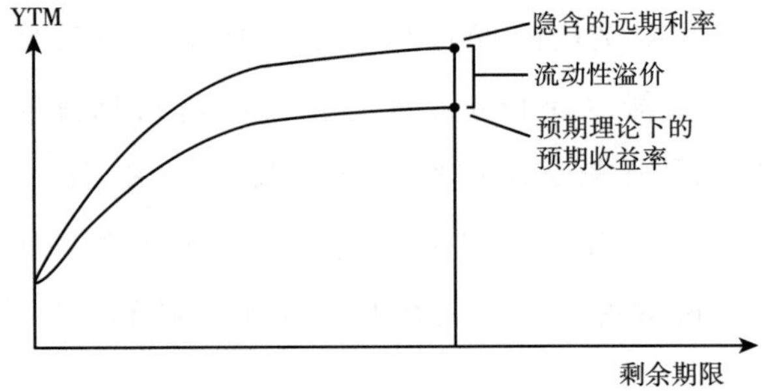


**图2-6 流动性溢价的概念**

流动性偏好理论认为，长期债券收益率高的原因是由于其流动性差，所以"购买持有策略"的预期收益率要高于"滚动投资策略"。换句话说，滚动投资策略的收益只有预期部分，没有风险溢价部分，而购买持有策略的收益中，完整地包括了这两个部分。因此：

$$(1+R_{0,t})^t > (1+R_{0,1})[1+E(\tilde{R}_{1,2})][1+E(\tilde{R}_{2,3})]\cdots[1+E(\tilde{R}_{t-1,t})]$$

我们还发现风险溢价随时间变化而增大：

$$L_{1,2}<L_{2,3}<L_{3,4}<\cdots<L_{n-1,n}$$

所以，市场上本来就应该常常出现正常型利率期限结构，这是由投资者偏好流动性导致的。因此，流动性偏好理论正确地解释了利率期限结构的通常形状。按照这一理论，水平或倒置的利率期限结构，表示市场预期未来利率将下降。

### 2.1.2.3　市场分割理论与习性偏好理论

市场分割理论和习性偏好理论认为，债券市场由一系列不同期限的市场组成。按照市场分割理论，每个发行人或投资者都有固定的偏好期限，出于规避风险的考虑，他们仅在偏好的期限范围内投资/融资。任何一个特定期限的利率出清水平（即恰当的利率），由该期限资金的供求关系决定（见图 2 -7）。

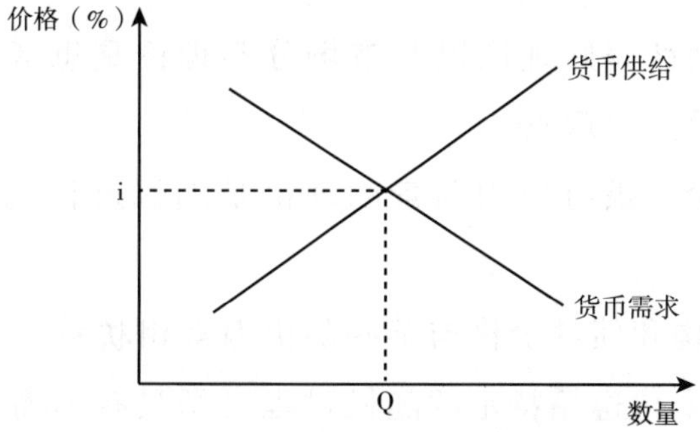


**图 2 -7　特定期限的货币供给与货币需求**

对市场分割理论的主要批评是，即便投资者期限偏好强烈，可一旦考虑有相对收益，投资者还是会把资金从原来的期限转移到收益足够高的另一个期限。这样一来，利率市场分割效应会被抵销。为回应这一批评，出现了习性偏好理论。按照这个理论，投资者为了减少风险尽量保持原有的偏好期限，可一旦获得风险溢价的补偿，而且这个风险溢价大到足以补偿风险和放弃习性偏好的成本，他们还是愿意转移出固有的偏好期限的。

因此，与流动性偏好理论不同，习性偏好理论认为，债券的风险溢价可能是正的，也可能是负的，或者零。

$$F_{t,t+1} = E(\tilde{R}_{t,t+1}) + \Pi_{t,t+1}$$

其中，$\Pi_{t,t+1}$的符号在事前不能确定。

习性偏好理论将货币视为商品，其市场出清价格即为利率，各分割市场中的资金供求决定该子市场的利率，并进而构成整个利率期限结构。只要分析进入各分割的子市场的资金状况，就可以（在理论上）预测利率期限结构的变化。

这一理论对利率期限结构四种基本形态的解释是：

- 正常型的利率期限结构：由于投资者（买方）偏好短期市场，因而短期债券价格较高、收益率较低，长期债券正好相反。
- 倒置型的利率期限结构：与前一种情况相反。
- 水平的利率期限结构：投资者对各期限子市场的偏好大体相似。
- 驼峰型的利率期限结构：投资者对不同期限的子市场具有不同的偏好。

#### 2.1.2.4 其他理论

预期理论、流动性偏好理论以及市场分割理论是思考利率问题的三种理论，但它们并不排斥其他理论。

就债券估值而论，最有应用前景的理论是随机过程无套利定价方法，它基于下列假设：

- 利率期限结构和债券价格与某些随机因素相联系。
- 这些因素的变化遵循特定的随机过程（即具有不确定性的过程）。
- 市场中不应存在套利机会。

到目前为止，已经发展出许多单因素或多因素模型。例如，Ogden Model（1987）认为利率期限结构只受短期利率波动影响，并采用下述方程描述短期利率变动：

$$dr = \underbrace{\beta \cdot (u - r) \cdot dt}_{\text{可预测部分}} + \underbrace{\sigma \cdot r \cdot dZ(t)}_{\text{不可预测部分}}$$

其中，dr 为利率的瞬时变化；β 是速度调整因子；u 是平均利率水平；dt 是时间变化；dZ(t)为随机过程；σ · r 为随机过程的标准差。

换句话说，方程表明短期利率变动分解为两部分：一部分是可预测的（等于当前利率对长期利率水平的偏离度乘以反映该利率回归长期水平速度的系数），另一部分是不可预测的部分（等于利率标准差、初始利率水平以及某一随机过程的乘积）。

根据该短期利率模型，对偏微分方程求解，就有可能得到债券价格的解析解（或数值解），并得到整个利率期限结构。

当然，如果用其他随机过程来描述短期利率运动，就会得出不同的利率期限结构。利率模型也可以引入其他因素（比如长期利率、长短期利率之间的利差等），或者引入不止一种因素。但构建任何一种因素的随机过程都必须十分仔细。此外，每增加一个因素都会使偏微分方程的求解变得更加复杂。①

## 2.2　风险管理

持有债券一段时间之后的收益分为两部分：一是债券市场价格的变化（卖价减去买价）；二是收到的现金流以及再投资收益。这两部分收益都会受到若干因素的影响。

因此，我们将债券风险理解为市场因素对债券收益的影响。我们现在就看一下，哪些外部因素影响债券价格。

众所周知，用到期收益率（YTM）的概念表述的债券价格为：

$$P = \sum_{t=1}^{T} \frac{CF_t}{(1+YTM)^t}$$

$$= \frac{CF_1}{(1+YTM)^1} + \frac{CF_2}{(1+YTM)^2} + \cdots + \frac{CF_T}{(1+YTM)^T}$$

式中，$CF_t$——t 期末收到的现金流（票息/本金）；

T——债券剩余时间（或年份数）。

显然，典型的固定收益证券的价格与利率反向变化：利率上涨（下跌）时，固定收益证券价格下跌（上涨）。② 债券的“系统性风险”被定义为总收益的波动性，总收益不仅包含利率瞬间变动造成的债券价格变化，还包括票息支付。长期以来，债券被认为是安全投资对象。由于利率稳定，投资债券属于比较保守的投资行为。但如今，利率波动性加大，债券投资充满风险并富有吸引力。

• 价格风险：对于打算持有到期的投资者而言，债券到期前的价格波动无关紧要。但如果投资者打算到期前出售债券，利率上涨会招致资本损失。这就是“价格风险”——迄今为止固定收益市场投资者面对的主要风险。

---

① Brennan Michael, Schwartz Eduardo S.,“债券定价和市场效率”,《金融分析杂志》, 1982: pp. 49 – 56。

② 也存在例外的情况，债券价格与利率正向变化。某些可售回债券在一些情况下就是如此。

• 再投资风险：再投资风险的含义是在既定投资策略中，由于利率变动造成的再投资收益的变异性。例如，利率下跌之后，中途收到的现金流只能按照比较低的利率水平进行再投资。

我们要注意：价格风险与再投资风险是反向变化的。如果利率上涨，债券价格将下跌。但同时，票息再投资收益会增加。使“价格风险”与“再投资风险”相等并相互抵消的策略，被称为“免疫”，后面章节还要详细讨论这个策略。

当债券收益率发生瞬间变化时，会发生什么现象？实证研究发现：

• 当收益率发生变化时，长期债券的价格波动大于短期债券。

**【例 2-4】** 下列各债券除了剩余期限以外，其他方面都相同。所有债券的面值都是 1 000 欧元。如果市场收益率从 5% 上涨到 5.5%，债券价格就要调整，反映出新的收益率。很明显，长期债券波动性大于短期债券，其贬值更多（见表 2-1）。

**表 2-1**

| 债券 | 债券 1 | 债券 2 | 债券 3 | 债券 4 | 债券 5 |
|---|---|---|---|---|---|
| 剩余期限（年） | 20 | 10 | 5 | 3 | 1 |
| 收益率（%） | 5.00 | 5.00 | 5.00 | 5.00 | 5.00 |
| 票面利率（%） | 7.00 | 7.00 | 7.00 | 7.00 | 7.00 |
| 市场价格（欧元） | 1 249.24 | 1 154.43 | 1 086.59 | 1 054.46 | 1 019.05 |
| 新的收益率（%） | 5.50 | 5.50 | 5.50 | 5.50 | 5.50 |
| 新的市场价格（欧元） | 1 179.26 | 1 113.06 | 1 064.05 | 1 040.47 | 1 014.22 |
| ΔP（欧元） | -69.99 | -41.37 | -22.54 | -14.00 | -4.83 |
| ΔP/P（%） | -5.60 | -3.58 | -2.07 | -1.33 | -0.47 |

利率下降时，上述关系依然成立。一旦利率下降，长期债券价格上涨幅度大于短期债券。

**【例 2-5】** 下列各债券除了剩余期限以外，其他方面都相同。所有债券的面值都是 1 000 欧元。如果市场收益率从 5% 下降到 4.5%，债券价格就要调整，反映出新的收益率。很明显，长期债券波动性大于短期债券，其升值更多（见表 2-2）。

表 2 – 2

| 债券 | 债券 1 | 债券 2 | 债券 3 | 债券 4 | 债券 5 |
|---|---|---|---|---|---|
| 剩余期限（年） | 20 | 10 | 5 | 3 | 1 |
| 收益率（%） | 5.00 | 5.00 | 5.00 | 5.00 | 5.00 |
| 票面利率（%） | 7.00 | 7.00 | 7.00 | 7.00 | 7.00 |
| 市场价格（欧元） | 1 249.24 | 1 154.43 | 1 086.59 | 1 054.46 | 1 019.05 |
| 新的收益率（%） | 4.50 | 4.50 | 4.50 | 4.50 | 4.50 |
| 新的市场价格（欧元） | 1 325.20 | 1 197.82 | 1 109.75 | 1 068.72 | 1 023.92 |
| ΔP（欧元） | +75.95 | +43.38 | +23.16 | +14.26 | +4.88 |
| ΔP/P（%） | +6.08 | +3.76 | +2.13 | +1.35 | +0.48 |

因此，长期债券的价格/收益率曲线比短期债券的更陡峭。收益率的小幅变动对长期债券价格的影响比对短期债券的影响大（见图 2 – 8）。

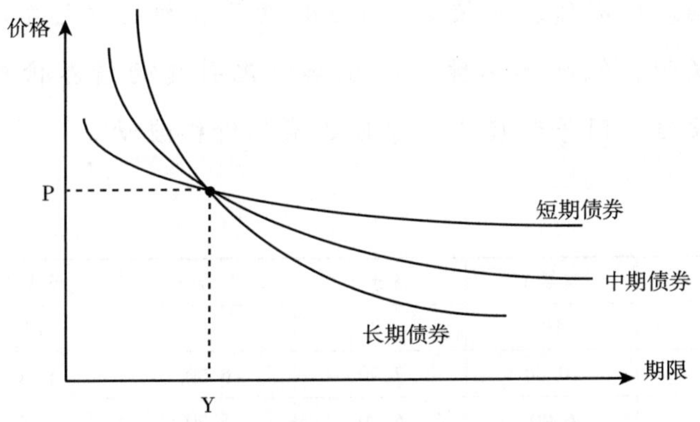


**图 2 – 8　不同期限债券的价格/收益率关系**

- 价格波动不是对称的。

如例 2 – 5，在既定价格水平上，市场收益率下降对债券价格的影响程度，与市场收益率同等程度的上涨对债券价格的影响程度，并不相同。

- 期限一定的条件下，低票息债券比高票息债券的价格波动大。显然，零息债券价格波动最大。

**【例 2 – 6】** 下列各债券除了剩余期限以外，其他方面都相同。所有债券的面值都是 1 000 欧元。如果市场收益率从 5% 上涨到 5.5%，债券价格就要调整，反映出新的收益率。低票息债券波动性大于高票息债券（见表 2 – 3）。

**表 2-3**

| 债券 | 债券 1 | 债券 2 | 债券 3 | 债券 4 | 债券 5 |
| --- | --- | --- | --- | --- | --- |
| 剩余期限（年） | 10 | 10 | 10 | 10 | 10 |
| 收益率（%） | 5.00 | 5.00 | 5.00 | 5.00 | 5.00 |
| 票面利率（%） | 10.00 | 7.00 | 5.00 | 3.00 | 0.00 |
| 市场价格（欧元） | 1 386.09 | 1 154.43 | 1 000.00 | 845.57 | 613.91 |
| 新的收益率（%） | 5.50 | 5.50 | 5.50 | 5.50 | 5.50 |
| 新的市场价格（欧元） | 1 339.19 | 1 113.06 | 962.31 | 811.56 | 585.43 |
| ΔP（欧元） | -46.89 | -41.37 | -37.69 | -34.01 | -28.48 |
| ΔP/P（%） | -3.38 | -3.58 | -3.77 | -4.02 | -4.64 |

• 剩余期限一定的条件下，低收益率债券比高收益率债券的价格波动大。所以，低利率环境中的债券价格波动比较大。

**【例 2-7】** 表 2-4 反映在不同的初始收益率水平上，市场收益率上涨对债券价格的影响。所有债券面值都是 1 000 欧元。初始收益率越高，债券价格下降越少。这说明，低利率环境下收益率变化引起的债券价格波动，要大于高利率环境下收益率同等程度变化导致的债券价格波动。

**表 2-4**

| 债券 | 债券 1 | 债券 2 | 债券 3 | 债券 4 | 债券 5 |
| --- | --- | --- | --- | --- | --- |
| 剩余期限（年） | 10 | 10 | 10 | 10 | 10 |
| 收益率（%） | 10.00 | 7.00 | 6.00 | 5.00 | 3.00 |
| 票面利率（%） | 6.00 | 6.00 | 6.00 | 6.00 | 6.00 |
| 市场价格（欧元） | 754.22 | 929.76 | 1 000.00 | 1 077.22 | 1 255.91 |
| 新的收益率（%） | 10.50 | 7.50 | 6.50 | 5.50 | 3.50 |
| 新的市场价格（欧元） | 729.34 | 897.04 | 964.06 | 1 037.69 | 1 207.92 |
| ΔP（欧元） | -24.88 | -32.73 | -35.94 | -39.53 | -47.99 |
| ΔP/P（%） | -3.30 | -3.52 | -3.59 | -3.67 | -3.82 |

附带偿债基金条款的债券价格的波动性小于同样期限的一次性还本的子弹债券价格的波动性。偿债基金条款缩短了债券的有效存续期，因此价格波动性更小。

我们目前已经考虑了影响债券价格的种种因素，但仅就这些因素而言，还不足以提供一个衡量债券风险的尺度。特别是，我们还不能比较票息率和剩余期限都不同的两个债券的风险。

**【例 2-8】** 债券 A 和债券 B 的基本情况见表 2-5。

**表 2-5**

| 项目 | 债券 A | 债券 B |
|---|---|---|
| 票面利率 | 10% | 2% |
| 剩余期限 | 12 年 | 8 年 |
| 市场利率 | 8% | 8% |
| 实际市场价格（欧元） | 115.07 | 65.52 |

当市场利率上升到 8.5% 时，哪只债券的波动性更大呢？

不通过计算，无法得出正确的结论：债券 A 期限更长，所以波动性应该更大。但是债券 B 的票面利率更低，所以它的波动性应该更大。

计算过程见表 2-6。

**表 2-6**

| 项目 | 债券 A | 债券 B |
|---|---|---|
| 新的收益率 | 8.5% | 8.5% |
| 新的市场价格（欧元） | 111.02 | 63.34 |
| ΔP（欧元） | -4.06 | -2.18 |
| ΔP/P | -3.52% | -3.32% |

债券 A 的波动性稍大。不过结果很接近。

很多因素影响债券价格的波动性，问题是，是否有一个合适的风险度量工具，来综合反映所有这些因素造成的债券价格波动呢？

## 2.2.1　风险测量工具

最基本的风险度量指标包括剩余期限（TTM）、加权平均期限（WAM）以及现金流加权平均期限（WACF）。

### 2.2.1.1　剩余期限

剩余期限指距离债券最后到期日的时间（年数）。这是从债券的最后到期日的角度来衡量债券的风险。长期债券的风险高于短期债券，因为投资者必须等待更长的时间去收回本金，而且长期债券的价格对利率变化更为敏感。但剩余期限难以准确测量债券风险，因为：

（1）剩余期限没有考虑到期日之前发生的现金流，容易引发风险评估中的错误。

例如，一个票面利率为10%的债券和一个零息债券都是10年后到期。按到期时间衡量，这两只债券的风险相同，因为剩余期限相同。但是5年后，附息债券持有者可以收回一半的初始投资（若利率有所上升，则这些资金还可以按更高的利率进行再投资），可零息债券的持有者没有得到任何现金支付（他的所有收益是以本金升值的方式获得）。

（2）剩余期限与价格波动不存在线性关系。30年期债券的价格波动并非10年期债券价格波动的3倍。

**【例2－9】**表2－7列出了收益率上升对不同剩余期限债券的影响。所有债券面值均为1 000欧元。

**表2－7**

| 项目 | 债券1 | 债券2 | 债券3 | 债券4 |
|---|---|---|---|---|
| 剩余期限（年） | 5 | 10 | 20 | 40 |
| 收益率（%） | 6.00 | 6.00 | 6.00 | 6.00 |
| 票面利率（%） | 6.00 | 6.00 | 6.00 | 6.00 |
| 市场价格（欧元） | 1 000.00 | 1 000.00 | 1 000.00 | 1 000.00 |
| 新的收益率（%） | 6.50 | 6.50 | 6.50 | 6.50 |
| 新的市场价格（欧元） | 979.22 | 964.06 | 944.91 | 929.27 |
| ΔP（欧元） | －20.78 | －35.94 | －55.09 | －70.73 |
| ΔP/P（%） | －2.08 | －3.59 | －5.51 | －7.07 |

很明显，期限加倍并不会导致波动性加倍。

### 2.2.1.2 加权平均期限

“加权平均期限”或称“平均存续期”，是指加权平均的还本期限（注意，票面利率在计算平均存续期时不起作用，因为该指标仅仅考虑本金的偿付）：

$$\text{平均存续期（以年为单位）} = \sum_{t=1}^{T} \frac{t\text{ 时刻还本金额}}{\text{需偿还的本金总额}} \cdot t$$

**【例 2-10】** 一个面值为 1 000 美元、票息率 6%（每半年付息 1 次）、期限 10 年的附带偿债基金条款的债券正在平价发行（YTM=6%）。从第 6 年末开始，每年用偿债基金偿付面值的 20%，直到第 10 年末。该债券的加权平均到期期限是多少？

表 2-8 是还本现金流（不考虑利息支付）。

**表 2-8**

| 时间 | 还本现金流 |
|---|---|
| 6 | 200 美元 |
| 7 | 200 美元 |
| 8 | 200 美元 |
| 9 | 200 美元 |
| 10 | 200 美元 |

因此，债券的加权平均期限（WAM）为：

$$\mathrm{WAM} = \frac{200 \times 6}{1\ 000} + \frac{200 \times 7}{1\ 000} + \frac{200 \times 8}{1\ 000} + \frac{200 \times 9}{1\ 000} + \frac{200 \times 10}{1\ 000} = 8(\text{年})$$

这个数字与债券剩余期限（10 年）不同。

加权平均期限仍然不能很好地衡量债券的内在风险。该指标虽然考虑了还本现金流，比剩余期限更好地衡量了债券的风险，但它没有考虑付息现金流，因此仍然没有充分考虑现金流的分布对债券风险的影响。因此，加权平均期限对票息率差异缺乏敏感。例如，两个票息率分别 8% 和 2% 的具有偿债基金条款的债券可以有相同的加权平均期限，因此，仅从加权平均期限角度来讲，它们的风险相同。

2.2.1.3　现金流加权平均期限

“现金流加权平均期限”的计算方法与加权平均期限相似，但它考虑了债券所有的现金流：

$$\text{现金流加权平均期限} = \sum_{t=1}^{T} \frac{t\text{ 时刻支付的现金流}}{\text{总的应付现金流}} \cdot t$$

现金流加权平均期限通过计算债券现金流的加权平均期限来评估债券风险，既考虑了本金偿还也考虑到利息支付。

**【例 2－11】** 一个面值为 1 000 欧元、4 年后到期、票息率为 6% 的债券，它的现金流加权平均期限是多少？

这个债券的现金流加权平均期限为：

$$\text{现金流加权平均期限} = \frac{60 \times 1}{1\ 240} + \frac{60 \times 2}{1\ 240} + \frac{60 \times 3}{1\ 240} + \frac{1\ 060 \times 4}{1\ 240} = 3.71(\text{年})$$

可以把它与"债券剩余期限（4 年）"做一下比较。

现金流加权平均期限的主要缺陷是本金偿付考虑的是名义值而不是现值，而我们都知道明天的 1 欧元的价值与今天的 1 欧元的价值肯定是不同的。

因此，这三种平均期限并不能充分衡量债券价格的波动性。①

## 2.2.2　久期与修正久期

久期是测量债券风险的指标，最早由麦考利（Frederick R. Macaulay）于 1938 年提出。

### 2.2.2.1　定义

久期可以被理解为现金流加权平均期限（WACF）的升级版。一组现金流的久期，是等于现金流发生的平均时间，每笔现金流的权重，是用现金流的现值（而不是名义值）计算的。久期公式是：

$$\text{久期} = D = \sum_{t=1}^{T} \frac{PV\ (CF_t)}{P} \cdot t = \sum_{t=1}^{T} w_t \cdot t$$

如果所有的现金流都用债券到期收益率进行贴现（就如同我们计算价格时做的那样），每一笔现金流的权数是：

$$w_t = \frac{CF_t / \ (1+k)^t}{P}$$

① 三个基本测量指标的关系见下表：

| 债券类型 | 关系 |
|---|---|
| 附息子弹债券 | WACF < WAM = TTM |
| 带偿债基金条款的债券 | WACF < WAM < TTM |
| 零息债券 | WACF = WAM = TTM |

久期的完整计算公式是：

$$久期 = D = \sum_{t=1}^{T} \frac{PV\ (CF_t)}{P} \cdot t$$

$$= \frac{1}{P} \cdot \sum_{t=1}^{T} \frac{CF_t}{(1+k)^t} \cdot t$$

$$= \frac{1}{P} \cdot \left[ \frac{CF_1}{(1+YTM)^1} \cdot 1 + \frac{CF_2}{(1+YTM)^2} \cdot 2 + \frac{CF_3}{(1+YTM)^3} \cdot 3 + \cdots + \frac{CF_T}{(1+YTM)^T} \cdot T \right]$$

式中，$CF_t$——t 时刻收到的现金流（本金或利息）；

P——债券的市场价格①（或者所有将来支付的现值）；

T——到期期限；

K——贴现率（市场收益率）。

与现金流加权平均期限相似，久期以年为单位。这个公式通常也称为麦考利久期（Macaulay Duration）。

**【例 2-12】**一个 10 年期、票面利率为 8%（每年付息 1 次）的债券，若到期收益率 k = 10%，麦考利久期是多少？

债券的久期为 7.04 年，计算过程见表 2-9。

**表 2-9**

| t（年）<br>[1] | 现金流 CF<br>[2] | 现值（CF）<br>[3] = [2] / $(1+k)^t$ | CF 权重<br>[4] = [3] / 市价 | 按 CF 权重加权时间<br>[5] = [1] × [4] |
|---|---|---|---|---|
| 1 | 8 | 7.27 | 0.0829 | 0.083 |
| 2 | 8 | 6.61 | 0.0754 | 0.151 |
| 3 | 8 | 6.01 | 0.0685 | 0.206 |
| 4 | 8 | 5.46 | 0.0623 | 0.249 |
| 5 | 8 | 4.97 | 0.0566 | 0.283 |
| 6 | 8 | 4.52 | 0.0515 | 0.309 |

① 注意，若未知债券的市场价格，可以采用下式：

$$久期 = \frac{\sum_{t=1}^{T} \frac{t \cdot CF_t}{(1+k)^t}}{P} = \frac{\sum_{t=1}^{T} \frac{t \cdot CF_t}{(1+k)^t}}{\sum_{t=1}^{T} \frac{CF_t}{(1+k)^t}}$$

续表

| t（年）<br>[1] | 现金流 CF<br>[2] | 现值（CF）<br>[3] = [2] / $(1+k)^t$ | CF 权重<br>[4] = [3] / 市价 | 按 CF 权重加权时间<br>[5] = [1] × [4] |
|---|---|---|---|---|
| 7 | 8 | 4.11 | 0.0468 | 0.328 |
| 8 | 8 | 3.73 | 0.0425 | 0.340 |
| 9 | 8 | 3.39 | 0.0387 | 0.348 |
| 10 | 108 | 41.64 | 0.4747 | 4.747 |
| 价格 | | 87.71 | 久期 | 7.04 |

我们可以将现金流看作时间的函数，用图形将久期表现出来（见图 2－9）。柱子的高度为收到的现金流（表 2－9 中的第二列）；每个柱子的低端（用黑色标示）为现金流的现值（表 2－9 中的第三列）。如果把这些值看作是一个个放在平衡木上的砝码，久期（用箭头标出）就是确保平衡的支点。

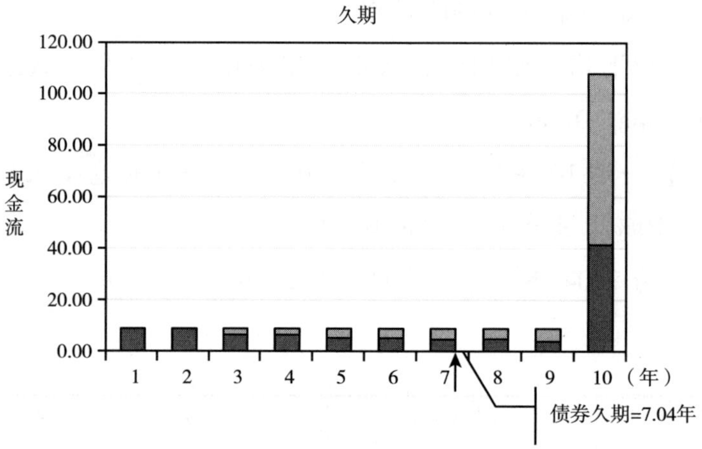


**图 2－9　久期**

对于零息债券来说，由于中间没有利息支付，所以久期就等于到期兑付额的现值乘以剩余期限，再除以价格。但价格本身就是到期兑付额的现值，所以零息债券的久期等于剩余期限。

**【例 2－13】** 一个 10 年期、面值为 1 000 欧元的零息债券的价格为 558.39 欧元，收益率为 6%，债券的久期是多少？

这个债券的久期是：

$$久期 = \frac{\frac{10 \times 1\ 000}{1.06^{10}}}{558.39} = \frac{10 \times 558.39}{558.39} = 10(年)$$

久期正好等于到期期限。

即使债券的现金流与上面标准公式不同，如利息半年支付 1 次或者需要提取偿债基金，计算久期的方法不变。

**【例 2－14】** 一个面值为 1 000 美元、期限 10 年、票息率 6%（半年付息 1 次）的附带偿债基金条款的债券，当前市场收益率为 6%。从第 6 年末开始，每年用偿债基金偿付面值的 20%，半年付息一次。债券久期是多少？

表 2－10 列出了计算久期的步骤。

**表 2－10**

| 年<br>[1] | 现金流<br>[2] | 贴现因子<br>[3] | 现值<br>[4] = [2] × [3] | 现金流权重<br>[5] = [4] /价格 | 经时间加权平均后的现值<br>[6] = [1] × [5] |
|---|---|---|---|---|---|
| 0.5 | 30.00 | 0.9709 | 29.13 | 0.0291 | 0.01 |
| 1.0 | 30.00 | 0.9426 | 28.28 | 0.0283 | 0.03 |
| 1.5 | 30.00 | 0.9151 | 27.45 | 0.0275 | 0.04 |
| 2.0 | 30.00 | 0.8885 | 26.65 | 0.0267 | 0.05 |
| 2.5 | 30.00 | 0.8626 | 25.88 | 0.0259 | 0.06 |
| 3.0 | 30.00 | 0.8375 | 25.12 | 0.0251 | 0.08 |
| 3.5 | 30.00 | 0.8131 | 24.39 | 0.0244 | 0.09 |
| 4.0 | 30.00 | 0.7894 | 23.68 | 0.0237 | 0.09 |
| 4.5 | 30.00 | 0.7664 | 22.99 | 0.0230 | 0.10 |
| 5.0 | 30.00 | 0.7441 | 22.32 | 0.0223 | 0.11 |
| 5.5 | 30.00 | 0.7224 | 21.67 | 0.0217 | 0.12 |
| 6.0 | 230.00 | 0.7014 | 161.32 | 0.1613 | 0.97 |
| 6.5 | 24.00 | 0.6810 | 16.34 | 0.0163 | 0.11 |
| 7.0 | 224.00 | 0.6611 | 148.09 | 0.1481 | 1.04 |
| 7.5 | 18.00 | 0.6419 | 11.55 | 0.0116 | 0.09 |
| 8.0 | 218.00 | 0.6232 | 135.86 | 0.1359 | 1.09 |
| 8.5 | 12.00 | 0.6050 | 7.26 | 0.0073 | 0.06 |
| 9.0 | 212.00 | 0.5874 | 124.53 | 0.1245 | 1.12 |
| 9.5 | 6.00 | 0.5703 | 3.42 | 0.0034 | 0.03 |
| 10.0 | 206.00 | 0.5527 | 114.06 | 0.1141 | 1.14 |
| | | 价格 | 1 000.0 | 久期 | 6.43 |

所以债券的久期为 6.43 年。

### 2.2.2.2 含义与假设

麦考利久期考虑了所有影响债券波动的因素：

- 所有的现金流；
- 到期收益率；
- 当前的债券价格。

但久期的真正含义是什么呢？事实上，它不仅仅是一个复杂的平均剩余时间。久期的一个基本性质有助于理解该概念：

- 从利率风险的角度看，投资者认为投资一个附息债券，与投资一个到期日等于这个附息债券久期的零息债券无差异。

计算麦考利久期时，我们假设所有现金流均按相同贴现率 k 来贴现或再投资，这个贴现率正好等于债券的到期收益率。但实际上，每项现金流应该用不同期限的贴现率 $R_{0,t}$ 进行贴现。贴现利率不止一个，而是利率期限结构的一部分。

因此，麦考利久期的暗含假设是：利率期限结构是水平的（所有期限的到期收益率等于一个单一的值，这个值被称为“市场收益率”。

需要注意的是，如果利率期限结构（或称收益率曲线）不是水平的，那么相应各期限的即期利率各不相同，所以在对债券的现金流进行贴现时，不同时期适用的贴现率也是不同的。这样计算出来的久期会与麦考利久期的数值不同。例如，费雪·威尔（Fisher - Weil）久期就定义为：

$$\textbf{费雪·威尔久期} = D_{FW} = \sum_{t=1}^{T} \frac{PV\ (CF_t)}{P} \cdot t$$

$$= \frac{1}{P} \cdot \sum_{t=1}^{T} \frac{t \cdot CF_t}{(1 + R_{0,\,t})^t}$$

$$= \frac{1}{P} \cdot \left[\frac{1 \cdot CF_1}{(1 + R_{0,\,1})^1} + \frac{2 \cdot CF_2}{(1 + R_{0,\,2})^2} + \frac{3 \cdot CF_3}{(1 + R_{0,\,3})^3} + \cdots + \frac{T \cdot CF_T}{(1 + R_{0,\,T})^T}\right]$$

### 2.2.2.3 一个计算久期的算例

考虑一个期限为 10 年、面值 100 欧元、票息率 10% 的债券。当前的市场收益率为 8%（任何期限都如此）。

先计算这个债券的价格：

$$P_{k=8\%}=\frac{10}{1.08^1}+\frac{10}{1.08^2}+\frac{10}{1.08^3}+\cdots+\frac{110}{1.08^{10}}=113.42(\text{欧元})$$

再计算一下麦考利久期：

$$\text{久期}=\frac{\frac{1\times 10}{1.08^1}+\frac{2\times 10}{1.08^2}+\frac{3\times 10}{1.08^3}+\cdots+\frac{110}{1.08^{10}}}{\frac{10}{1.08^1}+\frac{10}{1.08^2}+\frac{10}{1.08^3}+\cdots+\frac{110}{1.08^{10}}}=6.97(\text{年})$$

现在考虑，如果以 113.42 欧元买下债券后，收益率即刻从 8% 下降到 4%，债券的新价格是：

$$P_{k=4\%}=\frac{10}{1.04^1}+\frac{10}{1.04^2}+\frac{10}{1.04^3}+\cdots+\frac{110}{1.04^{10}}=148.67(\text{欧元})$$

这次极端的利率变化给债券持有者带来了 35.25 欧元的资本升值。为说明久期用途，我们分别用 8% 和 4% 的收益率计算出债券到期前每一年的价格，还要对每一个收益率计算出每一年的利息再投资收益 C。

$$\textbf{第 t 年的利息再投资终值}=\sum_{i=1}^{t}C_i\cdot(1+k)^{k-i}$$

债券的总价值（债券价格和利息再投资收入的和）在表 2－11 中列出。

**表 2－11**　**剩余期限与债券价值**　（单位：欧元）

| 年 | YTM＝8% | | | YTM＝4% | | |
|---|---|---|---|---|---|---|
| | 债券价格 [1] | 利息再投资价值 [2] | 总价值 [1] ＋ [2] | 债券价值 [3] | 利息再投资价值 [4] | 总价值 [3] ＋ [4] |
| 0 | 113.42 | 0.00 | 113.42 | 148.67 | 0.00 | 148.67 |
| 1 | 112.49 | 10.00 | 122.49 | 144.61 | 10.00 | 154.61 |
| 2 | 111.49 | 20.80 | 132.29 | 140.40 | 20.40 | 160.80 |
| 3 | 110.41 | 32.46 | 142.88 | 136.01 | 31.22 | 167.23 |
| 4 | 109.25 | 45.06 | 154.31 | 131.45 | 42.46 | 173.92 |
| 5 | 107.99 | 58.67 | 166.65 | 126.71 | 54.16 | 180.87 |
| 6 | 106.62 | 73.36 | 179.98 | 121.78 | 66.33 | 188.11 |
| 7 | 105.15 | 89.23 | 194.38 | 116.65 | 78.98 | 195.63 |
| 8 | 103.57 | 106.37 | 209.93 | 111.32 | 92.14 | 203.46 |
| 9 | 101.85 | 124.88 | 226.73 | 105.77 | 105.83 | 211.60 |
| 10 | 100.00 | 144.87 | 244.87 | 100.00 | 120.06 | 220.06 |

图 2－10 展示了表 2－11 的结果。

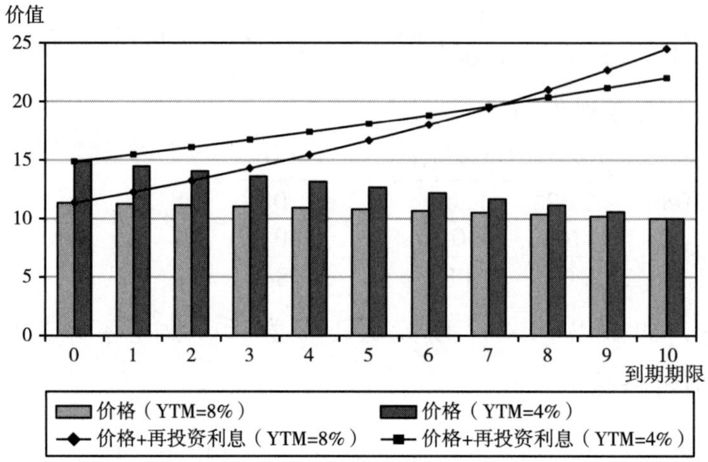


**图 2－10 剩余期限与债券价值**

有趣的现象出现在第 7 年，当到期收益率分别为 8% 和 4% 时，债券的总价值（= 价格 + 再投资利息）在两种场景下基本相同（194.38 与 195.63）。可见，债券的久期就等于债券的总价值对到期收益率不敏感的那一年的时间（以年为单位）。债券的总价值就是我们从债券投资中得到的全部收益（见表 2－12）。

**表 2－12**

| 年 | 持有期收益率 | 年 | 持有期收益率 |
|---|---|---|---|
| 1 | 36.31% | 6 | 8.78% |
| 2 | 19.07% | 7 | 8.10% |
| 3 | 13.82% | 8 | 7.60% |
| 4 | 11.28% | 9 | 7.17% |
| 5 | 9.78% | 10 | 6.85% |

还有一个办法能够证明第 7 年的时候，债券的总价值对利率变化不敏感，这个办法就是计算债券的持有期收益率。回忆一下购买债券时的收益率是 8%，债券价格为 113.42 欧元。如果收益率下降到 4%，债券的持有期收益率是多少呢？

持有期收益率定义为：

$$HPR_{0,t} = \sqrt[t]{\frac{t\text{ 时刻总价值}}{0\text{ 时刻总价值}}} - 1$$

第 7 年（久期）的时候，持有期收益率几乎等于购买债券时的收益率 8%。如果在久期这个时点卖出债券，得到的持有期收益率就等于购买债券时的收益率。

本例刚才计算了收益率的极端变化（从 8% 下降到 4%）对债券价值的影响（这么做只是为了便于说明问题）。接下来，我们计算一下当收益率发生其他变化幅度时，第 7 年的债券价值（见表 2－13）。

**表 2－13　不同利率变动幅度下的债券在久期那一年的价值**

| 收益率 | 收益率变化 | 债券价格（欧元） | 再投资利息价值（欧元） | 总价值（欧元） |
|---|---|---|---|---|
| 12% | +4% | 95.20 | 100.89 | 196.09 |
| 11% | +3% | 97.56 | 97.83 | 195.39 |
| 10% | +2% | 100.00 | 94.87 | 194.87 |
| 9% | +1% | 102.53 | 92.00 | 194.54 |
| 8% | 0% | 105.15 | 89.23 | 194.38 |
| 7% | -1% | 107.87 | 86.54 | 194.41 |
| 6% | -2% | 110.69 | 83.94 | 194.63 |
| 5% | -3% | 113.62 | 81.42 | 195.04 |
| 4% | -4% | 116.65 | 78.98 | 195.63 |

第 7 年（持有年限等于久期时）债券的总价值对收益率的变化并不敏感。另外可以看到，收益率变化越大（无论是变大还是变小），债券总价值变化越大。在 2.2.3 小节讨论凸性时，我们还要进一步研究这个现象。

#### 2.2.2.4　久期的决定因素

债券久期是债券的剩余期限、票面利率、累积利息、收益率、偿债基金条款以及提前赎回条款等因素的函数。久期和债券剩余期限是正向关系：债券的剩余期限越长，久期越大。[①] 但是随着剩余期限增加，久期的增速会减小。因此，与债券的剩余期限可以无限增大不同，久期是不会无限增加的。

---

① 事实上，如果债券是平价或者溢价发行的，那么久期随债券期限增加而增加；如果债券是折价发行的，久期起初同样会随债券期限的增加而增加，但一旦到达某个水平，久期会随着债券期限增加而减少。一个 1 年付息 1 次，收益率为 y，利息为 C 的债券 $D=\frac{1+y}{y}-\frac{(1+y)+T\cdot(C-y)}{C\cdot[(1+y)^{T}-1]+y}$。注意如果利息 C 小于收益率 y，如果 T 足够大的话，表达式 $(1+y)+T(C-y)$ 就会为负。这意味着，这个债券的久期将大于一个永久债券（永久付息，无本金偿还）的久期！

最大的久期值是（对每年付息 1 次的债券来说①）：

$$\text{永续债券的久期} = \frac{1}{\text{债券收益率}} + 1$$

零息债券的久期等于它的剩余期限，附息债券由于支付票息的原因，久期小于剩余期限（见图 2－11）。

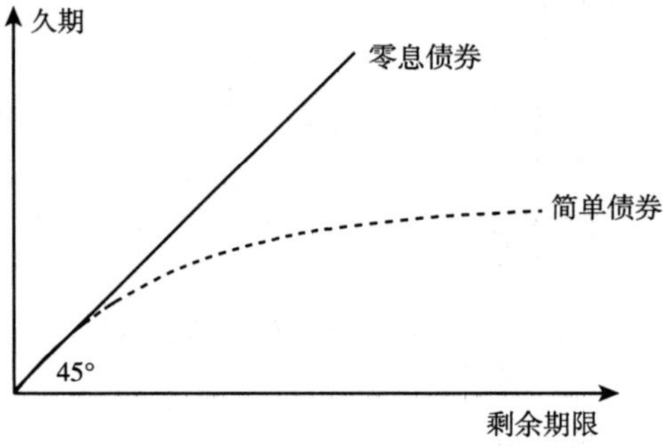


**图 2－11　久期与剩余期限**

久期与债券的票息率呈反向关系。低票息率债券的久期大于剩余期限类似的高票息率债券的久期（可以对比零息债券的久期）。久期随着票息率不断增加而变小，但变小的速度是递减的。

**【例 2－15】** 表 2－14 列出除票息率不同，其他都相同的 5 只债券的久期。可以看出票面利率越高，久期越短。

**表 2－14**

| | 债券 1 | 债券 2 | 债券 3 | 债券 4 | 债券 5 |
|---|---|---|---|---|---|
| 期限（年） | 10 | 10 | 10 | 10 | 10 |
| 收益率（%） | 6.00 | 6.00 | 6.00 | 6.00 | 6.00 |
| 票面利率（%） | 0.00 | 3.00 | 6.00 | 9.00 | 12.00 |
| 市场价格（欧元） | 558.39 | 779.20 | 1 000.00 | 1 220.80 | 1 441.61 |
| 久期（年） | 10.00 | 8.59 | 7.80 | 7.30 | 6.95 |

初始票息率越低，剩余期限越长，票息率的变化对债券久期的影响越大（见图 2－12）。

①　对半年付息 1 次的债券，久期的最大值为：最大久期 $= \frac{1}{\text{债券收益率}} + 0.5$。

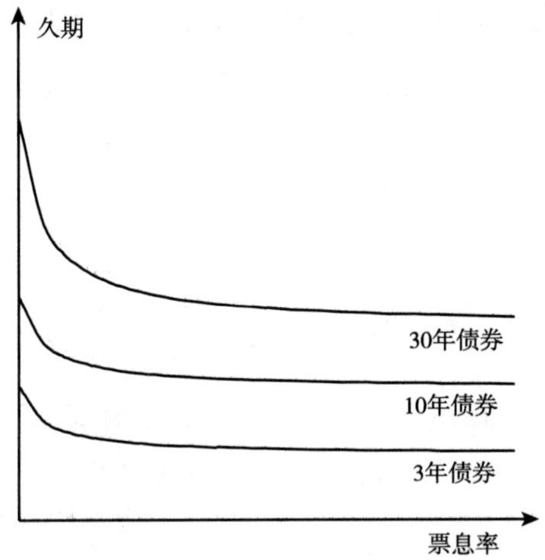


**图 2－12 久期与（不同期限债券的）票息率的关系**

久期与累计利息之间呈反向关系，这很自然。票息日这一天扣除了票息，久期会增大。对于高票息率债券和长期债券来说，效果更为明显。

我们还应注意，久期与一般利率水平（收益率水平）呈反向关系。因为久期的计算基础是贴现过程，贴现率越高，久期就越短。

**【例 2－16】** 表 2－15 是同一债券不同收益率下的久期。收益率越低，久期越长。

**表 2－15**

| | 债券 1 | 债券 2 | 债券 3 | 债券 4 | 债券 5 |
|---|---|---|---|---|---|
| 期限（年） | 10 | 10 | 10 | 10 | 10 |
| 收益率（%） | 8.00 | 7.00 | 6.00 | 5.00 | 4.00 |
| 票息率（%） | 6.00 | 6.00 | 6.00 | 6.00 | 6.00 |
| 市场价格（欧元） | 865.80 | 929.76 | 1 000.00 | 1 077.22 | 1 162.22 |
| 久期（年） | 7.62 | 7.71 | 7.80 | 7.89 | 7.98 |

### 2.2.2.5 用久期估计价格变化

从久期公式[①]可以推导出：

$$\frac{\Delta P}{P} = -\frac{D}{1+k} \cdot \Delta k$$

① 本公式的数学推导见本章附录。

这个重要的公式表明，利率每变化一个单位，债券价格变化的百分比在一阶近似意义上与久期成一定比例[①]。上面这个公式也经常表示为：

$$\frac{\Delta P}{P} = -D^{mod} \cdot \Delta k$$

这里的：

$$D^{mod} = \frac{D}{(1+k)}$$

$D^{mod}$被称为债券的“修正久期”，或“敏感性”。或者写为：

$$\Delta P = -D^{P} \cdot \Delta k$$

其中：

$$D^{P} = \frac{D}{(1+k)} \cdot P = -\frac{\Delta P}{\Delta k}$$

$D^{P}$ 称为债券的“价格久期”[②]。

用债券的修正久期或者价格久期，人们可以估计收益率变化一个单位时，债券价格变化的百分比和绝对额。

**【例 2-17】** 一个面值为 1 000 欧元、4 年后到期、票息率 6% 的债券，市场收益率是 7%。债券的久期是 3.67 年。如果收益率上升 50 个基点（+0.50%，上升到 7.5%），价格会如何变化？如果收益率上升 200 个基点（+2%，上升到 9%），价格又会如何变化？

根据久期定义，有：

$$\frac{\Delta P}{P} = -D \cdot \frac{\Delta k}{1+k} = -3.67 \times \frac{0.005}{1+0.07} = -1.71\%$$

久期预测债券价格会下跌 1.71%。收益率为 7% 时的价格为：

$$P = \frac{60}{1.07} + \frac{60}{1.07^2} + \frac{60}{1.07^3} + \frac{1\,060}{1.07^4} = 966.13（欧元）$$

新的价格 $= 966.13 \times (1-0.0171) = 949.61$（欧元）

收益率为 7.5% 时的实际价格为：

$$P = \frac{60}{1.075} + \frac{60}{1.075^2} + \frac{60}{1.075^3} + \frac{1\,060}{1.075^4} = 949.76（欧元）$$

---

① 这个公式可以用来定义久期。事实上，对某些特殊的工具，比如担保抵押债权（Collateral Mortgage Obligations，CMOs）和逆浮动证券（Inverse Floaters），将久期定义为债券的加权平均存续期并不恰当。

② 在美国称为美元久期（Dollar Duration）。

与 949.61 欧元很接近。

按照同样方法计算，可以得到当 $\Delta k = +2\%$ 时，债券价格会下跌 6.85%，即下跌至价格 899.95 欧元。收益率为 9% 时的实际价格为 902.81 欧元。

上面例子说明，当收益率变化很小时，久期对价格的预测作用是很好的，但如果收益率变化很大，久期的预测效果就不太好。下面的小节会解释原因。

#### 2.2.2.6　用久期估计债券组合的到期收益率

假定一个债券组合中包括 N 种债券。借助如下公式，我们可以用组合内每种债券的到期收益率近似计算出组合的到期收益率 $YTM_P$：

$$YTM_P \cong \sum_{j=1}^{N}\left(\frac{PV_j \cdot D_j^{mod}}{\sum_{i=1}^{N} PV_i \cdot D_i^{mod}}\right) \cdot YTM_j$$

式中，$PV_j$——债券 j 的现值。

**【例 2-18】** 假定债券组合有两个债券：债券 1 面值 50 000 欧元、票息率 $C_1 = 2\%$、期限 1 年；债券 2 面值 50 000 欧元、票息率 $C_2 = 4\%$、期限 10 年。假设债券 1 的到期收益率 $y_1 = 2\%$，债券 2 的到期收益率 $y_2 = 4\%$，那么债券 1 的含息价格 $P_{1,cum} = 100\%$，债券 2 的含息价格 $P_{2,cum} = 100\%$。

用公式计算出来的债券 1 和债券 2 的麦考利久期分别为 1.98 年和 8.44 年，债券 1 的修正久期 $D_1^{mod} = 1.94$，债权 2 的修正久期 $D_2^{mod} = 8.11$。债券组合的到期收益率是：

$$YTM_P \cong \frac{50\,000 \times 1.94}{50\,000 \times 1.94 + 50\,000 \times 8.11} \times 2\% + \frac{50\,000 \times 8.11}{50\,000 \times 1.94 + 50\,000 \times 8.11} \times 4\%$$

$$= 0.193 \times 2\% + 0.807 \times 4\% = 3.614\%$$

精确计算［也就是列出时刻 t（t = 1，…，10）发生的现金流 $CF_t$：$CF_1 = 50\,000 \times 2\% + 50\,000 \times 4\% = 3\,000$，$CF_2 = 50\,000 \times 102\% + 50\,000 \times 4\% = 53\,000$，$CF_3 = 50\,000 \times 4\% = 2\,000$，…，$CF_{10} = 50\,000 \times 104\% = 52\,000$。然后找到合适的利率来贴现这些现金流，让加总的结果等于债券组合的现值 100 000 欧元］的结果是 $y = 3.627\%$，与估算的 3.614% 很接近。

计算组合收益率时，每个债券的收益率根据债券价值及修正久期而被赋予权重。在其他因素都相同的情况下，债券的修正久期越大，计算债券组合到期收益率时所占的权重也就越大。

估计债券组合的到期收益率不能采用“简单”方法对每个债券的到期收益率赋予权重，即用每个债券的现值与债券组合的现值之比作为权重。

**【例 2 - 19】** 继续例 2 - 18，对每只债券赋予“简单”权重，意味着债券组合收益率是：

$$YTM_P = \frac{50\ 000}{100\ 000} \times 2\% + \frac{50\ 000}{100\ 000} \times 4\% = 3\%$$

可见，“简单”计算方法所得到的结果与真实的债券组合到期收益率相比，偏差较大，估计效果不佳。

### 2.2.3 凸性

用久期估计的债券价格变化，精确度究竟如何呢？

**【例 2 - 20】** 一个 10 年期、票息率为 6% 的债券正在平价发行。该债券的到期收益率为 6%，久期 7.8 年。如果收益率上涨，问“用久期预测的价格”与“实际价格”之间的差异是多少呢？计算见表 2 - 16。

**表 2 - 16**

| 新的市场收益率 | 新的市场价格 | 久期预测的价格 | ΔP/P | 预测 ΔP/P | 差异 |
|---|---|---|---|---|---|
| 0.0625 | 981.82 | 981.60 | -1.82% | -1.84% | 0.02% |
| 0.0650 | 964.06 | 963.20 | -3.59% | -3.68% | 0.09% |
| 0.0675 | 946.71 | 944.80 | -5.33% | -5.52% | 0.19% |
| 0.0700 | 929.76 | 926.40 | -7.02% | -7.36% | 0.34% |
| 0.0725 | 913.21 | 908.00 | -8.68% | -9.20% | 0.52% |
| 0.0750 | 897.04 | 889.60 | -10.30% | -11.04% | 0.74% |
| 0.0775 | 881.24 | 871.20 | -11.88% | -12.88% | 1.00% |
| 0.0800 | 865.80 | 852.80 | -13.42% | -14.72% | 1.30% |
| 0.0825 | 850.71 | 834.40 | -14.93% | -16.56% | 1.63% |
| 0.0850 | 835.97 | 816.00 | -16.40% | -18.40% | 2.00% |
| 0.0875 | 821.56 | 797.60 | -17.84% | -20.24% | 2.40% |
| 0.0900 | 807.47 | 779.20 | -19.25% | -22.08% | 2.83% |
| 0.0925 | 793.70 | 760.80 | -20.63% | -23.92% | 3.29% |
| 0.0950 | 780.24 | 742.40 | -21.98% | -25.76% | 3.78% |

续表

| 新的市场收益率 | 新的市场价格 | 久期预测的价格 | ΔP/P | 预测 ΔP/P | 差异 |
|---|---|---|---|---|---|
| 0.0975 | 767.08 | 724.00 | -23.29% | -27.60% | 4.31% |
| 0.1000 | 754.22 | 705.60 | -24.58% | -29.44% | 4.86% |
| 0.1025 | 741.64 | 687.20 | -25.84% | -31.28% | 5.44% |
| 0.1050 | 729.34 | 668.80 | -27.07% | -33.12% | 6.05% |
| 0.1075 | 717.30 | 650.40 | -28.27% | -34.96% | 6.69% |
| 0.1100 | 705.54 | 632.00 | -29.45% | -36.80% | 7.35% |
| 0.1125 | 694.03 | 613.60 | -30.60% | -38.64% | 8.04% |
| 0.1150 | 682.77 | 595.20 | -31.72% | -40.80% | 9.08% |
| 0.1175 | 671.76 | 576.79 | -32.82% | -42.32% | 9.50% |

收益率变化比较小时，估计值比较精确，而当收益率变化比较大时，估计值与实际值的偏差就比较大。

图 2－13 展示债券的价格/收益率关系。在收益率 $k^*$ 处画一条切线，代表在 $k^*$ 这个收益率水平上，收益率变化引起的债券价格变化率。这条线的斜率被称为“价格久期”。在数学上，价格久期就是价格/收益率曲线方程的一阶导数。

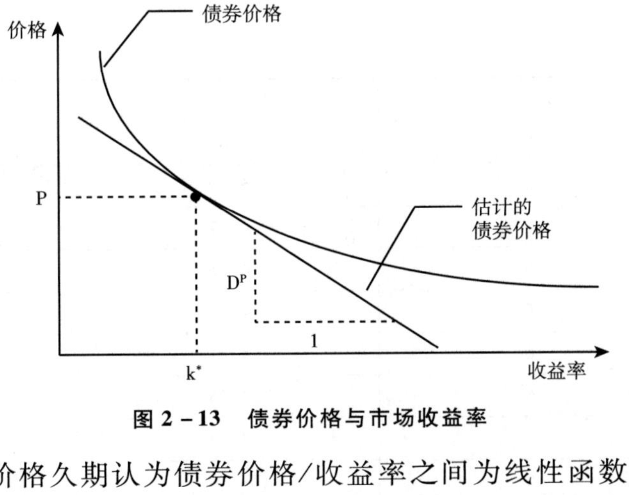


**图 2－13　债券价格与市场收益率**

修正久期/价格久期认为债券价格/收益率之间为线性函数关系。事实上，价格/收益率函数是一个凸函数。久期是在用直线来预测凸函数。因此，当价格与收益率偏离当前水平时，误差项就越大。当新的收益率偏离初始收益率 $k^*$ 越远，债券预测价格与实际价格之间的误差就越大。

由此：

- 久期是一个需要不断修正的瞬时值：时间对久期有影响。
- 久期没有反映价格波动的非对称性。
- 用久期预测永远会低估债券的实际价格。
- 久期对价格预测的精度取决于债券价格/收益率曲线的凸度。
- 如果收益率变化很大，不应该用久期来估计债券价格的变化。

在久期的基础上，如果我们添加凸性对价格变化进行估计，就可以对收益率较大变化时的债券价格变化做出较为精确的估计。凸性是指价格/收益率函数的凸性。[①] 凸性定义为：

$$\text{凸性} = C = \frac{1}{2}\cdot\frac{1}{P}\cdot\frac{1}{(1+k)^2}\cdot\sum_{t=1}^{T}\frac{(t)\cdot(t+1)\cdot CF_t}{(1+k)^t}$$

注意：凸性定义有多种。$C^*$ 通常见到的定义中没有 1/2，即：

$$\text{凸性} = C^* = \frac{1}{P}\cdot\frac{1}{(1+k)^2}\cdot\sum_{t=1}^{T}\frac{(t)\cdot(t+1)\cdot CF_t}{(1+k)^t}$$

**【例 2－21】** 10 年期、面值 100 欧元、票息率 6%（每年付息 1 次）的债券，当前的市场收益率是 6.5%，该债券的凸性是多少？

表 2－17 列示了该债券的现金流。

**表 2－17**　　　　（单位：欧元）

| 时间 | 现金流 | 现值（PV） | PV · t ·（t+1） |
|---|---|---|---|
| 1 | 6 | 5.63 | 11.27 |
| 2 | 6 | 5.29 | 31.74 |
| 3 | 6 | 4.97 | 59.61 |
| 4 | 6 | 4.66 | 93.28 |
| 5 | 6 | 4.38 | 131.38 |
| 6 | 6 | 4.11 | 172.70 |
| 7 | 6 | 3.86 | 216.22 |
| 8 | 6 | 3.63 | 261.03 |
| 9 | 6 | 3.40 | 306.37 |
| 10 | 106 | 56.47 | 6 211.59 |
| 总计 | | 96.41 | 7 495.18 |

① 凸性的推导公式见本章附录。

债券价格 P 等于 96.41 欧元。债券的凸性为：

$$凸性 = C = \frac{1}{2} \cdot \frac{1}{P} \cdot \frac{1}{(1+k)^2} \cdot \sum_{t=1}^{T} \frac{(t) \cdot (t+1) \cdot CF_t}{(1+k)^t}$$

$$= \frac{1}{2} \times \frac{1}{96.41} \times \frac{1}{1.065^2} \times 7\,495.18 = 34.27$$

加入凸性因素，计算出价格变化为：

$$\Delta P = -D \cdot P \cdot \frac{\Delta k}{1+k} + C \cdot P \cdot (\Delta k)^2$$

或者用相对量表示为：

$$\frac{\Delta P}{P} = -D \cdot \frac{\Delta k}{1+k} + C \cdot (\Delta k)^2$$

若采用后一种凸性定义，需要对上式中的 1/2 项进行调整：

$$\Delta P = -D \cdot P \cdot \frac{\Delta k}{1+k} + \frac{1}{2} \cdot C^* \cdot P \cdot (\Delta k)^2$$

上式说明，无论收益率如何变化，不含期权的债券的凸性总是正的。不管收益率 k 的变化是正的还是负的，凸性项对价格变化 ΔP 的影响总是正的。

上式同时说明，针对债券价格/收益率关系而言，公式的第一项是久期估计项，第二项是凸性估计项。

我们定义“价格凸性”① 为凸性乘以债券的价格，即：

$$\textbf{价格凸性} = C^P = C \cdot P$$

用价格久期和价格凸性，将债券价格变化表示成绝对数值（欧元）的形式而不是相对量的形式：

$$\Delta P = -D^P \cdot \Delta k + C^P \cdot (\Delta k)^2$$

同时运用债券的久期和凸性，就可以精确地估计收益率变化造成的债券价格变化。

**【例 2－22】** 期限 10 年、面值为 1 000 欧元、票息率为 6%（每年付息 1 次）的债券，当前交易价格为 102%，市场收益率为 5.73%。该债券的久期和凸性各是多少？如果收益率上升 200 个基点，会出现什么现象？

表 2－18 列出债券的现金流。

① 美国称为：美元凸性（Dollar Convexity）。

**表 2-18** （单位：欧元）

| 时间 | 现金流 | 现值（CF） | 现值·t | 现值·t（t+1） |
|---|---|---|---|---|
| 1 | 60 | 56.75 | 56.75 | 113.50 |
| 2 | 60 | 53.67 | 107.34 | 322.03 |
| 3 | 60 | 50.76 | 152.29 | 609.17 |
| 4 | 60 | 48.01 | 192.05 | 960.26 |
| 5 | 60 | 45.41 | 227.05 | 1 362.33 |
| 6 | 60 | 42.95 | 257.70 | 1 803.90 |
| 7 | 60 | 40.62 | 284.35 | 2 274.84 |
| 8 | 60 | 38.42 | 307.35 | 2 766.29 |
| 9 | 60 | 36.34 | 327.05 | 3 270.47 |
| 10 | 1 060 | 607.19 | 6 071.89 | 66 790.40 |
| 总计 | | 1 020.13 | 7 983.85 | 80 273.52 |

债券的价格 P 为 1 020.13 欧元。

$$久期 = D = \sum_{t=1}^{T} \frac{PV(CF_t)}{P} \cdot t = \frac{7\,983.85}{1\,020.13} = 7.83(年)$$

$$凸性 = C = \frac{1}{2} \cdot \frac{1}{P} \cdot \frac{1}{(1+k)^2} \cdot \sum_{t=1}^{T} \frac{(t)\cdot(t+1)\cdot CF_t}{(1+k)^t}$$

$$= \frac{1}{2} \times \frac{1}{(1.0573)^2} \times \frac{80\,273.52}{1\,020.13} = 35.20$$

如果收益率上升 200 个基点，新的市场收益率为 7.73%。久期预测的价格变化率为：

$$\frac{\Delta P}{P} = -D \cdot \frac{\Delta k}{1+k} = (-7.83) \times \frac{0.02}{1+0.0573} = -14.81\%$$

因此，新的债券价格 $=1\,020.13 \times (1-0.1481) = 869.05$（欧元）

凸性预测价格变化率为：

$$\frac{\Delta P}{P} = C \cdot (\Delta k)^2 = 35.20 \times 0.02^2 = +1.41\%$$

总的价格变化率 $= -14.81\% + 1.41\% = -13.4\%$

新的价格 $=1\,020.13 \times (1-0.1340) = 883.43$（欧元）

在收益率为 7.73% 时，债券的实际价格为 882.43 欧元。

凸性到底在衡量什么？它衡量随着收益率的变化，价格/收益率曲线的斜率的变化。

久期与凸性对债券价格的预测见图 2－14。

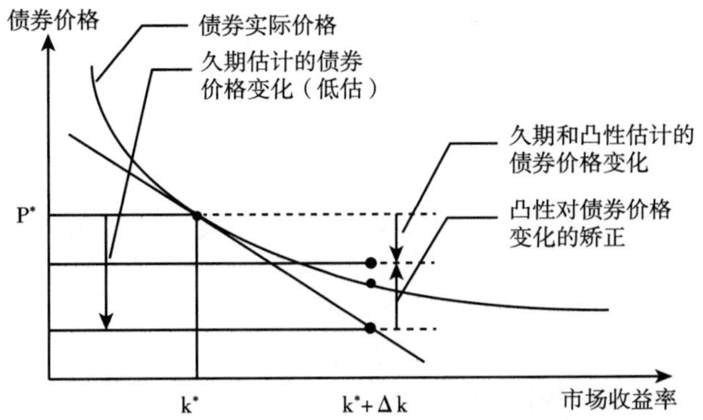


**图 2－14　用久期和凸性估计债券价格变化**

从图 2－14 看出，凸性对投资者明显有益：无论收益率上升还是下降，凸性的价格效应都是正的。因此，当其他所有条件相同时，凸性大的债券优于凸性小的债券。从下面这个公式可以看得更清楚：

$$\Delta P = \underbrace{-D \cdot P \cdot \frac{\Delta k}{1+k}}_{\text{正或负}} + \underbrace{C \cdot P \cdot (\Delta k)^2}_{\text{总是为正}}$$

图 2－15 中的债券 A 和 B 有相同的久期，但是 B 的凸性小于 A。

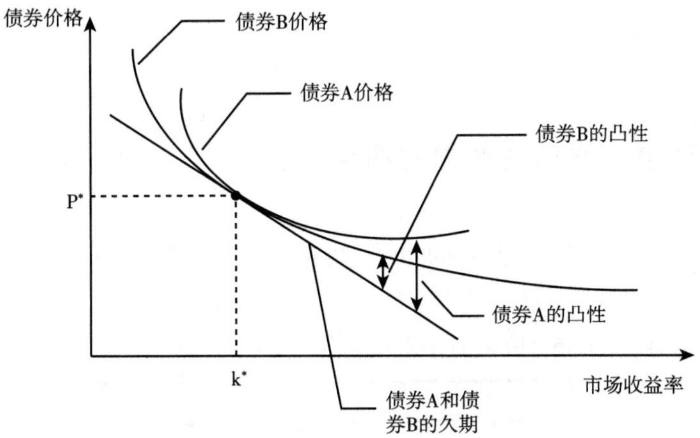


**图 2－15　两个凸性不同的债券**

现在看一下零息债券（期限为 T）的特别情形。此时（只有在 T 时刻出现一笔现金流），零息债券的凸性简化为：

$$C^* = \frac{1}{P} \cdot \frac{CF_T}{(1+k)^T} \cdot \frac{(T) \cdot (T+1)}{(1+k)^2} = \frac{(T) \cdot (T+1)}{(1+k)^2} \approx T^2$$

注意：

$$\frac{CF_T}{(1+k)^T} = P$$

**【例 2-23】** 30 年期零息债券的市场收益率是 3%，凸性的精确值是：

$$\frac{30 \times 31}{1.03^2} = 876.61$$

凸性的近似值是 $T^2 = 30^2 = 900$。

由长期债券和短期债券构成的债券组合①（哑铃组合）的凸性，要大于期限集中于中期的债券组合（子弹组合）② 的凸性。因为哑铃组合的凸性，是组合内各个债券凸性的加权平均，而其中的长期债券权重比较大。这是由于凸性随着期限的平方而增加。

**【例 2-24】** 考虑一个由 1 年期零息债券和 30 年期零息债券构成的哑铃组合，两种债券的权重都是 50%。组合凸性的近似值是：

$50\% \times 1^2 + 50\% \times 30^2 = 450.5$

可比较的子弹组合只有期限 15.5 年的零息债券。它的近似凸性是：

$15.5^2 = 240.25$

显然，后者比前者小多了。

### 2.2.4　票息日之间的久期与凸性

计算债券的两个票息日之间的久期和凸性非常简单。考虑下面的情形（见图 2-16）：

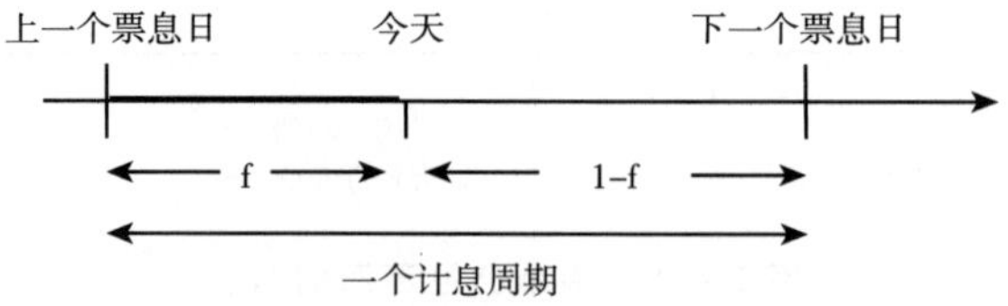


**图 2-16　票息日之间的久期与凸性**

① 参见 2.2.7 小节有关久期与凸性的公式。

② 参阅“固定收益管理策略”有关章节中有关哑铃组合与子弹组合的讨论。

$R_{ex}$代表债券的市场报价（不含累计利息），C 是票息支付。根据“基本原理”这一章有关到期收益率定义：

$$P_{cum} = P_{ex} + f \cdot C = \sum_{t=1}^{T} \frac{CF_t}{(1+k)^{t-f}}$$

对收益率 k 求一阶导数，可得：

$$\frac{dP_{cum}}{dk} = \frac{dP_{ex}}{dk} = -\frac{(1+k)^f}{1+k} \cdot \left[\sum_{t=1}^{T} \frac{(t-f) \cdot CF_t}{(1+k)^t}\right]$$

对收益率求二阶导数，可得：

$$\frac{d^2P_{cum}}{dk^2} = \frac{(1+k)^f}{(1+k)^2} \cdot \left[\sum_{t=1}^{T} \frac{(t-f) \cdot (t-f+1) \cdot CF_t}{(1+k)^t}\right]$$

由久期的定义，我们有：

$$D = -\frac{dP_{cum}}{dk} \cdot \frac{1+k}{P_{cum}}$$

前面式子中已有$\frac{dP_{cum}}{dk}$的值，把那个值代入上式，可得久期公式：

$$D = \frac{(1+k)^f}{P_{cum}} \cdot \left[\sum_{t=1}^{T} \frac{(t-f) \cdot CF_t}{(1+k)^t}\right]$$

由凸性的定义，我们有：

$$C = -\frac{d^2P_{cum}}{dk^2} \cdot \frac{1}{P_{cum}}$$

前面式子中已有$\frac{d^2P_{cum}}{dk^2}$的值，将它代入上式，可得凸性公式：

$$C = \frac{(1+k)^f}{(1+k)^2} \cdot \frac{1}{P_{cum}} \cdot \left[\sum_{t=1}^{T} \frac{(t-f) \cdot (t-f+1) \cdot CF_t}{(1+k)^t}\right]$$

于是，我们就得到了付息日之间的久期公式和凸性公式。

### 2.2.5　票息支付与时间流逝对久期的影响

以下步骤证明，票息支付对久期产生正向影响：票息支付后，久期会即刻增加。

付息前，久期为：

$$D_{cum} = -\frac{dP_{cum}}{dk} \cdot \frac{1+k}{P_{cum}}$$

即：

$$D_{cum} \cdot P_{cum} = -\frac{dP_{cum}}{dk} \cdot (1+k)$$

付息后，久期变为：

$$D_{ex} = -\frac{dP_{ex}}{dk} \cdot \frac{1+k}{P_{ex}}$$

即：

$$D_{ex} \cdot P_{ex} = -\frac{dP_{ex}}{dk} \cdot (1+k)$$

由于：

$$\frac{dP_{cum}}{dk} = \frac{dP_{ex}}{dk}$$

也就是：

$$D_{cum} \cdot P_{cum} = D_{ex} \cdot P_{ex}$$

即：

$$D_{cum} = D_{ex} \cdot \frac{P_{ex}}{P_{cum}}$$

由于 $P_{cum} = P_{ex} +$ 累计利息，有 $P_{cum} > P_{ex}$，因此 $D_{cum} < D_{ex}$。也就是说，久期在票息支付后增加了，增量为：

$$\Delta D = D_{ex} - D_{cum} = D_{ex} - D_{ex} \cdot \frac{P_{ex}}{P_{cum}} = \frac{D_{ex} \cdot (P_{cum} - P_{ex})}{P_{cum}} = \frac{D_{ex} \cdot \text{票息}}{P_{cum}} > 0$$

还可以证明，在两个票息日之间，久期随时间流逝而线性减少。先来看下面的公式：

$$P_{cum} = P_{ex} + f \cdot I = (1+k)^{f} \cdot \sum_{t=1}^{T} \frac{CF_t}{(1+k)^{t}}$$

上式可求解两个票息日之间的债券收益率 k（距上个票息日的时间占两个票息日之间时间段的比例为 f），将上式 $P_{cum}$ 的值代入下面的公式中：

$$D = \frac{(1+k)^{f}}{P_{cum}} \cdot \sum_{t=1}^{T} \frac{(t-f) \cdot CF_t}{(1+k)^{t}}$$

得到处于两个票息日之间的债券的久期为：

$$D = \frac{\sum_{t=1}^{T} \frac{(t-f) \cdot CF_t}{(1+k)^t}}{\sum_{t=1}^{T} \frac{CF_t}{(1+k)^t}}$$

D 对 f 求导，得到：

$$\frac{dD}{df} = \frac{\left(\frac{d}{df}\sum_{t=1}^{T} \frac{t \cdot CF_t}{(1+k)^t} - \frac{d}{df}\sum_{t=1}^{T} \frac{f \cdot CF_t}{(1+k)^t}\right)}{\sum_{t=1}^{T} \frac{CF_t}{(1+k)^t}} = \frac{0 - \sum_{t=1}^{T} \frac{CF_t}{(1+k)^t}}{\sum_{t=1}^{T} \frac{CF_t}{(1+k)^t}} = -1$$

也就是说，在两个票息日之间，债券的久期随着 f 线性递减，而 f 本身随时间线性递增。

总之，需要牢记的是：其他方面相同的情况下，债券组合的久期随时间线性变化，伴随着票息支付的瞬间向上调整。

### 2.2.6　关键利率久期

用（修正）久期测量债券风险的有效性基于下列三个假设：

- 收益率变化很小。
- 所有的期限的收益率变化幅度相同。
- 收益率的变化是瞬间的。

另外，我们还假设收益率曲线是水平的。

但现实中，收益率曲线变化复杂，不一定都是水平移动。此时，人们就要采取其他办法，来衡量针对一个特定时期的利率发生变化时，债券面临的风险。“偏久期”衡量的，就是其他期限利率保持不变，只有一个特定期限利率发生变化时，债券价格的变动情况。霍（1992）提出的“关键利率久期”，就是最常使用的偏久期概念。

根据关键利率久期的方法，收益率曲线可以由一组精心挑选的关键利率来代表。我们变动任意一个关键利率 x 基点，如 100 基点，其影响线性减弱于相邻两个关键利率，直到其影响在到达一个相邻的关键利率时为零。

与久期不同的是，关键利率久期不是一个数值，而是一组数值。每个数值都代表一个特定的关键利率变化对债券价格的影响。关键利率久期还能显示出，债券风险主要集中于利率期限结构的哪个区域。例如，第 i 个关键利率久期，KRD（i）代表当第 i 个关键利率变动一定幅度时（如 x 基点时）债券价格的变动率。

$$\Delta P = -P \cdot KRD(i) \cdot \Delta k(i)$$

式中，$\Delta k(i)$ 代表第 i 个关键利率变动量，变动影响线性减弱于第（i－1）个和第（i＋1）个关键利率，见下面的例子。

重写上式，可得第 i 个关键利率久期表达式：

$$KRD(i) = -\frac{\Delta P}{P\Delta k(i)}$$

有了关键利率久期的概念，我们就可以用若干关键利率的变动来表示利率变动，并使用这一重要概念来测量债券针对收益率曲线变动的敏感性。例如，当所有的关键利率发生同等程度的变化时，我们把每一个关键利率久期的影响加总，就可以得到“收益率曲线发生平行移动时债券价格的变动率”。从这个意义上说，人们把关键利率久期可以看作久期概念的进一步细化与分解。

根据其含义，对于零息债券而言，除了那个对应期限的关键利率久期以外，其余的关键利率久期都为零。

**【例 2－25】** 10 年期债券的票息率为 8%（每年付息 1 次），到期收益率为 10%。被挑选的关键利率是 2 年期、5 年期、7 年期和 10 年期利率。问各个期限的关键利率久期是多少？其总和是多少？

前例已经揭示该债券价格为 87.71，下面计算当每个关键利率变化 100 个基点时的债券价格。当一个关键利率发生变动时，变动幅度线性减弱于相邻两个关键利率点，如图 2－17。

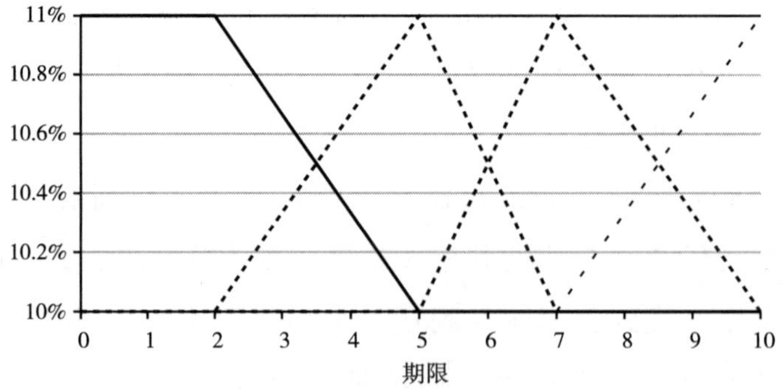


**图 2－17　关键利率变化的债券价格**

如图2－17所示，当5年期利率上涨100个基点时，上涨影响线性递减，只有5年期利率从10%上涨到11%，相邻区域利率上涨就少一些。特别是4年期关键利率仅上涨0.66%，即上涨到10.66%，而相邻的2年期和7年期关键利率没有变动。于是，当5年期利率上涨100个基点时，新的债券价格是（见表2－19）。

**表2－19**

| 时间 | 现金流 | 收益率（k） | CF/（1+t）$^t$ |
|---|---|---|---|
| 1 | 8 | 10% | 7.27 |
| 2 | 8 | 10% | 6.61 |
| 3 | 8 | 10.33% | 5.96 |
| 4 | 8 | 10.66% | 5.33 |
| 5 | 8 | 11% | 4.75 |
| 6 | 8 | 10.5% | 4.39 |
| 7 | 8 | 10% | 4.11 |
| 8 | 8 | 10% | 3.73 |
| 9 | 8 | 10% | 3.39 |
| 10 | 108 | 10% | 41.64 |
| 总计 | | 价格 | 87.19 |

由5年期利率上涨100基点引起的债券价格变动是$\Delta P = 87.19 - 87.71$，所以5年期利率的关键利率久期是：

$$KRD(5) = -\frac{87.19 - 87.71}{87.71 \times 0.01} = 0.60(\text{年})$$

同样方法可以计算其他关键利率久期，如表2－20所示。

**表2－20**

| | 债券价格 | 关键利率久期 |
|---|---|---|
| 初始收益率 | 87.71 | |
| 2年利率变动 | 87.35 | 0.41 |
| 5年利率变动 | 87.19 | 0.60 |
| 7年利率变动 | 87.07 | 0.73 |
| 10年利率变动 | 83.84 | 4.41 |
| 总计 | | 6.15 |

各个期限关键利率之和，代表收益率曲线平行移动时债券价格的敏感性

（价格变化率）。表 2－20 显示对于简单的附息债券来说，利率风险集中于本金到期日附近的关键利率变动。

### 2.2.7 组合的久期、凸性与关键利率久期

债券组合的久期等于组合内各个成分债券久期的加权平均数，即：

$$\text{组合的久期} = \sum_{i=1}^{n} W_i \cdot D_i$$

式中，$W_i$——组合中债券 i 的权重（债券 i 市值占组合市值的比重）；

$D_i$——债券 i 的久期；

n——组合中债券的数量。

组合的凸性等于成分债券凸性的加权平均数。

$$\text{组合的凸度} = \sum_{t=1}^{T} W_i \cdot C_i$$

式中，$W_i$——组合中债券 i 的权重（债券 i 市值占组合市值的比重）；

$C_i$——债券 i 的久期。

债券组合的关键利率久期等于组合内各个成分债券关键利率久期的加权平均数，即：

$$\text{组合的关键利率久期} = \sum_{i=1}^{n} W_i \cdot KRD_i$$

式中，$W_i$——组合中债券 i 的权重（债券 i 市值占组合市值的比重）；

$KRD_i$——债券 i 的关键利率久期；

n——组合中债券的数量。

## 2.3 应用

### 2.3.1 债券收益率曲线

#### 2.3.1.1 即期（零息票）利率曲线与平价收益率曲线

后文将详述，至少在理论上，平价收益率曲线和零息票利率/即期利率曲

线的关系是清晰的。人们意识到，这种关系是对于整条曲线而言，而不是对于那些曲线中独立的某些点而言：我们在前文可以把年度收益率简单地“转化”成半年收益率，或者“转化”成连续复利收益率。但现在，我们不能简单地将平价收益率转化为对应的即期利率。之所以依赖于整条曲线（或至少利率期限比所研究的要短的所有利率曲线），是因为债券的平价（或者以任何价格）收益率是由其所有现金流的收益率决定的。

应该指出的是，一个平价曲线应该包含各种不同票息率：在大多数情况下，平价债券票息率会因为所观察的期限不同而各异。事实上，如果收益率曲线斜率是正的（即斜率向上），则期限越长，平价债券票息率越高；而若收益率曲线向下时，则情况相反：期限越长，平价债券票息率越低。但是，只要给出即期或者零息债券的收益率曲线，任何债券的价格（同一信用级别的）就能直接计算出来。因此，构建适用于任何特定票息率债券的收益率曲线，就没有什么实际的意义。

令 P 为债券的（总）价格，C 为债券票息，$d_t$ 是适用于时间 t 的贴现利率，$t_n$ 是第 n 次付息的时间，T 是债券的期限，即债券的名义上的 N 被偿付的时间。不失一般性，假设 N = 1，则：

$$P = Cd_1 + Cd_2 + \cdots + Cd_{m-1} + (C+1)d_T$$

$$P = C\sum_{t=1}^{T} d_t + d_T$$

显然，可以从结果 P 中得到债券的收益率。通过简单改变 T 的值，重复以上方法，我们可以构造出息票为 C 债券的收益率曲线。

计算包含在平价曲线里的收益率仅仅是计算 P 的方程中的一个特例：就是一个情况下，我们知道 P（=1）及我们需要解决 C（我们显然不需要计算收益率：它是票息率）。

因此，对于以上描述的变量使用同样的符号，其中 P = 1（例如票面）我们有：

$$1 = C\sum_{t=1}^{T} d_t + d_T$$

所以，对一个平价收益率曲线的票息而言：

$$C = \frac{1 - d_T}{\sum_{t=1}^{T} d_t}$$

使用上面的公式，人们可以从即期或者零息票利率曲线中得出平价收益率曲线。

**【例 2-26】** 假设（为简单起见）一个债券面值是 1，期限 3 年，票息率 8%（每年付息 1 次）。1 年期、2 年期、3 年期即期利率分别是 4%、5%、6%。试计算收益率的点值以及平价收益率曲线。

首先计算贴现因子：

$$d_1 = \frac{1}{(1+0.04)^1} = 0.9616$$

$$d_2 = \frac{1}{(1+0.05)^2} = 0.9070$$

$$d_3 = \frac{1}{(1+0.06)^3} = 0.8396$$

债券价格可以写成：

$$P = 0.08 \times 0.9616 + 0.08 \times 0.9070 + 1.08 \times 0.8396 = 1.056$$

所以，该债券的到期收益率 Y，是解下列方程得到的。

$$1.056 = \frac{0.08}{(1+Y)^1} + \frac{0.08}{(1+Y)^2} + \frac{1.08}{(1+Y)^3}$$

通过迭代计算，到期收益率的值近似等于 5.9%。

为计算平价收益率曲线上点的数值，令债券价格等于面值，计算出票息：

$$1 = C \times (0.9616 + 0.9070 + 0.8396) + 0.8396$$

于是，

$$C = \frac{1 - 0.8396}{0.9616 + 0.9070 + 0.8396} \times 100\% = 5.92\%$$

平价收益率曲线和即期（或零息票）利率曲线的关系，展现了以下典型的事实。简单地说，一个基本向上的（或者说是正向的）平价收益率曲线意味着更加陡峭的即期（或是零息票）利率曲线（见图 2-18）。

而一个向下的平价收益率曲线意味着一个程度更大的向下的即期或零息票利率曲线（见图 2-19）。

一个完全平坦的平价收益率曲线意味着一个完全平坦的即期或零息票利率曲线。因此我们可以想象，即期或零息票利率曲线与平价收益率曲线斜率方向相同，但总是有一定放大趋势，即有更加陡峭的坡度。

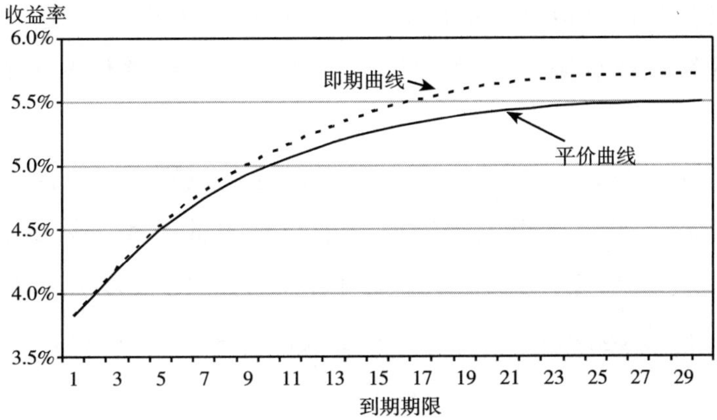


**图 2－18　正向的平价收益率曲线和即期利率曲线的关系**

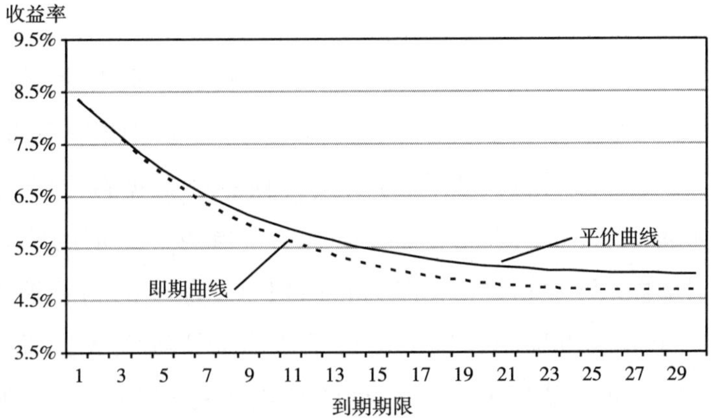


**图 2－19　向下的平价收益率曲线和即期利率曲线的关系**

## 2.3.2　债券收益率曲线在市场中的应用

### 2.3.2.1　结构与平滑

从最初构建收益率曲线开始，研究人员认为在现实世界中“结构”与“平滑”之间存在平衡关系。一篇较早的收益率曲线结构的研究文献指出：“关注改善统计拟合程度，……可能使收益率和期限的真实关系复杂化，甚至使之模糊不清。因此曲线拟合的正常过程涉及一些简单的、富有信息的低阶曲线和一些更具弹性且拟合更好的高阶曲线的综合考虑。”[①] 它充分地暗示了，拟合更好的曲线往往会降低信息含量。下文中将细致解释两者在实际市场中的权衡关系。

从某种意义上讲，如下面例子中所表达的，识别误差所要求的精细程度可能恢复到平均水平，这很大程度取决于交易的重点和交易最后被反向操作的时间跨度（也就是说，预计交易头寸结束的时间长度），时间区间越长，需要的精细程度会越少（例如，对于曲线的“拟合的程度”会有比较少的需求）。

理解结构与平滑之间关系的一个办法，就是考察三种不同的收益率曲线交易的重点与期间。假设交易中的误差趋于均值。假设交易发生在美国国债市场。

（1）最直接的“收益率交易”涉及出售从收益率曲线上看被相对高估的美国国债（债券的收益率在收益率曲线下方或者是穿过收益率曲线），而购买从收益率曲线上看被相对低估的美国国债（债券收益率高于收益率曲线的国债）。买卖一般涉及大致相同数量的两种债券。当两个国债的收益率回落至收益率曲线时，期望交易“逆转”（即当它们相对于曲线的利差缩小时，进行反向交易）。在一个有效市场中，这类交易活动不会持续太久，所以交易将会是短暂的，但是为了使得误差很小，曲线的精细程度必须很高。换言之，交易的重点是收益率，交易跨度是短的，拟合的收益率曲线不应该过于平滑。

（2）最直接的“久期交易”可能涉及收益率曲线斜率的变化预期：曲线要么“变平坦”，要么“变陡峭”。假如预期收益率曲线变得陡峭，人们将出售长期国债，购买短期国债，并预计两种债券的利差（收益率曲线中两个期限收益率值之间的斜率可以代表）将会扩大。[②] 一般情况下，交易按照“久期加权”的办法进行（购买的短期国债多于卖掉的长期国债，即交易量与它们的久期成反比）。交易者期望的是，当收益率曲线陡峭时（或者说当利差变大时），交易“逆转”，获取利润。“久期交易”的时间跨度可能长于“收益率交易”，因为主要涉及收益率曲线的斜率，所以曲线的拟合不需要和收益率交

---

① 源自 Burman 和 White（1972），第 467 页。

② 当然，如果期望曲线变平坦的话，那么就要做相反的交易，例如，为了要买入长期美国国债，那么就要卖出短期美国国债，使得两者的利差变小。

易一样高。换言之，交易的重点是期限，交易的跨度越大，拟合的曲线可以更加平滑。

（3）最直接的“凸性交易”涉及曲线的曲率变化的预期。典型的凸性交易被称为“子弹到哑铃（bullet－barbell）策略”，或者相反。它涉及出售中期债券，同时购买短期国债和长期国债。[①] 交易者预期收益率曲线的曲率将会增加：被出售的中期国债收益率上涨，短期和长期收益率下降。如果交易按照“久期加权”法进行，虽然被售出的中期债券收益率高于其他两种债券的平均收益率，但是后者凸度会高一些，避免了收益率曲线平行移动的风险。交易者期望当收益率曲线的凸度增加时（也就是说，当利差扩大时），结束交易，获取利润。凸性交易的期间很可能是这三种收益率曲线中最长的，并且就像在久期交易中一样，曲线的精细程度要求不需要太高。换言之，交易的重点是在凸度上，而拟合的曲线可以非常平滑。

### 2.3.3　收益率曲线形状与远期利率

收益率曲线形状可以直接给出将来利率的走向：向上的收益率曲线意味着未来利率上涨，即预期未来的收益率会更高一些，向下的收益率曲线意味着将来的收益率会更低一些（见图 2－20）。

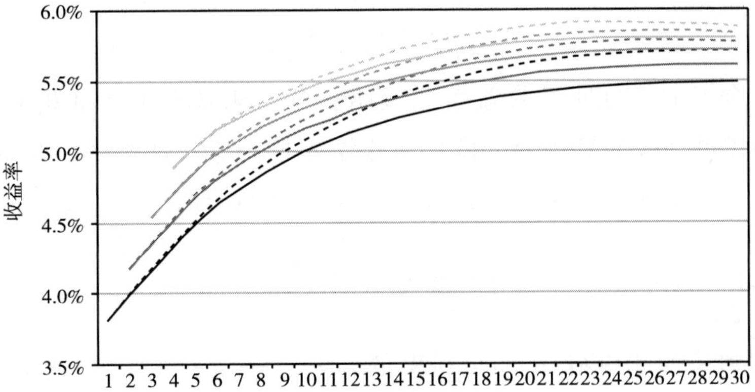


---

① 相反，“哑铃到子弹策略”交易包含卖出两个美国国债，一个短期限的，一个长期限的，而买入一个期限在前两者之间的美国国债，期望收益率曲线的曲率变小；也就是说，买入的中期国债收益率将降低。

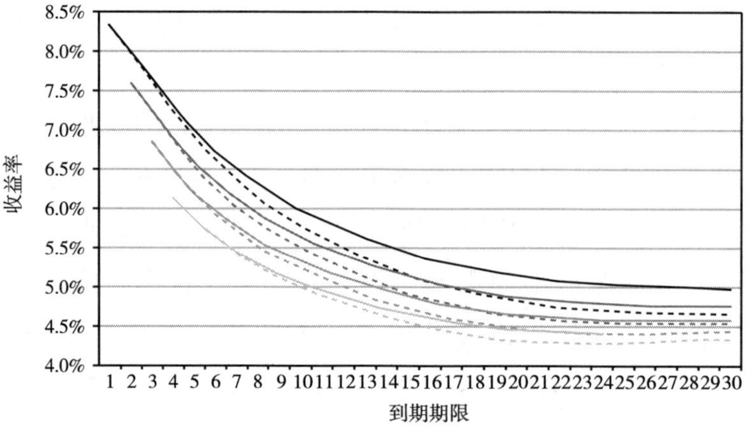


**图 2-20　收益率曲线形状与远期利率**

即期利率或零息票利率曲线一个主要用途是，很容易从它们中得到未来收益率曲线形状和水平。也就是说，如果 $d_{t,T}$是期限为 T 在时间 t 点的贴现率，$z_{t,T}$是期限为 T 时间 t 点的零息债券收益率或即期利率，即：

$$d_{t,T}=\frac{1}{(1+z_{t,T})^{T}}$$

所以在时间 f 以后（f < T）：

$$z_{t+f,T-f}=\left[\frac{(1+z_{t,T})^{T}}{(1+z_{t,f})^{f}}\right]^{\frac{1}{T-f}}-1$$

或者：

$$z_{t+f,T-f}=\left(\frac{d_{t,f}}{d_{t,T}}\right)^{\frac{1}{T-f}}-1$$

例如，今天的零息债券收益率曲线暗含的未来 2 年的 5 年即期利率，是今天的 2 年期零息债券的贴现率，除以一个 7 年期的零息债券的贴现率，再用 1/5 开方。因此，未来 2 年的 5 年期利率取决于 7 年期即期利率和 2 年期即期利率。

#### 2.3.3.1　制约因素：绝对与相对（斜率）

从即期利率曲线中确定远期利率的另外含义是：相应于这条曲线的贴现价格图形一定是始终单调下降的。换言之，一定期限的贴现率一定要比任何更长期限的贴现率要高。如果这个期限的贴现率小于较长期限的利率，那么预期的远期利率将是负的，而这被普遍认为不可接受的。正如贴现价格曲线必须是单调下降，其瞬时值显然是 1（因为 1 的即刻现值是 1!），而贴现价格永远不会到达 0，更不用说是负值。

此外有一个数学的制约因素。使用平价收益率曲线并利用本息剥离法（Bootstrapping）推导即期曲线，其中，$C_T$ 是 n 年债券的利息（必须为正）；$d_T$ 是 n 年零息债券的价格（必须为正）。

则：

$$d_T = \frac{1 - C_T \sum_{t=1}^{T-1} d_t}{1 + C_T}，且\ d_T > 0$$

因为：

$$1 - C_T \sum_{t=1}^{T-1} d_t > 0$$

因此，$C_T \sum_{t=1}^{T-1} d_t < 1, C_T < \frac{1}{\sum_{t=1}^{T-1} d_t}$，因为远期利率不能为负，而且贴现利率不能为负，从而 $0 < d_T < d_{T-1}$。

### 2.3.4　收益率曲线、经济活动与货币政策

早期人们认为，利率期限结构至少展现着某些经济活动的关系。特别是，收益率曲线的形状能够预测经济周期的变化。

因此，适当向上的收益率曲线（正常型曲线），意味着经济发展正常，投资者不必担心通货膨胀风险，并且由于经济增长稳定，没有通货膨胀压力，也不用担心货币政策干预经济。

向上陡峭的收益率曲线表示长期利率高于短期利率，暗示衰退期将要结束。在衰退期间，短期利率比较低，因为中央银行为刺激经济降低了短期利率，通货膨胀低于正常水平。当经济出现复苏征兆时，利率和通货膨胀开始上涨，预测经济复苏的投资者开始需求高利率的长期债券，因为他们预测将来的短期利率会上涨。

水平收益率曲线，即各个期限收益率非常接近，表示经济到了繁荣期的末尾。投资者预测经济增长缓慢，通货膨胀下降，将出台刺激经济的货币政策。所以，投资者需求降低了长期利率，因为他们预计未来短期利率即将下

跌。这个形状的收益率曲线可能会很快转化成正常型，或是倒置型，这要依赖于经济形势的变化而定。

倒置型收益率曲线，即短期利率高于长期利率，是经济衰退即将来临的预警信号。美国自 20 世纪 70 年代以来，倒置型收益率曲线（这里被定义为那些 10 年期国债收益率低于 3 个月国债收益率的时期）对经济衰退发挥着预警作用。所有的衰退都被这一指标预测到，包括最近的一次衰退。图 2－21 显示 1959 年以来的 10 年期国债和 3 个月期国债的利差，图中阴影部分是衰退期。

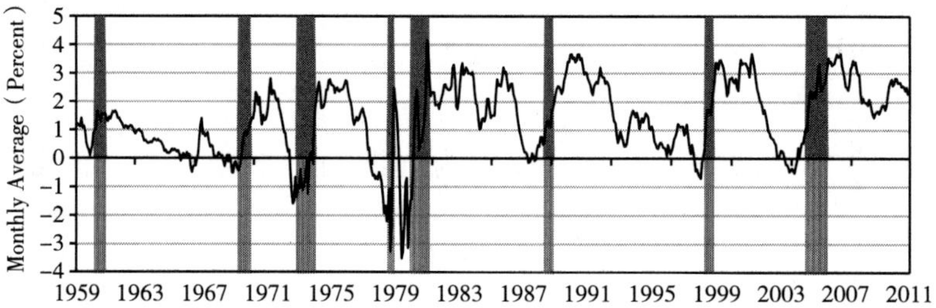


**图 2－21　国债利差：10 年期国债利率－3 个月国债利率**

资料来源：美联储理事会。

即便倒置型收益率曲线成功地预测到了美国的经济衰退，但其领先时间范围太大，从提前 5 个月到提前 13 个月。Ang、Piazzesi 和 Wei 的研究很好地概括了美国的这个情况。[①] 另外，倒置型收益率曲线在其他国家没有能够预测到所有的经济衰退。比如日本，过去 15 年以来短期利率为零，在这种情况下，收益率曲线不可能倒置。但是，日本在这期间经历了 5 轮衰退期。

欧元区历史虽然不长，但收益率曲线对经济周期的预测研究，也见之于 Chionis、Gogas 和 Pragidis（2010）的学术文献中。简单地说，他们的研究论文表明，根据 1994 年到 2008 年的数据，收益率曲线对欧元区 15 国的实际产量具有预测能力。

如上所述，人们对货币政策的预期影响着收益率曲线的形状。然而，这种影响是通过两个途径实现的。也就是说，中央银行特别看重的是收益率曲

① 联邦储备银行纽约分行的网站上提供了有关收益率曲线预测经济衰退的数据和信息，而且能够显示计算美国衰退概率的模型的定价结果。http：//www. newyorkfed. org/research/capital－markets/ycfaq. html。

线承载的信息。在典型的意义上，这些信息被用作（i）预测经济活动，特别是预测衰退与通货膨胀，和（ii）预测短期利率变动（如前述）。对这些信息加以综合分析，可以估计真实利率的变动趋势，货币当局据此对相对较紧的货币政策环境进行评估。

### 2.3.5　债券估值与盯市

债券估值，包括以盯市为基础的估值，其原则都是一样的。观察到的价格（实际交易价格）很少作为估值的基础——除了那些数量不多的、流动性好的债券，因为这些债券价格不受流动性溢价的影响。大多数情况下，估值分两个步骤：第一，估算一个基准利率期限结构；第二，选定一个利差，该利差包含违约风险和期权价值，是计算债券价值的工具。一个特定债券的利差，是诸多定价因素的综合反映。人们可以从属性相近、可比较债券的市场价格中，发现这些因素。

### 2.3.6　金融工程

运用利率期限结构定价现金流，与期权定价技术一道，构成金融工程的核心内容。从即期利率期限结构很方便地导出远期利率期限结构，这一原理对于构造和估值所有的金融产品——从标准化的新证券到结构化产品，具有重要意义。

结构化产品是一种合成投资工具，它具有标准化投资工具不具备的属性，因而满足了投资者的特别需求。结构化产品可被用作直接投资的替代品。在资产组合管理活动中，人们或者考虑到风险管理的需要，或者出于市场前景的谋划，有意配置一部分结构化产品。此外，结构化产品是绕开规制（法规、强制投资的法令以及地方投资者偏好）的工具，还可以在不同地区、不同管辖区以及不同税务统辖区进行套利。

由于结构化产品是合成的，它们的估值依赖于合成工具的估值，但这些合成工具在市场上并不存在，因而没有可观察的价格。所以，利率期限结构模型对于创造并估值几乎所有的结构化产品来讲，是极其关键的。

### 2.3.7 风险管理

金融风险管理（比如银行或保险公司）的核心内容是持续评估银行或公司对利率期限结构变动的风险暴露情况。这一活动牵涉计算暴露于不同利率期限结构场景下的交易头寸。监管者近来对金融机构的风险头寸提出了越来越严格的监测指标。特别是为贯彻《巴塞尔协议Ⅱ》的要求，各国金融管理当局加快了风险监管法规的建设。

近期发生的金融风险事件促使人们极为重视压力测试。在这些测试中，根据利率期限结构发生极端变化的不同情况（当然，这些变化限于利率期限结构模型的制约范围以内），测算金融机构面临最坏情况发生时的危机处理能力。

风险/估值模型的使用一般要经过专业管理机构的批准，这些模型中结合了利率期限结构模型，在机构与机构之间，这些模型并不相同。无论如何，稳健的利率期限结构模型构成符合法规要求的报告中的核心部分。

## 2.4 参考文献


- Ang, A., Piazzesi, M., Wei, M. (2006). What does the yield curve tell us about GDP growth? Journal of Econometrics, 131, 359 – 403.
- Brennan, M., Schwartz, E. (1982). Bond Pricing and Market Efficiency. Financial Analysts Journal, 49 – 56.
- Burman, J. P., White, W. R. (1972). Yield curves for gilt – edged stocks. Bank of England, 467 – 486.
- Cecchetti, S. G., Schoenholtz, K. L. (2014). Money, banking and financial markets (4th ed.). Boston, MA: McGraw – Hill.
- Chionis, D., Gogas, P., Pragidis, I. (2010). Predicting European Union recessions in the Euro era: The yield curve as a forecasting tool of economic activity. International Advances in Economic Research, 16 (1), 1 – 10.
- Fabozzi, F. J. (1999). Duration, convexity, and other bond risk meas-

ures. New Hope, PA: Fabozzi.

- Fabozzi, F. J., Mann, S. V. (2012). The handbook of fixed income securities (8th ed.). New York, NY: McGraw – Hill.
- Ho, T. S. Y. (1992). Key rate durations: Measures of interest rate risks. The Journal of Fixed Income, 29 – 44.
- Ho, T. S. Y., Lee, S. (2004). The Oxford guide to financial modeling: Applications for capital markets, corporate finance, risk management, and financial institutions. Oxford: Oxford University Press.
- Lore, M., Borodovsky, L. (2000). The professional's handbook of financial risk management. Boston, MA: Butterworth – Heinemann.
- Mishkin, F. S. (2013). The economics of money, banking and financial markets (10th ed.). Boston, MA: Pearson.
- Ogden, J. P. (1987). Determinants of the ratings and yields on corporate bonds: Tests of the contingent claims model. Journal of Financial Research, 10 (4), 329 – 340.
- Tuckman, B., Serrat, A. (2011). Fixed income securities: Tools for today's markets (3th ed.). New York, NY: John Wiley & Sons.

## 附录：久期与凸性推导

本附录提供久期与凸性公式的数学推导。

### 2A.1 久期

一般把风险敞口定义为影响资产收益率的某个因素发生变动时，资产（负债）价值变动量。

$$\text{风险敞口}=\frac{\text{价值变化量}}{\text{价值}}=\frac{\Delta\text{价值}}{\text{价值}}$$

利率是影响债券价格最重要的因素。因此，债券风险可定义为给定利率变动导致的债券价值变化。

就债券而言，风险测度问题相对容易处理，因为：

- 若不考虑某些债券具有的期权性质、不考虑抵押支持证券的提前还贷问题，债券具有定义清晰的未来现金流。
- 可以假定利率期限结构是水平型的，且利率变动将引起整个收益曲线的平行移动。
- 利率变动幅度通常不大。

要想计算风险敞口和债券的久期，先从附息债券定价公式开始：

$$P = \frac{CF_1}{1+k} + \frac{CF_2}{(1+k)^2} + \frac{CF_3}{(1+k)^3} + \cdots + \frac{CF_T}{(1+k)^T} = \sum_{t=1}^{T} \frac{CF_t}{(1+k)^t}$$

其中，P——0 时刻债券价格；

$CF_t$——t 时刻现金流；

k——市场收益率。

要计算收益率发生小幅变动后债券价格的近似变化，我们求价格 P 对市场收益率 k 的一阶偏导：

$$\frac{\partial P}{\partial k} = \frac{(-1) \cdot CF_1}{(1+k)^2} + \frac{(-2) \cdot CF_2}{(1+k)^3} + \frac{(-3) \cdot CF_3}{(1+k)^4} + \cdots + \frac{(-T) \cdot CF_T}{(1+k)^{T+1}} \tag{1}$$

运用微积分运算规则，可知：

$$f(x) = \frac{1}{x^n} = x^{-n} \rightarrow \frac{df}{dx} = -nx^{-(n+1)} = \frac{-n}{x^{n+1}}$$

$$f(x) = a \cdot g(x) \rightarrow \frac{df}{dx} = a \cdot \frac{dg}{dx}$$

$$f(x) = g(x) + h(x) \rightarrow \frac{df}{dx} = \frac{dg}{dx} + \frac{dh}{dx}$$

公式（1）右边提出 $-\frac{1}{1+k}$，变形为：

$$\frac{\partial P}{\partial k} = -\frac{1}{1+k} \cdot \left[\frac{1 \cdot CF_1}{1+k} + \frac{2 \cdot CF_2}{(1+k)^2} + \frac{3 \cdot CF_3}{(1+k)^3} + \cdots + \frac{T \cdot CF_T}{(1+k)^T}\right]$$

$$= -\frac{1}{1+k} \cdot \sum_{t=1}^{T} \frac{t \cdot CF_t}{(1+k)^t} \tag{2}$$

将公式（2）代入等式 $dP = \frac{\partial P}{\partial k} \cdot dk$，得到：

$$dP = -\frac{1}{1+k} \cdot \sum_{t=1}^{T} \frac{t \cdot CF_t}{(1+k)^t} \cdot dk \tag{3}$$

公式（3）左右两边同除以债券价格 P，可得：

$$\frac{dP}{P} = -\frac{1}{1+k} \cdot \frac{\sum_{t=1}^{T} \frac{t \cdot CF_t}{(1+k)^t}}{P} \cdot dk \tag{4}$$

对于微小变动，我们可将 dP 写为 ΔP，dk 写为 Δk，公式（4）变为：

$$\frac{\Delta P}{P} \approx -\frac{1}{1+k} \cdot \frac{\sum_{t=1}^{T} \frac{t \cdot CF_t}{(1+k)^t}}{P} \cdot \Delta k \tag{5}$$

公式（5）即为我们前面所定义的风险敞口。

将债券价格 P 的决定公式代入上式，我们就得到麦考利久期：

$$\begin{aligned} \textbf{麦考利久期} = D &= \frac{\sum_{t=1}^{T} \frac{t \cdot CF_t}{(1+k)^t}}{\sum_{t=1}^{T} \frac{CF_t}{(1+k)^t}} \\ &= \frac{\frac{1 \cdot CF_1}{1+k} + \frac{2 \cdot CF_2}{(1+k)^2} + \cdots + \frac{T \cdot CF_T}{(1+k)^T}}{\frac{CF_1}{1+k} + \frac{CF_2}{(1+k)^2} + \cdots + \frac{CF_T}{(1+k)^T}} \end{aligned} \tag{6}$$

将麦考利久期 D［公式（6）］代回到公式（5），可得：

$$\frac{\Delta P}{P} \approx -\frac{1}{1+k} \cdot D \cdot \Delta k \tag{7}$$

我们将修正久期定义为：

$$\textbf{修正久期} = D^{mod} = \frac{D}{1+k}$$

将修正久期 $D^{mod}$ 代入公式（7），可得：

$$\frac{\Delta P}{P} \approx -D^{mod} \cdot \Delta k$$

可计算债券价格变动值 ΔP：

$$\Delta P \approx -D^{mod} \cdot \Delta k \cdot P$$

## 2A.2　凸性

采用泰勒级数的前两阶近似测度价格变动，可提高预测的精确度，计算如下：

$$dP = \frac{\partial P}{\partial k} \cdot dk + \frac{1}{2} \cdot \frac{\partial^2 P}{\partial k^2} \cdot (dk)^2 + \varepsilon \tag{8}$$

其中，ε——残差项；

$\frac{\partial P}{\partial k}$——价格对收益率的一阶微分；

$\frac{\partial^2 P}{\partial k^2}$——价格对收益率的二阶微分。

若将公式（8）左右两边同除以价格 P，可得：

$$\frac{dP}{P} = \frac{\partial P}{\partial k} \cdot \frac{1}{P} \cdot dk + \frac{1}{2} \cdot \frac{\partial^2 P}{\partial k^2} \cdot \frac{1}{P} \cdot (dk)^2 + \xi \tag{9}$$

其中，$\xi = \frac{\varepsilon}{p}$——残差项除以 P；

$-\frac{\partial p}{\partial k} \cdot \frac{1}{p} = D$——久期；

$\frac{1}{2} \cdot \frac{\partial^2 P}{\partial k^2} \cdot \frac{1}{p} = C$——凸性。

由公式（1）可知：

$$\frac{\partial P}{\partial k} = \frac{(-1) \cdot CF_1}{(1+k)^2} + \frac{(-2) \cdot CF_2}{(1+k)^3} + \frac{(-3) \cdot CF_3}{(1+k)^4} + \cdots + \frac{(-T) \cdot CF_T}{(1+k)^{T+1}}$$

$\frac{\partial^2 P}{\partial k^2}$也是$\frac{\partial P}{\partial k}$对收益率的一阶微分。

与公式（1）的推导相似，我们可以求二阶微分：

$$\frac{\partial P^2}{\partial^2 k} = \frac{(-1) \cdot (-2) \cdot CF_1}{(1+k)^3} + \frac{(-2) \cdot (-3) \cdot CF_2}{(1+k)^4} + \frac{(-3) \cdot (-4) \cdot CF_3}{(1+k)^5} + \cdots + \frac{(-T) \cdot [-(T+1)] \cdot CF_T}{(1+k)^{T+2}}$$

等价于：

$$\frac{\partial P^2}{\partial^2 k} = \frac{1}{(1+k)^2} \cdot \left[ \frac{1 \cdot 2 \cdot CF_1}{(1+k)} + \frac{2 \cdot 3 \cdot CF_2}{(1+k)^2} + \frac{3 \cdot 4 \cdot CF_3}{(1+k)^3} + \cdots + \frac{T \cdot (T+1) \cdot CF_T}{(1+k)^T} \right]$$

$$= \frac{1}{(1+k)^2} \cdot \sum_{t=1}^{T} \frac{t \cdot (t+1) \cdot CF_t}{(1+k)^t} \tag{10}$$

凸性定义为：

$$\text{凸性} = C = \frac{1}{2} \cdot \frac{\partial^2 P}{\partial k^2} \cdot \frac{1}{P} \tag{11}$$

我们知道债券价格 P 等于：

$$P = \frac{CF_1}{1+k} + \frac{CF_2}{(1+k)^2} + \frac{CF_3}{(1+k)^3} + \cdots + \frac{CF_T}{(1+k)^T} = \sum_{t=1}^{T} \frac{CF_t}{(1+k)^t} \tag{12}$$

将公式（10）和公式（12）代入公式（11），可得：

$$\text{凸性} = C = \frac{1}{2} \cdot \frac{1}{(1+k)^2} \cdot \left[ \frac{\frac{1 \cdot 2 \cdot CF_1}{(1+k)} + \frac{2 \cdot 3 \cdot CF_2}{(1+k)^2} + \cdots + \frac{T \cdot (T+1) \cdot CF_T}{(1+k)^T}}{\frac{CF_1}{1+k} + \frac{CF_2}{(1+k)^2} + \cdots + \frac{CF_T}{(1+k)^T}} \right]$$

$$= \frac{1}{2} \cdot \frac{1}{(1+k)^2} \cdot \frac{\sum_{t=1}^{T} \frac{t \cdot (t+1) \cdot CF_t}{(1+k)^t}}{\sum_{t=1}^{T} \frac{CF_t}{(1+k)^t}} \tag{13}$$

若将凸性［公式（13）］和久期［公式（6）］代入公式（9），可得：

$$\frac{dP}{P} = -\frac{D}{1+k} \cdot dk + C \cdot (dk)^2 \tag{14}$$

对于收益率的小幅变动（Δk），可将公式（14）改写为：

$$\frac{\Delta P}{P} \approx -\frac{D}{1+k} \cdot \Delta k + C \cdot (\Delta k)^2 \tag{15}$$

或者：

$$\Delta P \approx -D \cdot P \cdot \Delta k + C \cdot P \cdot (\Delta k)^2 \tag{16}$$

### 2A.3　本息剥离法（bootstrapping）

即期利率和平价收益率之间的关系直接明了，从平价曲线推导出即期利率曲线/零息票利率曲线也十分简单，就是用所谓的本息剥离法。下例假定拥有任意年限的平价债券的票息率数据（平价债券的收益率等于票息率，例子中每年支付 1 次票息）。

本息剥离法的第一步要注意，先出现一个 1 年期债券，该债券只发生一次现金流。1 年期零息债券的收益率与 1 年期附息的平价债券的收益率相等，这是理所当然的。如果已知第一个 1 年期零息债券收益率和 2 年期平价债券的票息率，那么：$C_T$ 是 T 年内平价债券的票息/收益率，$Z_T$ 是到期期限为 T 年的零息债券的收益率，$d_T$ 是 T 年的贴现价格（期限为 T 的零息债券价格）。

有 $c_1 = z_1$。2 年期的平价债券会有两次现金支付，分别是第 1 年末支付的 $c_2$ 和第 2 年末支付的 $c_2+1$（假设面值为 1）。该（2 年期）平价债券今天的价格显然是平价，就是 1（=100%），$c_1$ 的现值或价格就是 $d_1$。我们有：

$$1 = d_1 c_2 + d_2\ (c_2 + 1)$$

通过对 $d_2$ 的求解，我们有：

$$d_2 = \frac{1 - d_1 c_2}{c_2 + 1}$$

并且：

$$z_2 = \left(\frac{1}{d_2}\right)^{1/2} - 1$$

以此类推，3 年期平价债券的现金流入为第 1 年末、第 2 年末分别支付的 $c_3$ 和第 3 年末支付 $c_3+1$。因此可以得知：

$$1 = d_1 c_3 + d_2 c_3 + d_3(c_3 + 1) = c_3(d_1 + d_2) + d_3(c_3 + 1)$$

从上式可以求得：

$$d_3 = \frac{1 - (d_1 + d_2)\ c_3}{c_3 + 1}$$

并且：

$$z_3 = \left(\frac{1}{d_3}\right)^{1/3} - 1$$

以此类推，可以得到：

$$d_T = \frac{1 - c_T \sum_{i=1}^{T-1} d_i}{c_T + 1}$$

因此，我们可以推算出零息债券价格数列，并且由于 $z_T = \left(\frac{1}{d_T}\right)^{1/T} - 1$，我们就可以推算出零息票利率曲线或即期利率曲线。

### 2A.4　债券组合到期收益率的估计

估计的过程可以用下图来解释：

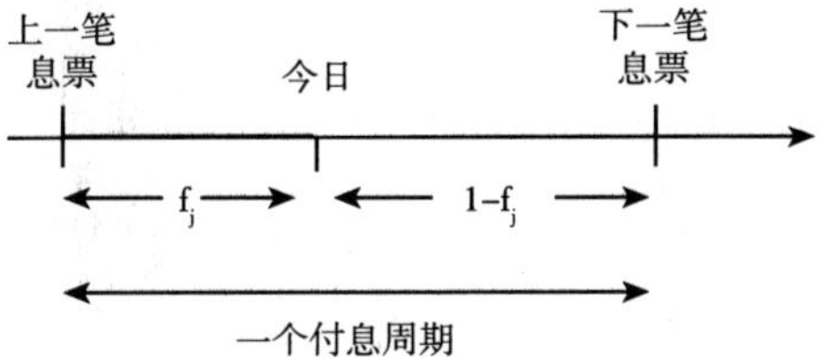


债券 j 的现值 $PV_j$ 容易得到：

$$PV_j = Q_j \cdot P_{j,cum}$$

其中，$Q_j$——投资组合中债券 j 的数量；

$P_{j,cum}$——它的含息价格。

令 $P_{j,ex}$代表债券 j 的市场价格（除息价格），$C_j$ 是它的利息。含息价格 $P_{j,cum}$可以被写成一个关于债券 j 的到期收益率 $YTM_j$ 的方程，表示为 $h_j$，通过折现债券 j 在时刻 t 发生的现金流并将其按时间累加就可得到，折现率使用了债券 j 的到期收益率：

$$P_{j,cum} = P_{j,ex} + f_j \cdot C_j = h_j\ (YTM_j) = \sum_{t=1}^{T_j} \frac{CF_{j,t}}{(1 + YTM_j)^{t-f_j}}$$

我们知道如果收益率 $YTM_j$ 发生变化，价格的改变 $dP_{j,cum}$可以采用修正久期的方法，通过下面这个公式进行估计：

$$\frac{dP_{j,cum}}{dYTM_j} = h_j'\ (YTM_j) = -P_{j,cum} \cdot D_j^{mod}$$

其中，$h_j'$——方程 $h_j$ 关于 $YTM_j$ 的一阶导数。

对于一个含有 N 种债券的投资组合，它的现值 PV 等于：

$$PV = \sum_{j=1}^{N} Q_j \cdot P_{j,cum} = \sum_{j=1}^{N} Q_j h_j\ (YTM_j)$$

另一方面，这个现值也可以通过对所有债券的现金流用同一个折现率 $YTM_p$（也就是，投资组合的到期收益率）贴现得到：

$$PV = \sum_{j=1}^{N} Q_j h_j \ (YTM_p)$$

我们定义 $\Delta YTM_i$ 为 $YTM_i$ 与 $YTM_p$ 的差：

$$\Delta YTM_i = YTM_i - YTM_p$$

我们设定 $YTM_p = 3.627\%$，$YTM_1 = 2\%$ 和 $YTM_2 = 4\%$。因此 $\Delta YTM_1 = YTM_1 - YTM_p = -1.627\%$，且 $\Delta YTM_2 = 0.373\%$。

接下来得到：

$$PV = \underbrace{\sum_{j=1}^{N} Q_j \cdot h_j \ (YTM_j)}_{A}$$

$$= \sum_{j=1}^{N} Q_j \cdot h_j \ (YTM_p + \Delta YTM_j)$$

$$\cong \sum_{j=1}^{N} Q_j \ [h_j \ (YTM_p) \ + h_j' \ (YTM_p \ \times \Delta YTM_j)\ ]$$

$$\cong \underbrace{\sum_{j=1}^{N} Q_j \cdot h_j \ (YTM_p)}_{B} - \underbrace{\sum_{j=1}^{N} Q_j \cdot P_{j,\ cum} \cdot D_j^{mod} \cdot \Delta YTM_j}_{C}$$

由于 A = B，因此 C 只可能为 0。由此可得：

$$\sum_{j=1}^{N} Q_j \cdot P_{j,\ cum} \cdot D_j^{mod} \cdot \ (YTM_j - YTM_p) = \sum_{j=1}^{N} PV_j \cdot D_j^{mod} \cdot \ (YTM_j - YTM_p)$$
$$= 0$$

所以[①]：

$$YTM_p = \sum_{j=1}^{N} \left( \frac{PV_j \cdot D_j^{mod}}{\sum_{i=1}^{N} PV_i \cdot D_i^{mod}} \right) \cdot YTM_j$$

① 参见 K. Garbade，固定收益分析，MIT Press，1996。

# 第3章　混合债券

## 3.1　附有权证的债券

权证是公司发行的证券，它使权证购买者有权在一定时期内以某个特定价格（即执行价格）买入公司的普通股股票。权证通常和债券一起发行，以便增加债券的吸引力。此外，依附于债券的权证可以分离出来单独交易。发行权证在公司重组或合并时非常流行。虽然权证一般是赋予购买公司股票的权利，但它也曾用来赋予购买者购买债券的权利。我们这里讨论的权证是指认购股票而不是债券的那种权证。

### 3.1.1　投资特点

权证与看涨期权相似，但也存在重要差异。上市公司以本公司普通股为基础证券，并据此发行权证。权证行权会导致公司普通股发行和现金收入，公司的资产负债表会因此发生变动。期权是由与基础股票上市公司无关的个人和机构发行、交易的，期权的执行也不会影响上市公司的资产负债表。权证的到期期限可以很长，但是期权通常要在几个月内执行。

以下介绍与权证相关的重要术语。

#### 3.1.1.1　转换比率

可购买一股普通股的认股权证份数被称作认股权证的转换比率。转换比率可以是每股一份权证或者是每股多份权证。

例如，雀巢公司[①]在2014年9月发行的可赎回权证的转换比率为50:1。

---

① 参见 http：//www. cu3. ch/zkb/mail//files/derivate/de－CH0245304925－20140922－15－52－03－232. PDF。

也就是说，购买1股雀巢的普通股需要50份权证。

#### 3.1.1.2　敲定价格/执行价格

权证持有者购买普通股的价格称为权证的敲定价格或执行价格。当基础股票发生除息、分拆时，权证的执行价格相应调整，不会受稀释效应的影响，这一点与可转换债券相似。

#### 3.1.1.3　到期日

到期日是指权证有效期结束的日期。购买者可以在到期日或到期日之前执行权证，这类权证是“美式权证”。美国市场上少数权证没有到期日，属于永久权证。

#### 3.1.1.4　期权类型

权证就其内在的期权属性而言，包括了所有的期权种类。美式期权可以使持有者在权证有效期任意时间行使权力，而欧式期权的持有者只能在权证到期日行使权力。

#### 3.1.1.5　稀释效应

行使看涨期权不会冲击公司股票价格。但权证与此不同，因为行使权证促使公司增发股票，并按照执行价格卖给权证持有者。如果执行价格低于股票市场价格，将不利于现有股东。这一现象被称为“稀释效应”。

#### 3.1.1.6　传统权证与担保权证

传统权证是最普通的权证（也称为“公司权证”）。传统权证就是以公司自己的股票为基础资产发行的期权。担保权证（或合成权证）是针对上市股票权证的创新品种。金融机构以公开上市交易的股票为基础资产，将权证出售给投资者，同时从交易所购买作为基础资产的股票。此时不存在稀释效应，行使权证也不会影响发行股票公司的资产负债表。

## 3.1.2　权证的估值

权证估值与看涨期权估值有相似之处，但由于稀释效应的原因，权证估值比较复杂。如果由于权证行权而增发股票对公司资产负债表没有造成重大影响，权证估值可以按 Black - Scholes 期权定价模型（以下简称“BS 模型”）近似计算。如果由于权证行权改变了公司资产负债表，则必须采用特别定价模型为其定价。

权证定价模型基本形式如下：

$$W = f\ (X,\ T,\ S,\ D,\ r,\ s)$$

其中，W——权证价值；

X——权证的执行价格；

T——权证到期的时间；

S——基础股票的当前市场价格；

D——权证执行时潜在的普通股稀释量；

r——无风险利率；

s——隐含波动率。

该模型适用于不发放股息的股票。对于有股息发放的股票，模型将更为复杂。

运用 BS 模型的假设条件，以看涨期权的估值方法计算的权证价值是①：

$$W = C \cdot \frac{N}{N + M}$$

其中，W——权证价值；

C——根据 BS 模型计算的看涨期权的价值；

N——增发前的股票数量；

M——增发的股票数量。

**【例 3 - 1】** Syngenta AG 公司目前流通在外的股票为 76 000 000 股，每股价格为 295 瑞士法郎。该公司考虑发行 1 000 000 个权证，持证人有权在 3 年后，按照 320 瑞士法郎的价格，用 1 个权证购买 1 个股票（转换比率为 1:1）。按照

① 数学推导参见赫尔：《期权、期货与其他衍生品》，普林斯顿出版社，2012 年。

BS 模型计算的对应的 3 年欧式期权的价值是 54.59。问该权证的价值是多少？

$$N = 76\ 000\ 000$$

$$M = 1\ 000\ 000$$

$$W = 54.59 \times \frac{76\ 000\ 000}{76\ 000\ 000 + 1\ 000\ 000} = 53.88(\text{瑞士法郎})$$

权证的价值是 53.88 瑞士法郎。

### 3.1.3　实证研究与市场

学术文献研究了担保权证与期权的关系，发现担保权证价格高于有类似投资特点的期权价格。价格高估的原因在于两者之间的流动性差异。[①] 交易对手风险（标准期权交易由于实行交易所清算，没有交易对手风险）是另一个原因。与标准期权不同，担保权证存在与发行公司有关的交易对手风险。

在 20 世纪 20 年代的牛市中，开始出现权证交易活动，但直到 60 年代以后，权证才演变成重要的金融工具。今天，全球权证市场的基础资产种类繁多，如股票、商品、货币、指数等，都可以作为权证的基础资产。

### 3.1.4　奇异权证

根据投资者需求而开发出来的奇异权证有很多，部分奇异权证介绍如下。

可赎回权证：某些权证带有可赎回条款，赋予发行人按照既定价格把未到期的权证买回来。这类权证对投资者来说存在赎回风险。

篮子权证：篮子权证持有人的收益涉及特定的（或想象的）基础资产组合的价值。它同时也是担保权证，实行现金结算。这些权证可以用于对冲股市中某个板块的特有风险。

指数权证：篮子权证的一种，基础资产是一个特定的指数，如德国股票指数（DAX 指数）。执行水平（而不是执行价格）以指数点表示：

**执行价格 = 执行水平 × 指数点的价格**

---

① 参见 LI. G-ZHANG. C. “为什么作为衍生品的权证价格高于期权：一项实证研究”，《金融数量研究》，2011。

## 3.2　可转换债券

可转换债券是持有人可将债券转换成发债公司股票的债券。一般说来，转换权对投资者有吸引力，因为这一权利与直接投资股票相比，可以使投资者享受股票价格上涨的收益，同时也避免股票价格下行的风险。如果股票价格低落，投资者只要等待债券到期后本金兑付即可。

可转换债券之所以是混合债券，是因为其风险结构，涵盖了债券和股票两种金融工具的特性。如果公司股票价格低迷，由于转换可能性不大，所以可转换债券与普通的公司债券无异；相反，如果股票价格高涨，可转换债券就与股票很像，波动率非常大。

鉴于投资者可以持有可转换债券收取票息，也可以把它转换成发债公司的股票，所以可转换债券被看作两个证券的组合：

（1）一个普通的附息公司债券，定期收取票息，到期还本。

（2）若干对公司股票的看涨期权（期权数量等于转换比率）。

由于享有了转换权，与“可比较的不可转换债券”相比，投资者就愿意接受可转换债券比较低的票息率（在期限、权力等级等债券属性与可转换债券相近的不可转换债券被称为“可比较的不可转换债券”）。从发债公司角度看，与可比较的不可转换债券相比，发行可转换债券的财务成本低。这当然要以让出部分股权为代价（发生转换时）。

可转换债券起源于 19 世纪美国铁路公司。虽然美国的可转换债券全球占比最高（达到 50%），但一个时期以来，欧洲增长到 30%，亚洲增长到 20%（除日本以外的亚洲国家份额增长很快）。世界可转换债券发行公司的行业分布很广：从蓝筹 IT 公司到著名的能源公司等，市场上的可转换债券多种多样。

可转换债券的属性，也反映在其发行说明书的条款中。发行说明书是 100 多页的正式文件，说明了可转换债券的所有特性。说明书条款载明了债券期限、票息率、转换条款、潜在稀释保护条款以及在公司资本结构中的优先权等级等。

可转换债券与权证也不相同。权证在行权时，投资者要支付现金，而可转换债券在行权时，只是将债券转换成股票，不需要支付现金。转换行为只是使发债公司资产负债表的结构发生变化，但是权证的行权，涉及现金流入，并增加流通在外的股份数量。

### 3.2.1 投资特点

可转换债券非常独特，因此投资者要熟悉其中的专门术语。本小节为可转换债券定义一部分专有名词。除了转换特性以外，可转换债券与普通公司债券的契约是一样的。

到期日：本金兑付的日子。

面值：到期日偿还的本金数额。

票息率：以百分比表示的每年利息支付。

还有一些特性记载在发行说明书里，如票息支付频率、在公司资本结构中的等级等。根据转换特性，可转换债券的“债券部分”和“股票部分”都要界定清楚，这主要见之于转换比率的规定上。

#### 3.2.1.1 转换比率

转换比率是投资者把一张可转换债券转换成股票时，收到的股票数量。这个比率在可转换债券发行时就确定下来，并一直保持不变。当发生股票分拆或数量较大的分红时，一般都有保护投资者利益的条款。例如，如果原来的转换比率是10:1，发债公司1个股票分拆成2股，那么转换比率自动变成20:1。

#### 3.2.1.2 债券底价（投资价值）

这是不考虑转换权，仅仅考虑债券现金流贴现值的可转换债券的价值。债券底价剔除了可转换债券价值中的“股票部分”。换句话说，债券底价是除了转换条款以外其他属性都相同的、可比较的不可转换债券的价值。

**【例3-2】**一家公司有两只债券在市场上流通：一只可转换债券，一只不可转换债券。假定两只债券的票息率、期限和信用等级都一样。可转换债券的价格是109，而不可转换债券的价格是87[①]。问：可转换债券的底价是多少？

---

① 大部分可转换债券以面值的百分比报价，109意味着面值的109%。比如面值1 000，可转换债券（CB）的价格=109%×1 000=1 090瑞士法郎（法国可转换债券的报价规则与此不同）。

可转换债券的底价是87，它就是其他方面都一样的不可转换债券的价值。

本例显示，投资者愿意多支付22取得转换权，这部分称为“投资溢价”，见下一节内容。

3.2.1.3 投资溢价

投资溢价揭示了投资者愿意为隐含在可转换债券中的期权支付多少。它的计算原则是：

**投资溢价 = 可转换债券的价格 - 债券底价**

它还可以以百分比的形式计算出与债券底价的差距：

$$\textbf{投资溢价（\%）} = \frac{\textbf{可转换债券的价格} - \textbf{债券底价}}{\textbf{债券底价}}$$

**【例3-3】** 如果可转换债券的底价是100，其市场价格是120，投资溢价是多少？投资溢价的百分比是多少？

投资溢价 = 120 - 100 = 20

投资溢价的百分比 = 20/100 × 100% = 20%

3.2.1.4 平价（转换价值）

平价是投资者转换股票后，立即按当时市场价格卖掉股票得到的现金。因此，平价是这样计算的：

**平价 = 转换比率 ×标的股票的市场价格**

**【例3-4】** 瑞士寿险控股集团（AG）于2013年11月25日发行5亿瑞士法郎的高等级、无担保可转换债券，于2020年到期。债券面值5 000瑞士法郎，转换比率是20.4943:1[①]。假如该公司股票价格当前是218.30瑞士法郎，问该可转换公司的平价是多少？

平价 = 20.4943 × 218.30≈4 473.91(瑞士法郎)

3.2.1.5 转换溢价

转换溢价是指投资者愿意为持有可转换债券（而不是持有股票）支付多少。它的计算方法是：

---

① 资料来源：http：//www.swisslife.com/en/home/media/mediareleases/news-feed/2013/20131113-1600.html。

$$\textbf{转换溢价} = \textbf{可转换债券的价格} - \textbf{平价}$$

转换溢价也可以用百分比的形式表示：

$$\textbf{转换溢价（\%）} = \frac{\textbf{可转换债券的价格} - \textbf{平价}}{\textbf{平价}}$$

**【例 3－5】** 假如例 3－4 中的瑞士寿险控股集团的可转换债券价格为 116，该债券的转换溢价是多少？

可转换债券价格以面值百分比形式报出，所以：

价格 =116 × 5 000 =5 800(瑞士法郎)

转换溢价 =5 800 －4 473.91 =1 326.09(瑞士法郎)

3.2.1.6　转换价格

转换价格代表投资者把债券转换成股票时支付的名义价格。有时，发行说明书会规定转换价格，而不规定转换比率。无论怎样，转换价格与转换比率是有内在联系的，见下式：

$$\textbf{转换价格} = \frac{\textbf{可转换债券的面值}}{\textbf{转换比率}}$$

转换价格告诉人们，股票价格只有达到这个水平，投资者才值得转股。

**【例 3－6】** 前例中的瑞士寿险控股集团的可转换债券的转换价格是多少？

转换价格 =5 000/20.4943 =243.97(瑞士法郎)

图 3－1 告诉人们，可转换债券的价格可以分解为底价加上投资溢价，或者平价加上转换溢价。

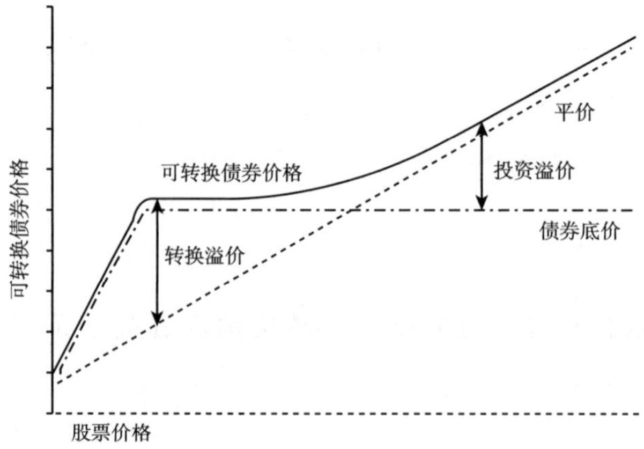


**图 3－1　可转换债券的价格、平价与底价**

### 3.2.1.7　危难阶段、虚值（平价、实值）期权阶段的可转换债券

图3－1使用“底价”“平价”这些重要概念，将可转换债券的价值分为“股票部分”和“债券部分”。图3－2显示的是分析可转换债券价值的第二个维度——基础股票的价格变化引起的可转换债券价格走向。

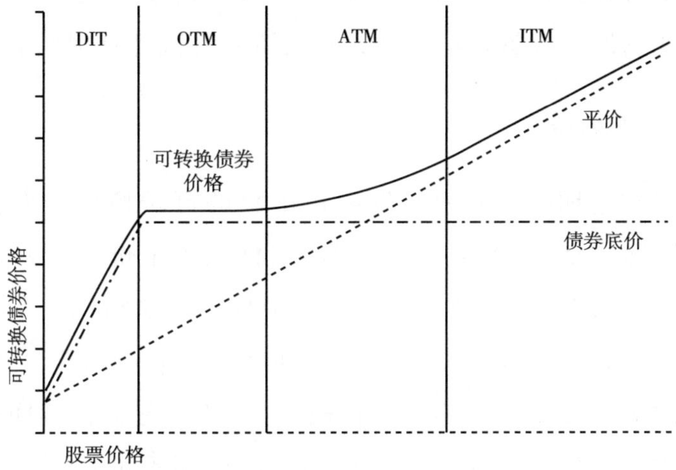


**图3－2　可转换债券价格变动的四个区域**

根据上图，可转换债券价格变化分为四个区域：

（1）股票敏感阶段（实值期权阶段，用“ITM”表示）：此时，股票价格高于转换价格，转股可能性很高，转股溢价很低。可转换债券价格趋于其转换价值。可转换债券价格变化更多地依赖于基础股票的价格变动，而不是利率和信用等级的变动。

（2）平衡阶段（平价期权阶段，用“ATM”表示）：此时，股票价格接近转换价格，可转换债券价格变化既依赖于基础股票的价格变动，也依赖于利率和信用等级的变动。

（3）债券敏感阶段（虚值期权阶段，用“OTM”表示）：股票价格低于转换价格，转股可能性为零，投资溢价低。可转换债券价格接近底价，与基础股票价格的变动关系不大。

（4）危难阶段（用“DIT”表示）：此时，股票价格非常低，可转换债券违约可能性很大。可转换债券的底价跌落到股票价格附近，无法保证债券面值的足额兑付：意味着可转换债券的价格趋于平价。在这一阶段，可转换

债券的价格针对股票的敏感性，大于 OTM 阶段，其变动比股票价格变动敏感。

### 3.2.2 可转换债券的属性

上文描述了可转换债券的投资特点，但市场是复杂的，可转换债券还有必须说明的其他属性。了解这些属性，对投资者准确评估风险相当重要。

#### 3.2.2.1 可赎回性

赎回期间（在这期间可赎回性发挥作用）的可转换债券发行公司，有权按照既定价格购回一部分债券。如果赎回价格低于平价，投资者会行使转股权（出售债券购买股票），这样一来，可转换债券的价格趋于平价。赎回价格通常以面值百分比表示。赎回期间可以是间断的形式（如若干离散的日期），也可以是连续的形式（如一段连续的日期）。多数情况下，赎回期间是连续的形式，并且通常是滞后的，即发行之后的一段时间不可赎回，到了一个特定日期之后，才进入赎回期间。例如，2015 年发行的可赎回可转换债券，可能到了 2020 年才进入赎回期间。

**【例 3-7】**南非家用商品制造/零售集团 Steinhoff 于 2015 年 3 月 3 日宣布从 4 月 6 日开始赎回 39 000 000 股可转换债券。3 月 3 日可转换债券价格为 180%，而当时的赎回价格为 105.8%，显然前者高于后者。于是，投资者在 4 月 6 日按照平价进行转股。

按规定，如果发行公司赎回债券，投资者将收到一份从发行公司发来的赎回通知书，载明在赎回通知期间（一般是几个月），投资者可以决定是否进行转股。这一做法，称为“强制转换规定”。

#### 3.2.2.2 软赎回

软赎回期间的发行公司，在赎回债券时受到限制，除非基础股票价格达到某个临界值以上。软赎回临界值通常是转换价格的百分比。软赎回条款与赎回性质有关，因此它通常涉及赎回的时间性。那些没有软赎回临界值规定的可转换债券，就是发行公司所说的“无条件可赎回”的可转换债券，也称为“硬赎回”可转换债券。

#### 3.2.2.3　可售回性

售回期间（在这期间可售回性发挥作用）的可转换债券的持有者，有权按照既定价格将一部分债券出售给发债公司。售回期间可以是间断的形式（如若干离散的日期），也可以是连续的形式（如一段连续的日期）。售回价格通常以面值百分比表示。可售回条款有利于投资者，因为他们获得了提前兑付本金的机会。人们看到，深度虚值的可转换债券的价格，随着售回日的临近而向售回价格靠近：由于不可能到期转股，所以投资者愿意行使售回权，也就是把债券卖给发债公司。这样的机制，为可转换债券提供了“价格向下”的保护。

#### 3.2.2.4　或有转股条款

或有转股期间（在这期间或有转股条款发挥作用）转股受到限制，除非基础股票价格达到某个转股临界值以上。转股临界值通常是转换价格的百分比。该条款限制了投资者权力，降低了可转换债券的价值。

#### 3.2.2.5　赎回补偿条款

当可转换债券被赎回时，赎回补偿条款使得投资者可以得到额外补偿。一旦可转换债券被赎回时，投资者会得到额外现金补偿；或者是一旦强制转换规定引发转股需求时，投资者可以得到额外的股票。赎回补偿条款增强了可转换债券的投资吸引力，补偿了投资者由于可转换债券的票息低而带来的损失。

### 3.2.3　可转换债券的估值

由于上文提到的种种因素，可转换债券的估值非常复杂。BS 期权定价模型可以用来计算转股权的价值，但这就要涉及一些不符合实际的假定，如赎回政策（不赎回政策）、售回政策（不售回政策）以及股票波动率。计算了转股权的价值以后，我们就可以把可转换债券看作是一个不可转换债券和转股权的组合。“拇指规则”是，处于平价期权阶段的可转换债券的价值，就是平价；处于虚值期权阶段的可转换债券的价值，就是底价。

其他的期权定价模型，如二叉树模型，更加贴近现实，也涵盖了可转换债券的那些属性。

### 3.2.4 投资策略

可转换债券的投资者分为两类：长期投资者和套利者。

长期投资者购买可转换债券，要么是因为他们看好基础股票，要么是他们认为可转换债券价格低估，这样他们可以对冲货币风险（他们不会对冲与可转换债券有关的其他风险）。长期投资策略又可以按照地区（如美国、欧洲）细分，还可以按照支付曲线上的区域（实值期权类型、平价期权类型或虚值期权类型），或是信用风险高低（投资级等）来细分。例如，所谓的“平衡策略”强调购买平价期权类型的可转换债券，其收益带有凸性特征。实施积极策略的共同基金是长期投资策略的追随者，有极少一部分消极策略基金（如 ETF）购买可转换债券。

套利者通常购买可转换债券的同时，出售（做空）[①] 基础股票。做多与做空的头寸由可转换债券的“德尔塔”决定，而且实施策略依赖于动态的德尔塔对冲。策略的潜在利润来源于可转换债券的凸性，但考虑到可转换债券有时间衰减和与基础股票之间存在流动性差异，所以策略的实施并非是无风险的。还有一些复杂的套利策略是通过衍生品交易实施的，如那些涉及对冲可转换债券的违约风险、利率风险和波动率风险的衍生品交易活动。

### 3.2.5 可转换债券的风险管理

本节介绍如何管理可转换债券的风险，并重点分析市场风险，当然，其他风险也很重要，如流动性风险、模型风险和运营风险。可转换债券的

---

① 这里的“套利”一词容易引起误导，因为该策略并非无风险——然而，这个词长期被市场参与者广泛使用（正如统计套利的情况）。

市场风险状况可以对照若干参数：股票价格、利率水平、股息收益率、信用利差等。为测量市场风险，我们需要一些指标来刻画风险程度，这些指标有的来自“股票世界”（如希腊字母），有的来自“债券世界”（如久期）。

#### 3.2.5.1　希腊字母

希腊字母可以量化可转换债券针对基础变量的敏感度。

德尔塔：测量当基础股票价格变动时，可转换债券价格的变动率。

伽玛：测量当基础股票价格小幅变动时，德尔塔的变动率。

罗：测量当利率小幅变动时，可转换债券价格的变动率。

维伽：测量波动率变化时，可转换债券价格的变动率。

赛尔塔：测量可转换债券价格针对时间变化的敏感度。时间是定价模型的决定性参数，它并非测量风险，而是与伽马有关，投资者非常关注它。

欧米克瑞：测量可转换债券价格针对信用利差变化的敏感度，也被称为“信用基点值”。

#### 3.2.5.2　固定收益指标

久期：测量固定收益证券现金流发生的平均时间。假设可转换债券不可赎回，不可售回，不能转换股票，只是作为一个纯粹的债券时，人们用久期测量这个债券的利率敏感性。

到期收益率：假设可转换债券不可赎回，不可售回，不能转换股票，只是作为一个纯粹的债券时，测量其内部报酬率。

赎回收益率和售回收益率：假设可转换债券可赎回、可售回时，人们用这两个指标分别测量可转换债券的收益率。

票息收益率：可转换债券有时会出现负数到期收益率，让人难以理解。所以，市场会公布（比如在基金公告中）票息收益率（票息除以债券价格）。这个数字当然不会是负数，但由于其没有考虑转股性，所以也不能合理地刻画债券的风险。

### 3.2.6 实证研究

定价模型通常假定当可转换债券价格超过赎回价格时，理性的发债公司会赎回债券。然而，实证研究发现，赎回行动会引发股票价格的强烈反应，因而发债公司不会在可转换债券价格刚刚超过赎回价格时就赎回债券。股票价格的这种反应，就是信号效应和价格压制效应。

信号效应基于发债公司与债券持有者之间的信息不对称现实。当可转换债券处于实值期权状态时，发出赎回通知就意味着发债公司强制赎回债券，而不是到期兑付本金，因而对股票价格发出负面信号。

价格压制效应发生于赎回通知发出以后的股票交易活动。当可转换债券处于虚值期权状态时，一旦发出赎回通知，可转换债券的套利者就同时平掉股票空头仓位和可转换债券多头仓位。（平掉股票空头仓位引发的）购买股票行为，对基础股票价格是正面效应。①

另一个研究领域涉及可转换债券发行动机。连续融资假说认为，可转换债券能够减少未来的发行成本，因而是最有效的融资手段。

### 3.2.7 或有可转换债券

或有可转换债券是这样一种债券：当发生预先设定的触发事件时，债券自动转换成股票，或者兑付本金。表面上看，"可可债券"似乎是可转换债券的一种，但实际上，它们的风险特性与后者有所不同。可转换债券有下行风险限制措施，当股票价格下跌时，投资者不转股，而是把可转换债券当作没有转股权的普通债券定价的。② 可可债券与此不同，它们下行风险大，价格上涨潜力小。为弥补这个不足，可可债券票息率高于可转换债券，甚至还要高于普通的公司债券。还有一个不同之处涉及可可债券在公司资本结构中的地

---

① 参见 Bechmann, K. L. - Lunde, A. - Zebedee, A. A.："处于实值（虚值）期权状态的可转换债券的赎回：信号效应还是交割压制效应？"，《公司金融杂志》，2014。

② 处于危难阶段的可转换债券不是这样。此时，由于股票价格非常低，严重影响了可转换债券的信用质量。

位。可可债券是次等级债券，而部分可转换债券是优先级债券。最重要的是，对于标准的可转换债券而言，由投资者决定是否转股（或者根据事先预定的触发事件，由发债公司决定转股）；而对于可可债券来说，由发行公司根据发行说明书的规定并结合企业自身财务状况，决定是否转股。

可可债券定价的关键在于如何定义触发事件。最普通的触发事件包括会计事件、市场事件以及监管事件。会计事件（涉及第一层资本）的报告有一个时滞（比如滞后一个季度），并不能显示出发债公司的经济状况。市场事件（与股票价格有关）可以显示出发债公司当前的市场表现，可它容易受到大额交易操纵。监管事件是否发生，取决于监管者的行动，容易导致不确定性，从而减少了可可债券的适销性。

可可债券是 2008 年为应对金融危机设计出来的，从监管的角度看，可可债券可以自动转股，对投资者以及各方均有吸引力。发行公司不必为增加资本去寻求新的投资者。

首次发行可可债券的是劳埃德银行集团（2009 年发行）、荷兰合作银行（2010 年发行）、塞浦路斯银行（2011 年发行）、瑞士瑞信银行（2011 年发行）。例如，劳埃德银行集团 2009 年 11 月发行了 70 亿英镑的“增强资本票据”（ECNs）。如果该银行第一层资本充足率低于 5%①，这些 ECNs 就自动转换成银行的股票。

## 3.3　可赎回债券

### 3.3.1　投资特点

可赎回债券是一个不可赎回债券（子弹债券）和一个赎回权空头的组合。赎回权使得发债人有权按照既定价格（赎回价格），并在既定时间买回债券。赎回价格一般是平价加上溢价（称为“赎回溢价”）。债券发行时，要规定最早赎回日以及相应的赎回价格。

---

① http://www.lloydsbankinggroup.com/globalassets/documents/investors/2009/2009nov3_lbg_exchange_offer_publication_of_exchange_offer_memo.pdf.

**可赎回债券的价格 = 不可赎回债券（子弹债券）的价格 - 赎回权价值**

处于赎回权的空头部位，为投资者带来两个方面的不利因素：

- 再投资风险：当市场收益率低于债券票息率时，发行人将赎回债券，因为这么做可以用更低的利率进行再融资。投资者此时不得不以较低的利率进行再投资。

- 价格压制：当利率下降时，一般债券价格上涨。但对于可赎回债券而言，价格上涨受到赎回价格的限制。

有鉴于此，有必要对投资者作出补偿。要么折价发行，要么在平价发行时，票息率比普通债券高一些。

对于可售回债券而言，以上原则同样适用。不同的是，售回权价值要加在不可售回债券的价格之上。

可售回债券的价格 = 不可售回债券的价格 + 售回权价值

图 3－3 展示的是可赎回债券和可售回债券的价格—收益率关系。

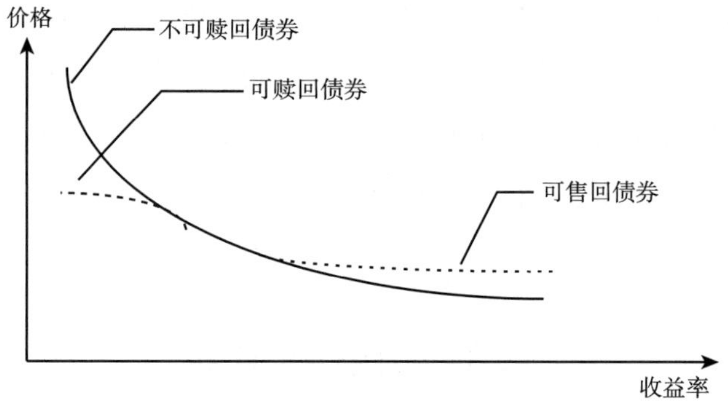


**图 3－3 可赎回债券价格/收益率关系**

在低利率环境下，可赎回债券的价格—收益率关系与对应的不可赎回债券（子弹债券）的价格—收益率关系大不相同。这是由价格压制（收益率下降时，价格上涨受限）造成的。因此，我们观察到了“负凸性”现象。

## 3.3.2 估值与久期

### 3.3.2.1 确定赎回权价值

假如一个债券可赎回，意味着到期前被兑付本金，此时不适合用传统定价方法计算其价值。因为存在赎回权，所以可赎回债券的到期日可以是第一个赎回日和到期日的任何一天。

把可赎回债券看作是不可赎回债券的多头与针对该债券的赎回权空头的组合，是非常自然的事。用期权市场的术语说，这类投资策略是“保护性看涨期权空头”，因为投资者持有债券，同时出售以该债券为基础资产的看涨期权。

**可赎回债券的价格 = 对应的不可赎回债券的价格 - 赎回权价格**

人们可以用传统定价法（用即期利率计算债券各期现金流现值然后加总）计算对应的不可赎回债券的价格。但赎回权比较复杂，难以估值：由于赎回期是持续的一段时间，就结合了美式期权和欧式期权的特点，而且行权价格不固定，波动率也不相同等。

另外，利率波动率在可赎回债券估值中扮演着重要角色。下降的或稳定的利率波动率有利于可赎回债券的投资者。波动率下降导致期权价值下降——于是可赎回债券价格上涨。稳定的波动率意味着投资者能够兑现可赎回债券较高的当期收益率（可以比较一下不可赎回债券）。

#### 3.3.2.2 赎回调整收益率

可赎回债券的“赎回调整收益率”，就是对应的不可赎回债券总计基础上的到期收益率。

**【例3-8】** XYZ公司平价发行（=100）票息率8%、10年期、到期收益率为8%的债券。该债券在第5年可以按照108的价格被赎回。与此同时，一个与可赎回债券期限接近的国债的到期收益率是7%。起初，有人会认为投资XYZ公司会因为承担信用风险而得到1%（100个基点）的额外收益率。但是，如果（本例中）赎回权的价值是4，我们有：

不可赎回债券价格 = 可赎回债券价格 + 赎回权价值

或

不可赎回债券价格 = 100 + 4 = 104

原先可赎回债券的到期收益率是8%（市场报价），但如果债券价格是104，其报价就应该是7.42%（赎回调整收益率）。因此，投资者承担XYZ公司的信用风险而获得的额外收益率是0.42%（42个基点）。

你或许注意到，为计算赎回调整收益率，我们需要知道赎回权的价值是多少（本例中是面值的4%）。

#### 3.3.2.3 期权调整利差

3.3.2.1小节中的公式可以用来计算含权债券的价值，即它等于不含权债券的价值与以该债券为基础资产的期权的价值之差。然而，投资者实际上喜欢用收益率的形式，而不是用价格的形式来反映这个价格差额。

利差指的是一个特定的债券与期限可比较的国债的收益率之差。期权调整利差（OAS）是这样一个常数利差：把它加到即期利率上，形成一系列的贴现率。用这些贴现率贴现债券现金流之后进行加总，所得的结果正好等于市场上观察到的债券价格。它之所以叫这个名称，是因为债券的现金流已经根据隐含期权的价值进行了调整。

因此，OAS反映了固定收益证券剔除了期权因素之后的利差，公式是：

OAS = **利差 - 期权价值（以利率基点表示）**

**【例3-9】** 10年期可赎回债券的票息率是6%，市场价格是116.22。该债券到期收益率是4%。假如10年期国债的到期收益率是3.15%，两者有85个基点的利差。

假如期权的价值经测算是3.64，那么隐含的不可赎回债券（子弹债券）的价值就是119.86，其对应的到期收益率就是3.6%（赎回调整收益率）。于是，我们可以说期权调整利差是45个基点（而不是一开始认为的85个基点）。

可赎回债券的期权调整利差，可以同信用质量相近、期限相同的不可赎回债券的利差进行比较。如果前者小于后者，说明对应的不可赎回债券具有更好的投资价值。

**【例3-10】** 可赎回债券与国债的利差是180个基点。其中，60个基点归因于赎回权价值，而剩下的120个基点属于诸如信用风险、流动性等。对于该债券而言，期权调整利差是120个基点。

期权调整利差的计算相当复杂，超出本书范围。总之，要确定利率波动率，这对确定隐含期权的价值很重要。利率波动率用来计算利率二叉树上各个节点的利率水平。然后，人们用现金流贴现法计算树图中每一个节点上的债券价值（节点中的利率是1年期远期利率）。

使用期权定价模型确定债券价值，要难于用其确定股票价值。原因是，债券价格有向面值回归的倾向，导致长期内利率波动率的不稳定。另外，模型中的债券价格与利率之间存在交互作用。

### 3.3.2.4　有效久期与有效凸性

（麦考利）久期是债券各笔现金流（现值）的加权平均发生时间，它用内部收益率（到期收益率）作为债券现金流的贴现率。该算法假定债券的现金流不会随利率的改变而改变。但是对可赎回（可售回）债券来说，这个假定不现实：随着利率下降，可赎回债券被提前赎回的可能性在增大。

**【例 3－11】**[①] 表 3－1 将票息率 10.5%、半年付息 1 次（半年利率为 5.25%）、5 年后可赎回的 10 年期美国债券的久期，分别与票息率 10.5%、半年付息 1 次的 5 年期和 10 年期不可赎回债券的久期进行比较。

**表 3－1**

| 收益率（%） | 久期（期限）（年） | | |
|---|---|---|---|
| | 5 年期不可赎回债券 | 可赎回债券 | 10 年期不可赎回债券 |
| 8 | 4.07 | 4.49 | 6.73 |
| 9 | 4.05 | 4.74 | 6.62 |
| 10 | 4.03 | 5.03 | 6.51 |
| 10.5 | 4.02 | 5.17 | 6.45 |
| 11 | 4.01 | 5.31 | 6.40 |
| 12 | 3.99 | 5.55 | 6.29 |
| 13 | 3.97 | 5.71 | 6.18 |

把表格转化成图形后（见图 3－4），我们发现可赎回债券的久期随着收益率上升而增加，因为预期到期日将在赎回日和最后到期日之间发生变动。在 10.5% 这个收益率水平上，可赎回债券的久期大致处于两个不可赎回债券的久期的中间位置。正是在这个收益率水平上，利率上涨和下降的概率大致各占 50%（不考虑均值回归），所以可赎回债券的久期就是两种可能结果（5 年后赎回或 10 年后兑付）的平均值。一旦收益率水平脱离了 10.5% 并向一个方向变动时，可赎回债券的久期就会逐步靠近那个方向对应的不可赎回债券的久期。

① 参见 Douglas L，1988，“收益率分析：风险与收益的核心”，纽约金融机构，纽约。

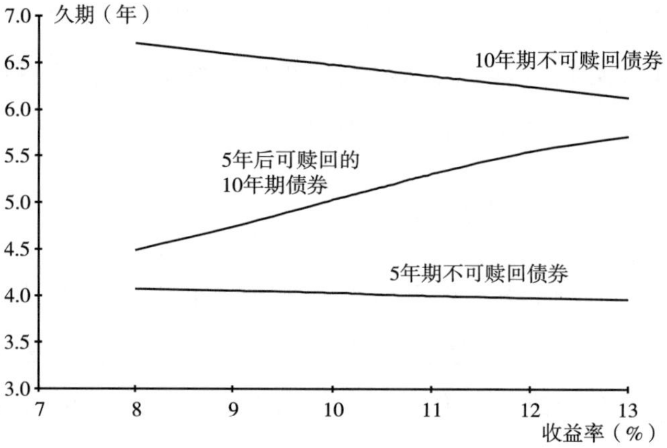


**图 3-4 可赎回债券的久期**

人们可考虑隐含期权的因素，对含权债券的久期和凸性计算公式进行调整：例如，经赎回权调整后的久期和凸性计算如下[①]：

$$\text{赎回调整久期} = \frac{\text{不可赎回债券价格}}{\text{可赎回债券价格}} \times (\text{不可赎回债券的久期}) \times (1 - \delta)$$

$$\text{赎回调整凸性} = \frac{\text{不可赎回债券价格}}{\text{可赎回债券价格}} \times [(\text{不可赎回债券的凸性}) \times (1 - \delta) - \text{不可赎回债券价格} \times \gamma \times (\text{不可赎回债券的凸性})^2]$$

其中，$\delta$ 和 $\gamma$ 是赎回权的德尔塔值和伽马值。

## 3.4 浮息债券

### 3.4.1 投资特点与类别

浮息债券（简称“FRN”）是票息率根据基准利率（参考利率）定期调整（在票息调整期/票息重设期）的长期债券。参考利率有：联邦基金利率、担保隔夜融资利率［SOFR 或 SOFRIX（SOFR 复合指数）］、EONIA、瑞士平均利率（SAR）或欧元短期利率（€STR）。典型的票息调整期是 6 个月或 3 个月，这要依据债券票息支付频率而定，原则是让基准利率支付周期与债券

① 数学推导过程见法博齐（1988），“固定收益数学”，书后附录，芝加哥普布斯出版社。

票面利率支付周期相吻合。浮息债券的票息支付依据一个金融指数而定（通常是市场利率），但有时，诸如商品（黄金、石油等）价格或价格指数（如CPI）这些非金融指数也可以充当票息调整的基准。用来调整票息的基准应该公开，至少应该由受托机构公开。

**【例3－12】** 2022年1月，瑞士信贷股份公司发行了一份浮动利率票据，2024年1月19日到期，总面值3.25亿美元，该债券每月支付的利息相当于美元SOFRIX的利率加54个基点。

调整票息的方式可以简单，也可以复杂。最简单的方式在基准利率（如Libor利率）之上（少数在之下）加上一个固定利差（如50个基点），被称为“报价利差”。一般情况下，报价利差在债券生命周期中保持不变（例外的情况是可赎回的浮息债券，这类债券有递增条款——规定如果债券不被赎回，利差就上升，见上例）。

除了上述显而易见的特点外，浮息债券的票息计算还有一些复杂之处。每一项复杂条款，都会改变债券的风险/价格运动特征。票息有“顶”（Cap）、“底”（Floor）或者“领子”（Collar）。

- 第一种情况下，浮动的票息不会超过给定上限，以此保证债券发行人不突破最高筹资成本；
- 第二种情况下，浮动的票息不会低于给定下限；
- 最后一种情况下，浮动的票息仅能在最大值（“顶”）和最小值（“底”）之间浮动。

在某种特殊的情况，一旦票息率触及“底”，就会在债券的整个剩余期限内保持在这个水平上而不变，具有这种条款的债券称之为“下跌锁定债券”。

“顶”“底”和“领子”就是利率期权。10年期债券中5%的利率顶，如果每年计息4次，就相当于40个针对基准利率（如Libor）的期权。这40个期权作为一个整体，称为利率上限（下限）。领子是顶和底的结合。

浮息债券的票息率还可以反向设置：逆浮息债券就是这种情况。这种债券的票息率是一个固定利率（比如15%）减去参考利率（比如Libor），所以票息率与基准利率（进而与市场利率）反向变化。逆浮息债券总有一个不低于零的“底”（最小票息率），也就是说，投资者永远不会对发行者支付票息。

浮息债券有些条款赋予持有者（售回债券的情况）或发行者（可赎回债券的情况）提前终止债券期限的权力。与固息债券不同的是，这些期权对普通的浮息债券影响很小。因为一般浮息债券的利率敏感性很低。赎回权对债券定价有些影响，在于它影响着投资者何时才能收到作为信用风险补偿的报价利差。一旦某个债券的报价利差与市场利差不一致，投资者与发行者的利益就相背离。如果市场利差较低，发行者就赎回债券，同时发行报价利差更低的新债券。如果市场利差较高，发行者就不赎回债券，投资者只得一直接受较低的报价利差。

大部分浮息债券是金融机构发行的。这些年来，非金融公司和政府开始后来居上。在投资者队伍中，金融机构占有重要地位。如果利率预期上涨，票息率在票息调整日会变大。

### 3.4.2　浮息债券的收益率

浮息债券的主要特点是，投资者无法事先知道债券现金流收入的确切数额（注意：这同“利率变动债券”有所不同，因为后者的票息率虽然有变化，但它是根据事先制定的表格来计算的）。

计算浮息债券收益率最简单、最直接的指标是“当期收益率”，等于当期票息除以债券价格[①]。某些投资者把浮息债券看作货币市场工具的近似替代品（假定浮息债券的参考利率与货币市场利率挂钩），因此，短期内浮息债券价格不会变化，我们后面会提到这一点。

从交易的角度看，由于浮息债券与固息债券相比，价格波动率比较低，所以浮息债券的买卖价差比较小。价格波动率低是票息率向市场利率调整，进而债券价格在票息调整日向面值靠近的必然结果。

当然，发行者或担保者的信用质量变化时，浮息债券的价格就会远远地偏离面值。

因为未来的基准利率是不确定的，所以无法预计浮息债券未来的现金流，

---

① 参阅“一般规则”。

也就无法计算普通意义上的到期收益率指标。

“有效利差”这一指标，可以测量浮息债券持有者在整个债券期间赚取的超过基准利率的平均利差。这一指标的计算原理是，假设基准利率在整个债券期间不变，然后用基准利率加上一个利差作为贴现债券现金流的贴现率。如果计算出来的现金流现值之和等于债券价格，那个被加上的利差就是有效利差。否则，我们就不断输入各种利差数值，直到计算的结果等于债券价格为止。当然，如果债券期间参考利率发生变化，计算结果也会改变。但参考利率的变化对有效利差的影响不大。

**【例 3－13】**[①] 表 3－2 列出了 5 年期浮动利率债券有效利差的计算过程。票息率为参考利率加 50 个基点（参考利率＝8%），半年付息一次，假定当前参考利率为 8%。根据表中第 3 列数据，前 9 期的现金流等于当前参考利率的一半（4%）加上利差的一半（0.25），再乘以 100（债券的面值）。后 3 列给出了在不同的有效利差条件下债券的现值计算过程。因此，如果债券价格为 100.40，那么有效利差应为 40 个基点（按年计算：每半年 20 个基点）；而价格为 99.60 时，有效利差为 60 个基点。

**表 3－2**

| 时期 | 参考利率 | 现金流 | 在不同利差下的现金流现值 | | |
|---|---|---|---|---|---|
| | | | 50 个基点 | 40 个基点 | 60 个基点 |
| 1 | 8% | 4.25 | 4.08 | 4.08 | 4.07 |
| 2 | 8% | 4.25 | 3.91 | 3.91 | 3.91 |
| 3 | 8% | 4.25 | 3.75 | 3.76 | 3.75 |
| 4 | 8% | 4.25 | 3.60 | 3.61 | 3.59 |
| 5 | 8% | 4.25 | 3.45 | 3.46 | 3.44 |
| 6 | 8% | 4.25 | 3.31 | 3.32 | 3.30 |
| 7 | 8% | 4.25 | 3.18 | 3.19 | 3.17 |
| 8 | 8% | 4.25 | 3.05 | 3.06 | 3.03 |
| 9 | 8% | 4.25 | 2.92 | 2.93 | 2.91 |
| 10 | 8% | 104.25 | 68.76 | 69.09 | 68.43 |
| | | 现值 | 100.00 | 100.40 | 99.60 |

① 引自法博齐：《债券市场：分析与策略》第 5 版，Prentice Hall，2003。

对浮息债券而言，更精确、使用更普遍的是“贴现利差”，计算原理与有效利差类似。当然，同样要假设基准利率（如 SOFR）在债券期间不变，即假设的指数 = 实际的 SOFR。

首先计算浮息债券在下一个票息日的终值——要减去实际票息，加上从交易日到下一个票息日的实际再融资利率。然后与计算有效利差类似，让债券现金流的现值等于债券价格，由此计算出贴现利差。

$$\text{价格} + \text{累计利息} + (\text{下一期支付的 Libor} + \text{贴现利差}) \times \frac{d}{360} - \text{票息}$$

$$= \sum_{i=1}^{n} \frac{\text{假定的指数} + \text{报价利差}}{(1 + \text{假定的指数} + \text{贴现利差})^{t}}$$

式中，D——距离下一个票息日的时间。

通过假设基准利率不变的办法，我们粗略估计了未来基准利率的行为模式。比较精确的办法是用隐含的远期利率作为假定的指数。这样就造成了假设不同、数据不同、结果也不相同的局面。使用实际基准的好处是，每一个市场参与者得到的贴现利差都一样——这更加方便了市场参与者的交流——但这也是以损害利差的精确性为代价的。

当人们比较浮息债券与可比较的固息债券两者的收益率时，首先要看的是贴现利差。把这两个金融工具联系起来的是利率互换市场。利率互换交易可以把浮动利率转换成固定利率。把浮息债券的贴现利差加在对应期限的互换利率上面，就可以得到相同期限的固定利率。人们可以拿这个利率和对应的固息债券的到期收益率作比较（因为存在隐含在到期收益率概念中的票息效应，所以这个比较不算太精确，但也还可以）。

**【例 3 – 14】** 通用电气公司 10 年期浮息债券的贴现利差是 50 个基点。同时，该公司的 10 年期固息债券票息率 2.5%，到期收益率为 2.6%。10 年期利率互换的报价是 2.05% ~2%。哪一个债券有投资吸引力？

把浮息债券转换成固息债券，固贴现利差 + 互换利率 =0.5% +2% =2.5%，结果发现固息债券有优势——因为它的收益率要高出 10 个基点（2.6%）。

### 3.4.3　衡量风险——利率久期与信用久期

关于利率风险，浮动利率票据没有敏感性（久期 =0），因为息票是根据每日复合基准利率（例如 SOFR）拖欠支付的。

这个特征，对于区别浮息债券的“利率久期”（一般数值比较小）和“信用久期”至关重要。想要量化利率变动对浮息债券的影响，就使用利率久期的概念。但当我们面对的是由于发行者的信用质量变化或信用风险定价变化时而导致的收益率变动时，事情就不同了。

浮息债券的信用风险以一个固定的报价利差的形式出现，当信用风险发生变化时，信用风险的补偿并没有充分反映这种情况——这与投资质量相同、期限相同的固息债券一个道理。当信用质量下降时，10 年期浮息债券价格面临的冲击与 10 年期固息债券面临的冲击是一样的。如果信用利差增大 1%，两者未来 10 年内的现金流都会减少 1%。因此，两者有相同的信用久期——数值都很大。为精确计算信用久期，我们要假设所有票息日 Libor 利率都一样——也就是假设一个常数的 Libor。然后我们就可以运用标准的久期计算公式计算信用久期了。

当投资浮息债券时，投资者必须考虑两个久期——利率久期与信用久期。2008 年金融危机时，购买了部分长期浮息债券的许多货币市场基金因为信用利差扩大，面临着债券价格贬值的困境。这就是为什么今天在许多情况下，允许货币市场基金购买最长期限为 2 年的浮息债券。

当人们运用利率互换或期货管理利率风险时，要注意利率久期与信用久期的差异。假如人们用利率互换对冲一个 10 年期固息债券（久期为 8 年）的利率风险，此时人们就相当于拥有一个浮息债券。利率风险倒是对冲掉了——因为这项交易使利率久期始终处于 0 ~ 6 个月之间。可信用久期还是很大（8 年）——因为固息债券的原因，投资者在信用利差变化时并没有得到补偿。

### 3.4.4　复杂的浮息债券

#### 3.4.4.1　领子浮息债券

领子浮息债券的票息被限制在“顶”和“底”之间（如 5% ~ 8%）。在这一范围内，票息根据 SOFR 利率（加上一个利差）而设立。领子浮息债券的两个构成要素是：普通浮息债券 + 利率期权。

领子又可以分为：利率底多头与利率顶空头。利率顶与利率底都是针对Libor利率的期权。这类期权最重要的定价要素是：利率顶的数值、利率底的数值、期限、（每个票息周期中的）利率波动率、SOFR利率数值（包括实际数值和交易期间隐含的远期利率数值）。

领子浮息债券的财务状况如图3－5所示。图中显示，利率底多头确保投资者总是至少可以获得5%，而利率顶空头使得票息率被限制在最高8%。

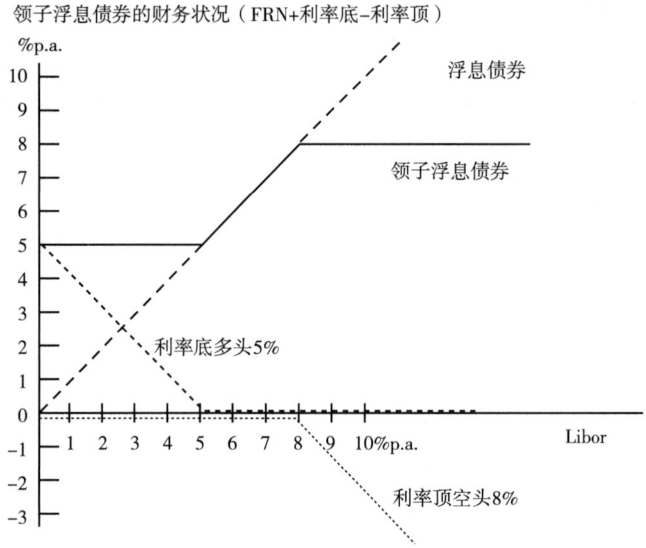


**图3－5　领子浮期债券的财务状况**

为得到每个票息日的财务状况，我们要搞清在票息日期权的财务状况。以3个月Libor利率为参考利率的10年期领子浮息债券的期权，包括40个看跌期权（利率底多头）和40个看涨期权（利率顶空头）。因此，这样一个浮息债券的定价依赖于10年远期Libor利率曲线。10年期领子浮息债券的久期大致是4~5年（取决于利率顶和利率底）。对于一个刚刚入门的投资者而言，领子浮息债券初看起来与普通的浮息债券相差不大——但是，前者的价格风险以及对整个收益率曲线（本例中是10年期曲线）变动的反应与后者截然不同。其他信息请参考图3－6。

### 3.4.4.2　逆浮息债券

逆浮息债券估值的出发点，是把它看作是一个固息债券（被称为“抵押

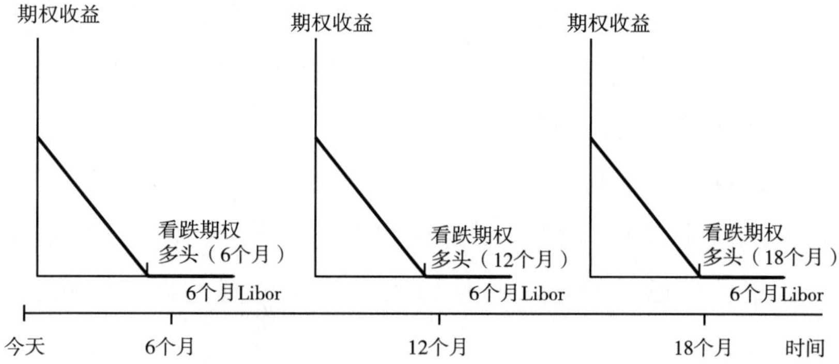


**图 3－6　不同期限看跌期权的收益情况**

物”）的派生品。这个抵押物产生了两个债券：一个浮息债券，另一个逆浮息债券（见图 3－7）。这两个债券的设计原则是：在债券生命周期之内，两个债券的票息之和低于或等于抵押物债券的票息；两个债券的价值之和低于或等于抵押物债券的价值。

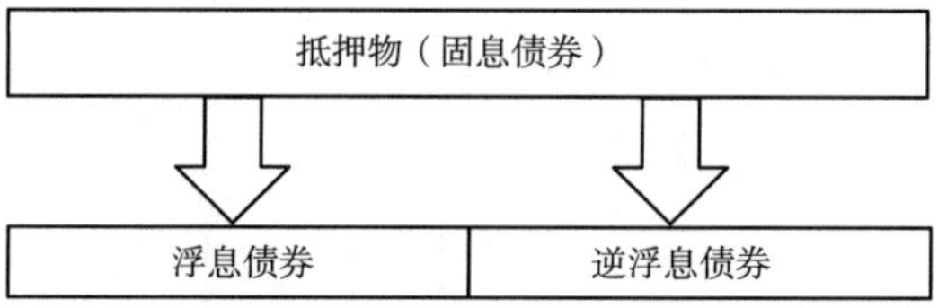


**图 3－7　逆浮息债券的产生**

因此，逆浮息债券的价格可由抵押物价格与相关的浮息债券的价格导出：

**逆浮息债券的价格＝抵押物价格－浮息债券价格**

这意味着逆浮息债券的久期特别大。上式相当于两个附息债券多头和一个浮息债券的空头（三个债券期限相同）。

假设：1 亿美元面值的抵押物债券的票息率是 6%，可以产生 1 个面值为 5 000 万美元的浮息债券和 1 个 5 000 万美元的逆浮息债券。逆浮息债券的票息率可以设计成 12%－SOFR。之所以是 12%，是因为按照 6% 的票息率支付给面值 1 亿美元的票息等于按照 12% 票息率支付 5 000 万美元面值的票息。

拥有一个逆浮息债券，相当于做多两个面值 5 000 万美元、票息率 6% 的债券，做空一个面值 5 000 万美元、以 SOFR 为参考利率的浮息债券。这一组合确保其票息率是 12%（2×6%）－SOFR。同时，这些债券的面值到期时也匹配——我们收到两个面值（两个附息债券），支付一个浮息债券面值。

因此，一个 10 年期逆浮息债券的久期大致是一个 10 年期固息债券久期的两倍（2×10 年期固息债券久期 -10 年期浮息债券久期）。对于浮动利率工具而言，这样的结论显然出人意料。

浮息债券票息率存在利率底，但前面提到的估值方法没有考虑这个因素，因而存在缺陷。这个看跌期权属于逆浮息债券的持有者，因而是有价值的，在估值中应该给予考虑。利率底的估值需要运用合理的期权定价公式，超出本小节范围（见图 3-8）。

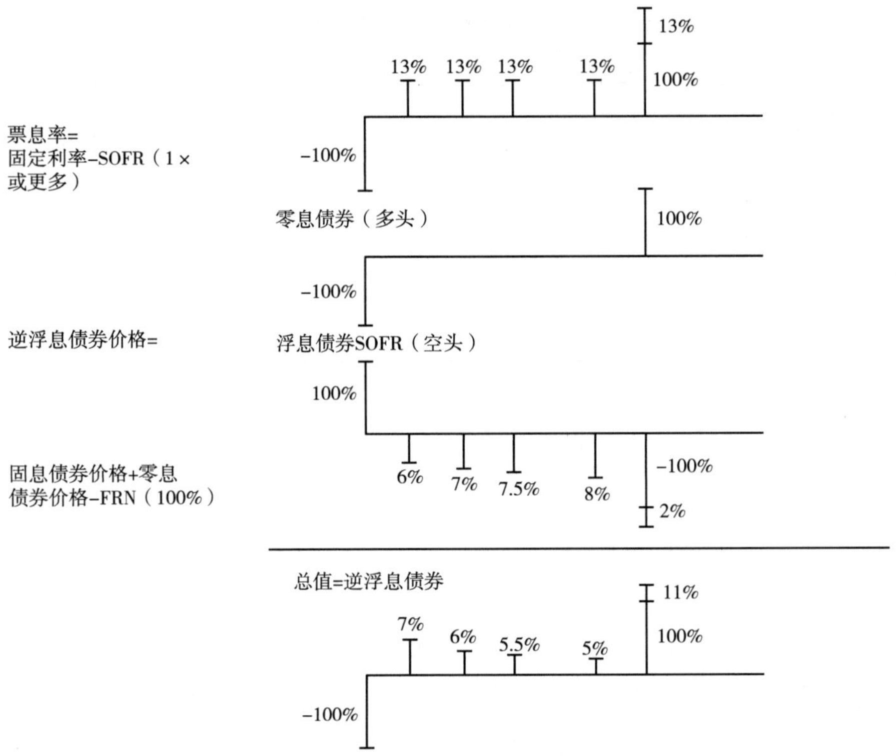


**图 3-8　逆浮息债券的价格与久期**

## 3.5　通货膨胀挂钩债券

“通货膨胀”这一专用经济名词，描述的是一般商品与劳务价格普遍上涨的状况。当价格上涨时，单位货币购买的商品与劳务数量下降。因此，通货膨胀对投资者来说是重要的风险因素，因为他们投资收益形成的购买力受到侵蚀。例如，投资者按平价购买了票息率 5% 的债券。如果每年通货膨胀为

2%，投资者的实际购买力仅增加大约3%，但假如通货膨胀达到7%，投资者的购买力将下降2%。

通货膨胀挂钩债券是保护投资者免受通货膨胀风险的债券。与其他债券一样，这些债券发行时票息率与到期日是固定的，但收益是与通货膨胀挂钩的。因此，当价格上涨时，债券现金流收入也增加，维持了其持有者的购买力。

### 3.5.1　真实收益率与保本收益率

普通债券承诺兑付名义本金与利息，但这些现金流的真实价值，即它们可以购买多少商品与劳务，由于未来存在通货膨胀的可能，是未知的。与此不同的是，通货膨胀挂钩债券的现金流收入与通货膨胀相联系，保证不论将来通货膨胀水平如何，收到的现金流的真实价值是固定的。

普通债券的收益率主要由三个部分组成，其中真实利率用来补偿延迟消费，预期通货膨胀率用来补偿购买力损失。所以，普通债券同样也补偿通货膨胀，但这种补偿是事前估计的。假如发生的通货膨胀比预期的高，投资者还是要遭受购买力损失。由于存在这个风险，就需要普通债券收益率的第三个组成部分，即通货膨胀风险溢价，来补偿投资者。因此，

**名义收益率 = 真实收益率 + 预期通货膨胀率 + 通货膨胀风险溢价**[①]

但通货膨胀挂钩债券的收益率只有两部分：真实收益率和债券期间已经实现的通货膨胀率。但由于这种通货膨胀补偿是在债券发行后实现的，所以补偿是事后的。债券发行后的收益率只有真实收益率。

**通货膨胀挂钩债券的收益率 = 真实收益率 + 实际通货膨胀率**

通过比较普通债券和同期可比较的通货膨胀挂钩债券的名义收益率，人们可以估计债券期间的通货膨胀率。这个估计值被称为“保本通货膨胀率”，如果不计通货膨胀风险溢价[②]，其计算公式是：

---

① 这个公式是近似公式，实际公式是“(1 + 名义收益率) = (1 + 真实利率) × (1 + 预期通货膨胀率) × (1 + 通货膨胀溢价)”。近似公式在收益率和通货膨胀水平比较低的时候是适用的，因而成为行业惯例。

② 通货膨胀挂钩债券的价格是市场形成的，而这类债券的市场流动性比普通债券要差一些，所以这些债券应该有流动性风险溢价。所以，这两类债券都有通货膨胀风险溢价。假设它们的这个风险溢价数值相差不大，互相冲抵，就可以在计算保本通货膨胀率时将其忽略掉。

保本通货膨胀率 = 名义收益率 − 通货膨胀挂钩债券收益率[①]

假如债券期间实际通货膨胀率超过保本通货膨胀率，那么通货膨胀挂钩债券提供的收益率要好于可比较的普通债券。相反，如果实际通货膨胀率小于保本通货膨胀率，普通债券提供的收益率要超过可比较的通货膨胀挂钩债券。假如实际通货膨胀率等于保本通货膨胀率，投资者在上述两种债券的选择上无差异。

## 3.5.2 投资特点

通货膨胀股挂钩债券与普通债券一样，有剩余期限和票息支付频率等。本小节讨论这类债券发行设计时，需要考虑哪些因素以及限制条件。

### 3.5.2.1 参考价格指数

首先面临的问题是如何衡量已经发生的通货膨胀。在整个债券生命周期内，现金流的规模与一个具体的价格指数相关联。通货膨胀挂钩债券通常情况下与国内消费者物价指数挂钩。这类债券对投资者的保护程度，与用于构成物价指数的商品篮子与投资者消费物品的相关性[②]。使用消费者物价指数的好处是，消费者所熟知这一概念，有关部门每月公布指数的计算以及结果有可靠性。

### 3.5.2.2 指数化

通货膨胀挂钩债券的目的是保护投资者的收益不受通货膨胀的侵蚀，这种保护措施可以采取不同的形式。除了本金与票息支付是变动的外，大部分通货膨胀挂钩债券与普通债券类似。如果它们的本金与通货膨胀相联系，就称为“本金指数化”。特别是，本金持续与已实现的通货膨胀相联系，而票息

---

① 这同样是一个近似公式,实际公式是：

$$保本通货膨胀率 = \frac{(1+名义收益率)}{(1+通货膨胀挂钩债券收益率)} - 1$$

② 欧元区国家使用的是欧洲消费者调和物价指数，该指数涵盖了区域内不同国家的家庭生活成本，而不是本国的消费者物价指数，以便增加指数的适用性。与该指数挂钩的通货膨胀债券在国与国之间交易便利，在国内流动性好，投资者支付的流动性溢价低，发行国的筹资成本低。

率固定不变。

t 期的本金是：

$$N_t = N_{t-1} + N_{t-1} \cdot \pi = N_{t-1} \cdot (1 + \pi_t)$$

这里 $\pi_t$ 是 t 期的累计通货膨胀率，$N_t$ 是 t 期的本金。

所以，t 期的现金流是：

$$CF_t = CR \cdot N_t$$

其中，CR 是实际票息率。

到期 T 时，现金流相加的结果是：

$$CF_T = CR \cdot N_T + N_T$$

**【例 3－15】** 2009 年 1 月德国发行通货膨胀挂钩债券，实际票息率 3%，面值1 000欧元，期限 5 年。如果未来 5 年内通货膨胀率分别是 0.8%、1.3%、2%、2%、1.4%。按照“本金指数化”原则，列出债券的现金流（见表 3－3）。

**表 3－3** **现金流**

| t | 通货膨胀率（%） | 本金（欧元） | 票息（欧元） | 现金流（欧元） |
|---|---|---|---|---|
| 1 | 0.8 | 1 008.00 | 30.24 | 30.24 |
| 2 | 1.3 | 1 021.10 | 30.63 | 30.63 |
| 3 | 2.0 | 1 041.53 | 31.25 | 31.25 |
| 4 | 2.0 | 1 062.36 | 31.87 | 31.87 |
| 5 | 1.4 | 1 077.23 | 32.32 | 1 109.55 |

除了上述“本金指数化”债券外，还有的债券仅以票息与指数挂钩，本金保持不变。这类债券称为“票息指数化”债券，意味着本金恒定而票息随指数变动。因此，指数化票息率（ICR）是本期通货膨胀率与实际票息率之和。所以 t 期的指数化票息率（$ICR_t$）是：

$$ICR_t = CR + \pi_t$$

t 期的现金流是：

$$CF_t = ICR_t \cdot N$$

**【例 3－16】** 2009 年 1 月 1 日德国发行通货膨胀挂钩债券，实际票息率 3%，面值 1 000 欧元，期限 5 年。如果未来 5 年内通货膨胀率分别是 0.8%、1.3%、2%、2%、1.4%。按照“票息指数化”原则，列出债券的现金流（见表 3－4）。

**表 3-4**

| t | 通货膨胀率（%） | 本金（欧元） | 票息（欧元） | 现金流（欧元） |
|---|---|---|---|---|
| 1 | 0.8 | 1 000 | 38 | 38 |
| 2 | 1.3 | 1 000 | 43 | 43 |
| 3 | 2.0 | 1 000 | 50 | 50 |
| 4 | 2.0 | 1 000 | 50 | 50 |
| 5 | 1.4 | 1 000 | 44 | 1 044 |

#### 3.5.2.3 指数化时滞

对于通货膨胀挂钩债券来说，理想的状况是债券现金流充分反映已经发生的通货膨胀。但这在现实中是不可能的。因为编辑数据和计算过程总是需要时间，所以公布价格指数时，已经滞后几个月了。这一现象称为“指数化时滞”。由于大部分国家的指数化时滞是 3 个月[①]，所以 4 月的通货膨胀挂钩债券的票息支付，依据的是截至 1 月的累计通货膨胀率。

这一时滞意味着，在债券生命周期的最后一段期限，投资者完全没有得到通货膨胀的保护。在债券生命周期的第一段期限，投资者受到前一期通货膨胀的保护。这样一来，两者可以相互抵消。除非这两段时期的通货膨胀率相同，否则，投资通货膨胀挂钩债券的实际收益率就不会完全盯住通货膨胀。特别是在指数化时滞长而债券剩余期限短的情况下，这类情况尤其明显。

**【例 3-17】** 基本情况如前例，通货膨胀挂钩债券于 2009 年 1 月发行，5 年期限。如果指数化时滞是 3 个月，现金流的计算要依据 10 月（含本月）到 12 月（含本月）的累计通货膨胀率。因此，2013 年 10 月到 12 月发生的通货膨胀没有计入保护范围，计入保护范围的是 2008 年 10 月到 12 月的通货膨胀。

#### 3.5.2.4 通货紧缩底价

大部分通货膨胀挂钩债券有通货紧缩底价，以保证到期兑付值不小于期初面值。所以，如果到期后计算的本金小于期初面值，就按面值兑付。因此有：

$$\text{到期兑付的本金} = MAX（\text{面值}，N_T）$$

一般来说，只有本金偿付受到通货紧缩的保护，即债券剩余期间，由于

---

① 英国 2005 年之前的指数化时滞是 8 个月。

价格指数下降导致计算的本金小于面值时，票息是按照（小于面值的）本金计算的。澳大利亚是唯一连票息的计算也要抵御通货紧缩的债券市场。

**【例 3－18】** 1 年期的本金指数化通货膨胀挂钩债券的实际票息率是 3%，面值1 000欧元。如果通货膨胀为 －1%，债券到期兑付多少？

到期本金($N_T$) ＝1 000×(1－0.01)＝990(欧元)

到期兑付值($CF_T$) ＝3%×990＋max(1 000,990)＝1 029.7(欧元)

通货紧缩底价可以看作是隐含的期权，投资者为此支付了代价。债券发行时，期权是平价的，债券期间通货膨胀率越高，期权的虚值程度就越高。鉴于长期通货紧缩现象相当罕见（日本近年来的例子是个例外），所以通货膨胀挂钩债券的期限越长，到期本金低于面值的可能性就越小，这个隐含的期权的价值就越小。

当前，除了英国与加拿大外，大部分国家的通货膨胀挂钩债券都有通货紧缩底价。自 2013 年开始，日本的这类债券也有通货紧缩底价。

#### 3.5.2.5　双久期

久期既反映债券本金的偿付时间，又反映债券价格的利率敏感度。通货膨胀挂钩债券的久期计算与普通债券基本相同，只是要考虑“本金指数化”和“票息指数化”的问题。本金指数化的通货膨胀挂钩债券的久期要大于可比较的普通债券的久期，因为由于通货膨胀的原因，前者的到期兑付值大于面值，这样一来，其票息就显得相对小了。

**【例 3－19】** 10 年期的通货膨胀挂钩债券的实际票息率是 6%，面值 100 欧元。如果预期的通货膨胀率为 2%，到期收益率为 k＝10%。如果债券是“票息指数化”，债券的久期是多少？如果债券是“本金指数化”，久期是多少？

先看看如果债券是票息指数化结构（见表 3－5）：

**表 3－5**

| T(年)<br>(1) | 本金<br>(欧元) | 票息<br>(欧元) | 现金流 CF<br>(2)(欧元) | PV(CF)<br>(3)＝(2)/(1＋k)$^t$ | 现金流权重<br>(4)＝(3)/价格 | 加权平均时间(年)<br>(5)＝(1)×(4) |
|---|---|---|---|---|---|---|
| 1 | 100 | 8 | 8 | 7.27 | 0.0829 | 0.083 |
| 2 | 100 | 8 | 8 | 6.61 | 0.0754 | 0.151 |
| 3 | 100 | 8 | 8 | 6.01 | 0.0685 | 0.206 |

续表

| T(年)<br>(1) | 本金<br>(欧元) | 票息<br>(欧元) | 现金流 CF<br>(2)(欧元) | PV(CF)<br>$(3)=(2)/(1+k)^t$ | 现金流权重<br>(4)=(3)/价格 | 加权平均时间(年)<br>(5)=(1)×(4) |
|---|---|---|---|---|---|---|
| 4 | 100 | 8 | 8 | 5.46 | 0.0623 | 0.249 |
| 5 | 100 | 8 | 8 | 4.97 | 0.0566 | 0.283 |
| 6 | 100 | 8 | 8 | 4.52 | 0.0515 | 0.309 |
| 7 | 100 | 8 | 8 | 4.11 | 0.0468 | 0.328 |
| 8 | 100 | 8 | 8 | 3.73 | 0.0425 | 0.340 |
| 9 | 100 | 8 | 8 | 3.39 | 0.0387 | 0.348 |
| 10 | 100 | 8 | 108 | 41.64 | 0.04747 | 4.747 |
| | | | 价格 | 87.71 | 久期 | 7.04 |

债券久期是7.04（年）。很容易看出，票息指数化结构的这类债券的久期与票息率为8%的普通债券的久期相同。

再看一下如果债券是本金指数化结构（见表3-6）：

**表3-6**

| T(年)<br>(1) | 本金<br>(欧元) | 票息<br>(欧元) | 现金流 CF<br>(2)(欧元) | PV(CF)<br>$(3)=(2)/(1+k)^t$ | 现金流权重<br>(4)=(3)/价格 | 加权平均时间(年)<br>(5)=(1)×(4) |
|---|---|---|---|---|---|---|
| 1 | 102.00 | 6.12 | 6.12 | 5.56 | 0.0636 | 0.064 |
| 2 | 104.04 | 6.24 | 6.24 | 5.16 | 0.0589 | 0.118 |
| 3 | 106.12 | 6.37 | 6.37 | 4.78 | 0.0546 | 0.164 |
| 4 | 108.24 | 6.49 | 6.49 | 4.44 | 0.0507 | 0.203 |
| 5 | 110.41 | 6.62 | 6.62 | 4.11 | 0.0470 | 0.235 |
| 6 | 112.62 | 6.76 | 6.76 | 3.81 | 0.0436 | 0.261 |
| 7 | 114.87 | 6.89 | 6.89 | 3.54 | 0.0404 | 0.283 |
| 8 | 117.17 | 7.03 | 7.03 | 3.28 | 0.0375 | 0.300 |
| 9 | 119.51 | 7.17 | 7.17 | 3.04 | 0.0347 | 0.313 |
| 10 | 121.90 | 7.31 | 7.31 | 49.82 | 0.5691 | 5.691 |
| | | | 价格 | 87.54 | 久期 | 7.63 |

债券久期是7.63年，比票息指数化的债券以及可比较的普通债券的久期多。但这并非意味着本金指数化的通货膨胀挂钩债券的利率风险大于普通债券，因为后者的票息是用名义值计算的，而前者的票息是用实际值计算的。因此，直接比较两者的久期是不合适的。如果要比较，就需要考虑两种类型的久期，也就是双久期概念。实际利率久期测量债券针对实际利率变化的敏感度，通货膨胀久期测量债券针对通货膨胀变化的敏感度。

普通债券对以上两个因素的变化都敏感，因此，对于普通债券来说：

**普通债券的久期 = 实际利率久期 = 通货膨胀久期**

但是，通货膨胀挂钩债券的价格对通货膨胀变动不敏感，所以通货膨胀变化不会影响债券价格变化。因此：

**通货膨胀挂钩债券的久期 = 实际利率久期**

**通货膨胀久期 = 0**

比较常规债券与通货膨胀挂钩债券的久期时，最好的方法就是区分两种久期。最好的计算工具是关键利率久期概念[①]。

### 3.5.3　市场概况[②]

虽然最早的通货膨胀股挂钩债券发行于 1780 年[③]，但这个市场最近十年才发展起来。1981 年，英国是第一个发行通货膨胀挂钩国债的工业化国家。美国 1998 年和德国 2006 年发行这类债券，市场进一步扩大。2014 年，七国集团发行了这类债券，印度和西班牙分别在 2013 年和 2014 年发行了这类债券。近期全球通货膨胀挂钩债券流通规模达到 27 000 亿美元（见图 3 -9）。

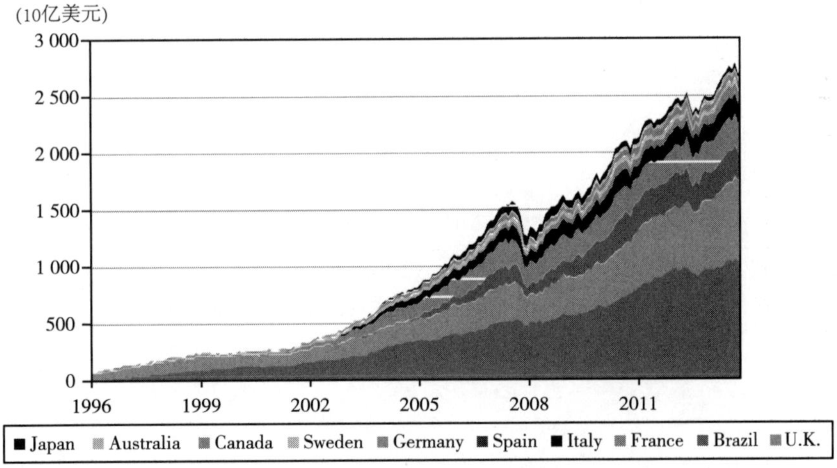


**图 3 -9　通货膨胀挂钩债券的市场发展**

资料来源：Barclays Capital

---

① 参阅利率期限结构以及应用章节。

② 大部分与通货膨胀挂钩的债券由政府发行，极少一部分由公司发行。所以本节集中讨论政府发行的这类债券。

③ 美国独立战争期间由马萨诸塞州发行。

1981 年之前，只有像巴西和阿根廷这类经历了 20 世纪 50 年代至 60 年代严重通货膨胀的国家才发行通货膨胀挂钩债券，这是他们筹集长期资金的唯一方式。因为投资者需要保护他们的投资收益免受购买力下降的风险。但为什么近年来这类债券市场发展迅速，尤其是通货膨胀控制很好的国家也发行这类债券呢？[①]

- 最引人注目的解释是可以降低融资成本。这要通过两个办法实现。首先，通过发行与通货膨胀挂钩的债券，国家可以免于支付常规市场上存在的通货膨胀溢价。其次，如果政府预计未来通货膨胀低于市场预计的水平，政府发行这类债券就会减少融资成本。[②]
- 可以吸引一批与通货膨胀债券利益相关的新的投资者。例如某些机构投资者的债务与生活成本指数挂钩，如养老金等。

可以强化公众对政府治理通货膨胀的信心，因为这类债券使得政府在通货膨胀中不会减少筹资成本。特别是对于新兴市场经济国家来说，这一点很重要。

---

① 详细分析参阅 Deacon，Derry 和 Mirfenderesky（2004），第 4 章。

② 1981 年英国发行这类债券就是出于这个理由。

# 第4章　信用风险与抵押贷款证券化

## 4.1　信用风险*

信用风险反映债券发行者违约，即没有按期支付债券本息的可能性。如果发债企业财务困难，就可能不能履行还本付息的义务。为防止此类情况的发生，投资者有必要了解发债企业未来的经营情况与财务情况。

2012年希腊政府债券发生违约后，人们认识到即便是经合组织成员国的国债，也不一定是无风险债券。当然，违约更多地发生在公司债券这个种类，所以本节集中讨论公司债券。

### 4.1.1　公司债券市场的地位*

要了解公司债券市场的地位，就要知道它在债券市场中的比重。比如巴克莱全球总指数就提供了全球范围内投资级公司债券的市场占比。

2015年2月27日，巴克莱全球总指数显示总市值达到43.252万亿美元，构成如图4－1所示。

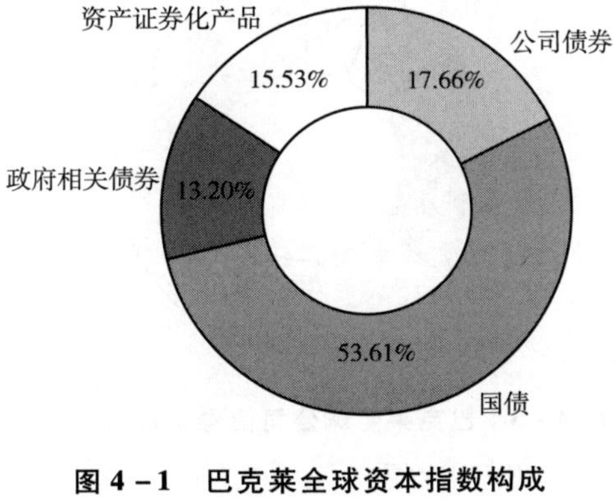


**图4－1　巴克莱全球资本指数构成**

资料来源：巴克莱银行2015年2月27日数据。

实际的公司债券市场规模要比指数中计算的 76 380 亿美元还要大一些，因为纳入指数存在某些要求。很多公司债券没有评上投资级别，还有些公司债券的发行量达不到 3 亿美元的最低要求，所以指数中没有包括这些债券。剩余期限在 1 年以下的公司债券也不包括在指数内。以上的指数限制规定，对公司债券和国债都适用，所以即使没有这些规定，也不大会影响图中比例。

把高收益债券从一般公司债券剔除出去，是低估公司债券市场规模的最大原因。根据巴克莱全球高收益债券指数，截至 2015 年 2 月 27 日，投资级以下的公司债券市场规模达到 19 400 亿美元，大致相当于投资级公司债券的 1/4。虽然有越来越多的投资者想在低收益的固定收益市场上寻找可替代的（高收益率的）投资品，但很多投资者在投资高收益债券时面临限制。这就是图4 –2、图 4 –3、图 4 –4 中都是只涉及投资级债券的原因。

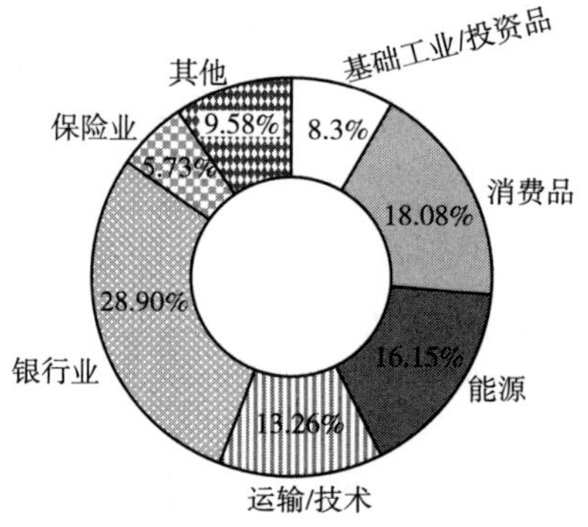


**图 4 –2　巴克莱全球公司债券指数部类分类**

资料来源：巴克莱银行 2015 年 2 月 27 日数据。

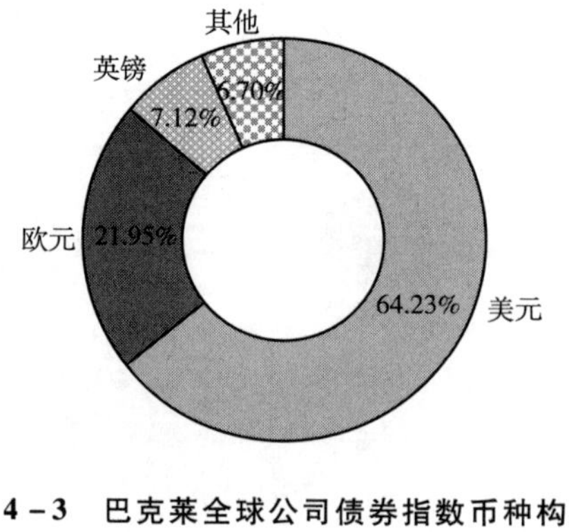


**图 4 –3　巴克莱全球公司债券指数币种构成**

资料来源：巴克莱银行 2015 年 2 月 27 日数据。

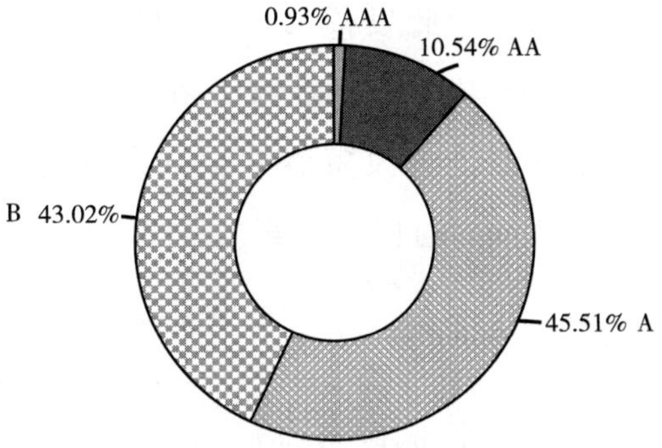


**图 4-4　巴克莱全球公司债券指数评级构成**

资料来源：巴克莱银行 2015 年 2 月 27 日数据。

进一步考察巴克莱全球公司债券总指数以后，人们发现银行业、消费品行业和能源业市场占比最大。银行业占比大可由其严重依赖外部融资来解释。大部分发债公司以美元发行公司债券，因为美国有最发达的公司债券市场。由于近年来信用迁移下降，大部分公司债券的信用级别目前处于 A-或 BBB 范围内。

把今天的公司债券市场与 10 年前比较一下，市场发生的变化历历在目。市场规模扩大一倍，收益率降低一半，利差扩大一倍，平均信用等级下降一个台阶，平均久期增大一年（见表 4-1）。

**表 4-1　巴克莱全球债券总指数**

| 项目 | 2005 年 2 月 28 日 | 2015 年 2 月 27 日 | 差异 |
| --- | --- | --- | --- |
| 发行量（只） | 4 786 | 9 014 | 4 228 |
| 市值（10 亿美元） | 3 726 | 7 638 | 3 912 |
| 平均评级（穆迪） | A1/A2（6.644） | A3/BAA（8.006） | -1.362 |
| 平均评级（标普） | AA-（7.019） | AA-（7.881） | -0.861 |
| 最差收益率（%） | 4.05 | 2.39 | -1.67 |
| OAS（基点） | 55.4 | 113.5 | 58.1 |
| 最差久期（年） | 5.41 | 6.38 | 0.97 |

资料来源：巴克莱银行 2015 年 2 月 27 日数据。

## 4.1.2　信用分析基础*

鉴于公司债券现金流的支付多少有些不确定性，所以了解影响信用风险的因素非常重要，目的在于对它进行测量并加以管理。偿债能力其实就是借款人产生合理现金流的能力，因此发债公司当前以及今后的经济和财务状况一直是投资者关注的重点。所以，了解影响信用风险的因素相当重要。

通常情况下，信用债券市场的投资者对公司偿债能力的关注，既考虑经济、行业因素，也考虑发债公司的特有因素。

#### 4.1.2.1　行业因素*

就经济/行业而言，人们关注的因素有：

- 经济周期：公司所处行业的周期性越强，公司的信用风险越高。因为周期性意味着回报率不稳定，增加了违约的可能。
- 增长前景：一个行业的增长前景越好，该行业内各公司的违约可能性越低。
- 研发成本：这是一大笔沉没成本，只有公司生存下去，这些成本才可能得到回报。不同的行业对研发成本的投入是不同的。
- 竞争状况：公司所处行业竞争越激烈，公司的利润率就越低，利润率的波动性就越高，公司用于偿付债务的现金流的波动性也越大。
- 原材料供应：原材料供应短缺会破坏生产的稳定性，从而对公司的盈利性以及偿债能力产生不利影响。
- 管制程度：通常对某一行业的监管会限制该行业的竞争程度，从而使行业中的不同企业获利能力趋同；虽然管制有利于公司现金流的稳定，但管制的变化带来负面影响，需要加以预测与防范。
- 劳动力：行业劳动力的联合程度（即工会力量）会影响行业中企业的获利能力，从而影响其偿债能力。

#### 4.1.2.2　比率分析*

发债公司用于偿债的三个资金来源有：企业经营现金流、资产变现收入和其他方式。从长期来看，偿债能力依赖于经营现金流。因此，债券持有者应该了解发债企业用于偿债的现金流的状况。这方面信息来源于企业的资产负债表和损益表，以及在两个表的基础上产生的财务比率分析。财务比率通常分为：一般比率、获利能力比率、流动性比率、偿付能力比率（财务杠杆比率）、周转率。

（1）一般比率

一般比率指资产负债表中相关项目占总资产的比率，以及损益表中的相关项目占总收益的比率。

（2）获利能力比率

获利能力比率指与投资额或销售净收入相比较的获利能力。它衡量一个公司的整体有效性。常见的获利能力比率是：

$$\text{净资产收益率（ROE）}=\frac{\text{净利润}}{\text{资产净值}}$$

净资产收益率衡量公司总的获利能力。

$$\text{资产回报率（ROA）}=\frac{\text{息税前利润}}{\text{总资产}}$$

资产回报率衡量管理层运用资产的有效性。

$$\text{毛利率（利润率）}=\frac{\text{净利润}}{\text{销售净利润}}$$

毛利率衡量每 1 美元销售净收入中的利润。（1 - 毛利率）即为产生 1 美元收入的成本。

（3）流动性比率

流动性比率强调公司对短期债务的偿付能力。两个最常用的比率是：

$$\text{流动比率}=\frac{\text{流动资产}}{\text{流动负债}}$$

流动比率表示可以马上变现的资产对短期债务的保障程度。

$$\text{速动比率}=\frac{\text{流动资产}-\text{存货}}{\text{流动负债}}$$

速动比率只将现有的流动资产与流动负债进行比较，这样就排除了存货变现的估值问题。

（4）偿付能力比率（财务杠杆比率）

偿付能力比率强调了公司对负债的依存度。从债券持有者的角度来看，公司股本就是对总资产减少导致风险的缓冲。最常见的有：

$$\text{负债比率（杠杆比率）}=\frac{\text{总负债}}{\text{总资产}}$$

负债比率表示债权人的拥有公司总资产的份额。负债比率越高，公司净利润的波动性就越大，从而公司的风险也越大。

$$\text{净债务与 EBITDA 之比}=\frac{\text{净债务}}{\text{息税折旧及摊销前利润（EBITDA）}}$$

净债务与 EBITDA 之比衡量了公司的财务杠杆大小，显示了公司偿债能力。

$$\text{自由营运现金流与债务比}=\frac{\text{自由营运现金流}}{\text{债务}}$$

自由营运现金流与债务比指标比较保守，涉及利息、税收以及资本开支之后，并考虑到营运资本变化的公司偿债能力。

$$\text{利息保障倍数}=\frac{\text{息税前收益（EBIT）}}{\text{利息支出}}$$

利息保障倍数指标衡量息税前收益吸纳利息支出的程度。指标的数值越低，信用风险越大。

$$\text{固定费用偿付比率}=\frac{\text{息税前收益（EBIT）}+\text{租赁成本}}{\text{利息支出}+\text{租赁成本}}$$

固定费用偿付比率指标衡量息税前收益吸纳利息支出和租赁成本的程度。

（5）经营比率（也称周转率）

经营比率指标衡量一定产量下资产的使用强度。三个常用的比率是：平均托收期、固定资产周转率、存货周转率。

$$\text{平均托收期}=\frac{\text{应收账款}}{\text{日销售额}}$$

平均托收期表示公司销售款的平均回收期，衡量了公司销售商品时给予对方商业信用的质量以及公司回收账款的有效性。

$$\text{固定资产周转率}=\frac{\text{销售收入}}{\text{固定资产}}$$

固定资产周转率衡量了每一美元资产所产生的销售收入。数值越低，表示公司没有达到应有的生产能力（生产能力闲置）；数值越高，可能说明公司对厂房和机器的投资不足。

$$\text{存货周转率}=\frac{\text{销售成本}}{\text{平均存货}}$$

存货周转率表示存货管理的有效性，测度每年存货周转一次所需要的时间。这个值太高，表示存货量低于最优水平（由于存货不足，可能失去一些销售业务）；这个值太低，说明存货与生产管理水平低下，部分产品可能销售不畅。

“杜邦系统”（Du Pont System）总结了影响 ROE（显示公司营业收入的最

终来源以及公司的偿付能力）的主要因素。

$$ROE = \frac{净利润}{税前利润} \times \frac{税前利润}{EBIT} \times \frac{EBIT}{销售收入} \times \frac{销售收入}{总资产} \times \frac{总资产}{权益}$$

第一项给出了税务负担率（公司支付的平均税率）；第二项给出了利息支付情况（这个比率越高，说明利息支付越低）；第三项是利润率（也称为ROS——销售回报率）；第四项是资产周转比率；最后一项是杠杆比率。

### 4.1.3　信用评级与评级机构*

公司长期债券的信用风险相对程度由被称为信用评级公司的金融独立机构评估。三家有名的评级机构是穆迪投资者服务公司、标准普尔和芬奇公司（有很多地方性或行业性的评级机构，如日本信用评级机构和专门评估保险公司信用等级的贝氏评级机构）。这些机构的分析师研究各类金融数据，如公司基本面数据、行业数据以及宏观经济数据等，以便确定公司不能履行还本付息义务的可能性。

除了基本因素外，外部支持对于信用评级也发挥着重要作用。发债企业不同，获得的外部支持也不尽相同。外部支持分为企业支持与政府支持。企业支持表现为实力强大或实力一般的其他企业提供的显性担保。政府支持措施强弱不等，有为政府机构发行债券提供显性担保的，也有为私人银行系统提供隐性担保的，都属于政府支持措施。如果外部支持是无条件或不可撤销的，那么这项支持有助于公司强化其信用质量。过去，获得隐性支持就会调高信用等级，2006 年银行业获取政府隐性支持后信用级别随即上调就是一例。金融危机期间，虽然银行业可以获取政府的支持，但支持的意愿随后充满了变数。新的监管规范（《巴塞尔协议Ⅲ》）和新的法律（《欧洲银行复苏与处置指令》，简称“BRRD”）为债券持有人利益提供了另一种防护措施，很大程度上减少了政府支持对评级产生的影响。银行增资缩表强化了财务稳健性，减轻了政府支持对银行评级的影响程度。

综上说明，评级机构为债券发行者赋予的信用等级，以公开的方式送达投资者。债券发行者为信用评级付费。

表 4－2 是标准普尔与穆迪信用评级符号说明。

**表 4-2　　标准普尔与穆迪的信用评级术语①**

| 标准普尔 | 释　义 | 穆迪的相应评级 |
|---|---|---|
| | 投资级债券 | |
| AAA | 偿付能力最高。公司具有极强的支付利息以及偿还本金的能力 | Aaa |
| AA +<br>AA<br>AA - | 具有很强的支付利息以及偿还本金的能力。它与 AAA 级债券仅有很小的差别 | Aa1<br>Aa2<br>Aa3 |
| A +<br>A<br>A - | 具有很强的支付利息以及偿还本金的能力。但是在经营环境以及经济状况发生不利影响时，它们支付利息以及偿还本金的能力不如更高级别的债券稳定 | A1<br>A2<br>A3 |
| BBB +<br>BBB<br>BBB - | 具有充足的支付利息以及偿还本金的能力。这些债券有一定的保障，但当经济状况变得不利或者经营环境发生变化时，无法支付利息或偿还本金的可能性高于那些级别更高的债券 | Baa1<br>Baa2<br>Baa3 |
| | 投机级/可信度低的债券 | |
| BB +<br>BB<br>BB - | 相对其他投机级别债券，还本付息能力较强。但当经营状况变差，以及面对不利的经济金融环境时，履约能力不足 | Ba1<br>Ba2<br>Ba3 |
| B +<br>B<br>B - | 相对 BB 级债券，还本付息能力较弱，但目前有履约能力。当经营状况变差，以及面对不利的经济金融环境时，履约能力受损 | B1<br>B2<br>B3 |
| CCC +<br>CCC<br>CCC - | 当前履约能力脆弱，履约能力依赖于良好的经营状况和经济金融环境的改善。一旦上述条件变差，会发生违约情况 | Caa1<br>Caa2<br>Caa3 |
| | 投机级/风险极大或违约 | |
| CC | 违约可能性比较高。虽然违约还没有发生，但标普认为违约已经成为定论，虽然无法确定违约的具体时间 | Ca |
| C | 违约可能性比较高，相对于高等级债券而言，该债券求偿顺序靠后，回收率低 | C |
| D | 级别 D 指已经违约或是推迟支付利息或偿还本金的债券。对于非混合资本工具而言，D 意味着没有按时履行偿债责任，除非标普认为其能够在没有事先声明的宽限期的情况下，或在以前声明 30 天宽限日的情况下，在 5 天之内偿还债务。D 还意味着公司申请破产等类似情况，此时违约是确定性的（即自动适用条款）。如果公司提出处于财务困境中，信用级别低于 D | |

市场参与者根据信用评级结果评价其债券价值，因为这些评级结果独立公正，直接反映了公司违约可能性。表 4-3 列示了 1981 年到 2013 年标准普尔做出评级的债券的累积违约损失率。

① 彭博资讯：标准普尔公司。

表 4 – 3　　全球公司平均累计违约率（1981—2013 年）①　　（单位：%）

| 初始评级 | 发行后的年份 | | | | | | | | | |
|---|---|---|---|---|---|---|---|---|---|---|
| | 1 | 2 | 3 | 4 | 5 | 6 | 7 | 8 | 9 | 10 |
| AAA | 0.00 | 0.03 | 0.13 | 0.24 | 0.35 | 0.47 | 0.53 | 0.62 | 0.68 | 0.74 |
| AA | 0.02 | 0.07 | 0.13 | 0.24 | 0.36 | 0.47 | 0.58 | 0.67 | 0.75 | 0.84 |
| A | 0.07 | 0.17 | 0.28 | 0.43 | 0.60 | 0.78 | 1.00 | 1.19 | 1.38 | 1.59 |
| BBB | 0.21 | 0.60 | 1.02 | 1.53 | 2.06 | 2.56 | 3.01 | 3.45 | 3.89 | 4.33 |
| BB | 0.80 | 2.46 | 4.41 | 6.29 | 8.01 | 9.64 | 11.03 | 12.26 | 13.40 | 14.39 |
| B | 4.11 | 9.27 | 13.61 | 16.99 | 19.55 | 21.61 | 23.29 | 24.65 | 25.82 | 26.97 |
| CCC/C | 26.87 | 36.05 | 41.23 | 44.27 | 46.75 | 47.77 | 48.85 | 49.67 | 50.64 | 51.35 |

资料来源：标准普尔 2013 年全球公司违约与信用转移研究。

大部分投资者把从 AAA 到 BBB 范围内的债券看作投资级债券，把 BA 到 B 范围内债券称为投机级债券或高收益债券或垃圾债券。CAA ~ C 范围内债券是风险极高的债券，这些债券可能已经违约或公司正处于破产状态。

法律不允许某些机构投资低级别债券。如许多养老基金不能投资非投资级债券。债券评级直接影响发行者的融资成本。图 4 – 5 反映的是不同信用级别债券组要求的信用利差。图中显示，信用利差随信用周期而变化。想要在公司债券的投资获得成功，投资者必须认识到信用利差的这种变化规律，因为不同时期信用风险暴露不同，投资收益会有很大变化。2008—2009 年金融危机期间，AAA ~ AA 这一高质量等级范围的债券虽然受到了危机影响，但受影响最大的是 BBB 以下的公司债券，其期权调整利差（OAS）从 1% 上涨到 7%。

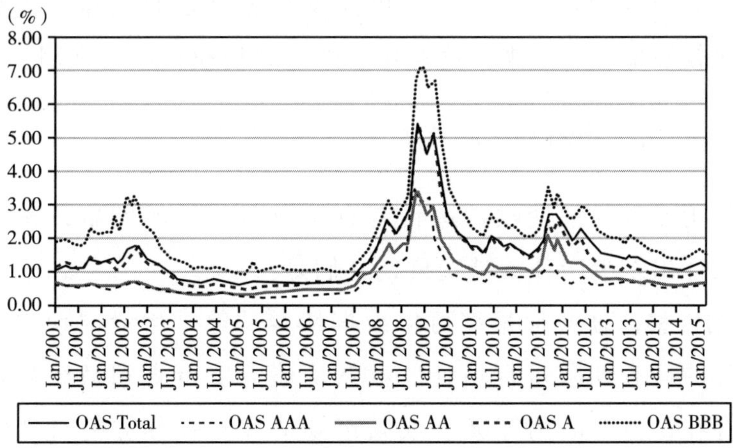


图 4 – 5

资料来源：巴克莱银行 LPC，2015 年 2 月 27 日。

### 4.1.4　曲线与信用*

公司债券一般按照高于相应基准利率的基础上发行和交易。两个收益率之差补偿了债券持有若干方面，包括较低的流动性、可能比较低的回购资格等。然而，最大的补偿是信用风险方面。

传统市场上的利差以政府债券为基准来度量，因为国债被认为是无违约风险和具有较高流动性的。近年来，互换曲线发挥着替代基准的作用，并且在许多案例中，互换曲线逐渐成为所选择的基准曲线。这种趋势的产生有如下原因：

（1）在欧元货币区，人们无法确定应该选取哪个国家的具有流动性的国债作为基准。

（2）在美国，国库券在国内具有税收优势。

（3）对持有公司债券的银行风险资本金需求要高于持有国债的要求。

选择什么样的曲线为基准，还是有较大区别的。因为尽管国债收益率曲线和互换收益曲线两者本身仍然是稳定的，但是它们之间的利差绝非固定不变。所以，当前一般趋势是使用互换曲线测量债券信用利差，这一趋势在学术研究中尤为突出。

最后，信用曲线绘制出同类信用债券的收益率，或者同一发行者发行的债券的收益率。通常，同一发行人不可能发行足够多的债券，使实际数据与一个合理曲线较好地拟合起来，这意味着期限结构模型更为常用。

#### 4.1.4.1　信用风险的补充测度工具

为了对信用债券的预期收益进行有意义或可比较的度量，我们必须找出或能够合理估计出至少四种关键变量，它们是：

（1）信用转移。债券回报率可以根据债券的整个生命周期进行估计，也可以根据债券的持有期限进行估计。虽然从债券发行直到最后兑付，违约的可能性始终存在，但对信用等级（或其市场估计）在债券持有期内变动的估计依然是非常重要的。基金经理们对这一点尤为看重，因为基金经理的表现通常是按季度评估的。

其他三个方面是：

（2）违约风险：指无法支付债券的利息或本金，或同一借款人发行的另一债券同样发生违约。

（3）回收率：衡量违约事件中可能的绝对回报。回收率与违约损失率（LGD）是相对的，即回收率 = 1 - LGD。

（4）破产程序：即使回收率是肯定的，但是回收时间的控制对信用债券可计算的预期收益有着重要的影响。在实践中，这一方面留给专业人士来处理，在常规的债券市场中，破产程序并不涉及信贷风险的一个显著方面。

应当指出的是，尽管上列因素对信用债券的估值是必要的，然而在实践中，为了对信贷工具进行估值，市场参与者可能求助于信用违约互换（CDS）价格，来评估信用工具的价值。因此，人们并非用前文所述的因素建立一个期限结构，或使用其他模型计量信用风险，而是从交易产品中导出信用利差，并用它来反映信用风险的大小。然而，CDS 价格本身受供求关系的影响，从而不能总是期望用它反映基础债务工具的经济价值。当然，任何相对于理论正确价格范围的大幅度偏离，都将被两个市场之间的套利行为所消除，但这也只能建立正确估价的一定范围。分析的重点是针对一个范围而不是一个伪精准数值。为简单起见，在市场实际操作和学术实践中都经常假定一个精确数值，比如说，假设回收率是 40%，这就忽略了实际情况仅可能是在这个数字的一定范围之内。其实仔细观察回收率会发现，它们可能差别很大，但在实践中人们只使用一些直观性法则。

人们进一步观察到，在具体的违约案例中，一般投资者总是不可避免地接受极少数专业投资者（这些人专门投资违约债券）极低的报价。这些专业投资者对破产程序和回收过程知识丰富、经验老到（破产以及回收过程的理论和实践有差距）。处理破产事宜过程烦琐，需要专门知识和即时经验，非大部分投资者所能胜任。因此，大部分投资者在违约时喜欢把债券卖给专业投资者，而不是继续持有这类价值起伏不定的资产。所以，大部分投资者专注信用转移风险，希望他们持有的债券永远不要处于违约状态。结果就是，如果真的发生了违约，这些投资者就通常接受专业投资者的极低报价。这样的情况是如此典型，所以评估违约债券价值时，模型的校准方法是发生违约事件一个月以后，比较模型与相关债券的市场价格。①

4.1.4.1.1 信用转移*

一般测量信用转移的方法是信用转移矩阵。基于某一信用评级机构在一定的期间内，就某一信用不断变化的债券所进行评估的经验数据，转移矩阵用来衡量某种债券在给定时期内的开始时点从一个信用等级转移到结束时点同信用等级或另一个信用等级的概率。表4－4列举了信用转移的转移矩阵的几个例子。

**表4－4　　全球平均1年信用转移率（1981—2013年）**　　（单位:%）

| 从 / 至 | AAA | AA | A | BBB | BB | B | CCC/C | D | NR |
|---|---|---|---|---|---|---|---|---|---|
| AAA | 87.10 | 8.88 | 0.53 | 0.05 | 0.08 | 0.03 | 0.05 | 0.00 | 3.27 |
| AA | 0.55 | 86.39 | 8.26 | 0.56 | 0.06 | 0.07 | 0.02 | 0.02 | 4.07 |
| A | 0.03 | 1.87 | 87.33 | 5.48 | 0.35 | 0.14 | 0.02 | 0.07 | 4.70 |
| BBB | 0.01 | 0.12 | 3.59 | 85.22 | 3.82 | 0.59 | 0.13 | 0.21 | 6.31 |
| BB | 0.02 | 0.04 | 0.15 | 5.20 | 76.28 | 7.09 | 0.69 | 0.80 | 9.74 |
| B | 0.00 | 0.03 | 0.11 | 0.22 | 5.48 | 73.89 | 4.46 | 4.11 | 11.70 |
| CCC/C | 0.00 | 0.00 | 0.15 | 0.23 | 0.69 | 13.49 | 43.81 | 26.87 | 14.76 |

资料来源：标准普尔2013年全球公司违约研究与评级转移。

上述矩阵显示了在一个时期内，一个等级转移（上升或下降）到另一个等级的年均转移率。例如，根据这些数据，假定你现在持有A级债券，平均而言，在明年的同一时点，该债券将有大约2%的概率升级到AA。两年后，该债券进一步升级的平均概率是1.87%×0.55%＝0.01%。认识到这些是平均数非常重要，因为每年的波动相当大。表4－5列示了2013年的全球信用转移率。

**表4－5　　全球1年信用转移率（2013年）**　　（单位:%）

| 从 / 至 | AAA | AA | A | BBB | BB | B | CCC/C | D | NR |
|---|---|---|---|---|---|---|---|---|---|
| AAA | 90.48 | 9.52 | 0.00 | 0.00 | 0.00 | 0.00 | 0.00 | 0.00 | 0.00 |
| AA | 0.00 | 94.08 | 2.49 | 0.00 | 0.00 | 0.00 | 0.00 | 0.00 | 3.43 |

① 同样参见Altman、Brody Resti和Sironi（2003）的研究，他们的文献中，回收率被考虑进违约后的债券价格中。

续表

| 至＼从 | AAA | AA | A | BBB | BB | B | CCC/C | D | NR |
|---|---|---|---|---|---|---|---|---|---|
| A | 0.00 | 1.17 | 91.91 | 3.58 | 0.08 | 0.08 | 0.00 | 0.00 | 3.19 |
| BBB | 0.00 | 0.06 | 3.79 | 89.76 | 2.37 | 0.12 | 0.00 | 0.00 | 3.91 |
| BB | 0.00 | 0.00 | 0.00 | 5.10 | 82.00 | 4.64 | 0.00 | 0.09 | 8.16 |
| B | 0.00 | 0.00 | 0.00 | 0.18 | 5.65 | 77.96 | 4.36 | 1.60 | 10.25 |
| CCC/C | 0.00 | 0.00 | 0.00 | 0.00 | 0.00 | 10.13 | 46.20 | 23.42 | 20.25 |

资料来源：标准普尔 2013 年全球公司违约研究与评级转移。

显然，2013 这一年与 1981—2013 年期间的平均值相比，有更多的公司留在同一个信用级别。另外，这一年公司晋升到 AA 或 AAA 级别的难度更大了。

当然这些矩阵采集数据是事后回溯的，但是也可以假设市场或许能够预见即将发生的评级变化，同时这种预测将被未来的相对收益率的变化所验证。因此，一个债券相对于相似信用级别债券的利差变化，反映了信用评级时的预期变化（或者更为确切地说信用可信度的变化，并随后被评级机构所证实）。一些研究文献证实了这种情形的存在。虽然评级机构在指导总体信用决定时所起的作用是非常重要的，但每日评估信用等级的变化，则另有别的办法[①]。

4.1.4.1.2　违约风险*

金融意义上的违约是指无法支付债务的利息或本金。就债券来说，违约的意义可做以下扩展：大多数的债券在其发行资料中都包括了详细的交叉违约条款，只要是同一个发行人发行的债券，其中任何一个批次的债券违约，都被视为对其全部批次债券的违约。这意味着一个债务的拖欠支付就是对该发行者所有债务的违约（无论债务的形式是否为债券：交叉违约条款通常包括该发行人的所有债务，无论债务的形式是贷款或是债券）。

违约是一个非常特别的现象，提炼一组固定的且有预测性的指标来描述违约几乎是不可能的事。这并不意味着有一些模型可以作为指导：一个例子就是所谓的 Altman 的“Z 分模型”。当然，这是有争议的，如果这个模型具有足够的预测能力，其结果将反馈到被它预测到破产的企业，从而改变这些公司的行为，这样很可能使破产的预测错误。结果，在违约及其对于收益影响

---

① 参见 Kou and Varotto（2004），Hull，Predescu and While（2004）。

的大部分工作的重点是对观察到的违约率的实证统计分析。这并不是说不能评估特定借款者的违约风险：对单个发行者而言，我们可以将定量和定性工具应用于信用研究，从而计算出单个发行者的违约风险。

表4－6显示的是图4－6中的累计违约曲线的数据点。信用质量与违约距离之间存在明显的相关性：评级越高，违约可能性越低；评级越低，违约可能性越高。每一个时间段内低评级都对应着高违约率。

**表4－6　全球公司累计平均违约率（1981—2013年）**　（单位：%）

| 信用等级 | 1 | 2 | 3 | 4 | 5 | 6 | 7 | 8 | 9 | 10 | 11 | 12 | 13 | 14 | 15 |
|---|---|---|---|---|---|---|---|---|---|---|---|---|---|---|---|
| AAA | 0.00 | 0.03 | 0.13 | 0.24 | 0.35 | 0.47 | 0.53 | 0.62 | 0.68 | 0.74 | 0.77 | 0.81 | 0.84 | 0.91 | 0.99 |
| AA | 0.02 | 0.07 | 0.13 | 0.24 | 0.36 | 0.47 | 0.58 | 0.67 | 0.75 | 0.84 | 0.93 | 1.00 | 1.08 | 1.16 | 1.24 |
| A | 0.07 | 0.17 | 0.28 | 0.43 | 0.60 | 0.78 | 1.00 | 1.19 | 1.38 | 1.59 | 1.78 | 1.95 | 2.11 | 2.27 | 2.45 |
| BBB | 0.21 | 0.60 | 1.02 | 1.53 | 2.06 | 2.56 | 3.01 | 3.45 | 3.89 | 4.33 | 4.80 | 5.18 | 5.53 | 5.90 | 6.27 |
| BB | 0.80 | 2.46 | 4.41 | 6.29 | 8.01 | 9.64 | 11.03 | 12.26 | 13.40 | 14.39 | 15.21 | 15.92 | 16.52 | 17.05 | 17.64 |
| B | 4.11 | 9.27 | 13.61 | 16.99 | 19.55 | 21.61 | 23.29 | 24.65 | 25.82 | 26.97 | 27.95 | 28.76 | 29.48 | 30.15 | 30.81 |
| CCC/C | 26.87 | 36.05 | 41.23 | 44.27 | 46.75 | 47.77 | 48.85 | 49.67 | 50.64 | 51.35 | 51.99 | 52.76 | 53.67 | 54.40 | 54.40 |
| 投资级 | 0.11 | 0.30 | 0.52 | 0.79 | 1.07 | 1.35 | 1.61 | 1.86 | 2.10 | 2.35 | 2.59 | 2.79 | 2.98 | 3.17 | 3.37 |
| 投机级 | 4.02 | 7.86 | 11.19 | 13.86 | 16.03 | 17.82 | 19.33 | 20.60 | 21.74 | 22.78 | 23.66 | 24.42 | 25.09 | 25.69 | 26.28 |
| 总计 | 1.53 | 3.02 | 4.33 | 5.43 | 6.35 | 7.14 | 7.82 | 8.39 | 8.92 | 9.42 | 9.85 | 10.21 | 10.54 | 10.84 | 11.14 |

资料来源：标准普尔2013年全球公司违约研究与评级转移。

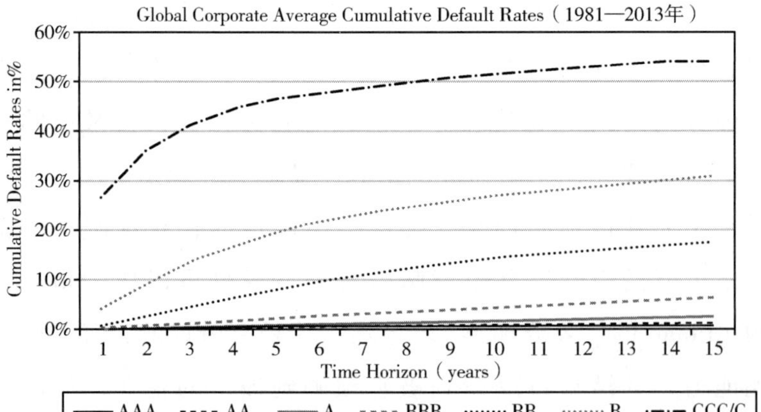


**图4－6**

资料来源：标准普尔2013年全球公司违约研究与评级转移。

需要注意的是，每一个信用级别当前的预期违约率，仅仅是这里给出的累计违约率的一阶差分。当然，我们还可以计算 15 年内的均值，例如，根据以上数据，AAA 级别债券 15 年内的平均年预期违约率 = 0.99/15 × 100% = 0.07%。把平均年预期违约率的数据点连成线，使人们更加理解了信用评估的含义，见图 4 – 7。

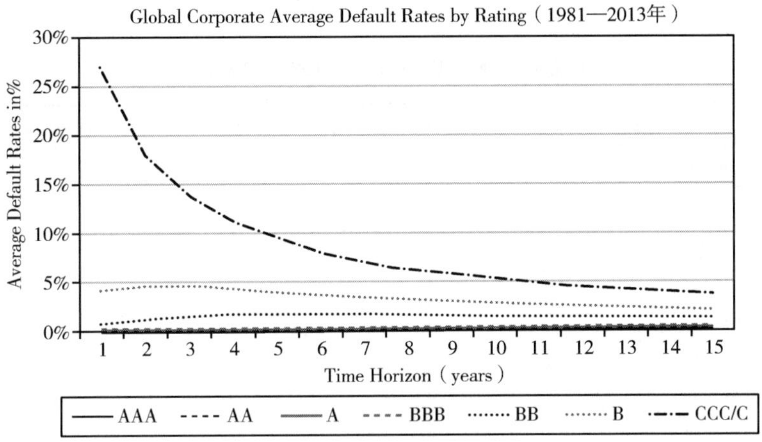


**图 4 – 7**

资料来源：标准普尔 2013 年全球公司违约研究与评级转移。

无须对曲线的局部形状和信用的预测做过多的考虑，这里我们只是注意到不同信用等级的公司的一般的曲线形状（如果不是曲线的绝对水平）和下面一些结果紧密联系：（1）很多研究者的预测结果，比如默顿等人（1974）；（2）许多研究者在拟合期限结构和观察到的信用价差时的研究结论。这（和其他一些特点）证实大家可能认同的假设：观察到的违约概率对信用价差有着重要的影响。

人们已经开发出一些技术手段（如穆迪 KMV 公司开发的技术），从不同类型的数据中提取有意义的违约概率（或穆迪 KMV 公司“EDF”或预期违约频率）。它们主要根据默顿（1974）提出的理论，预期违约频率的计算取决于这样的基本概念：公司的股票价值是指当清偿所有的债务后仍然剩余的公司价值。因此，公司股票价格运动暗含着公司的信用价值的变化。通过数据提取发现预警信号的工作并不轻松，因为提取的结果是预测违约发生的合理的先行指标。预期违约频率（EDF）的变化能够合理地通过机构评级反映出来，因此这些变化也能预测评级的变化。①

4.1.4.1.3　回收率*

顾名思义，回收率是指在违约事件中债务最终得以清偿的比例。虽然表4-7只适用于美国的违约事件，但是它确实说明了回收率变化幅度很大，甚至在行业内进行平均之后，行业间的变化也很大：最高的平均回收率超过75%，最低在30%以下。非金融公司平均回收率是38%。

**表4-7　　非金融行业平均回收率（1987—2014年）**

| 行　业 | 平均回收率（%） | 观察值的数量（个） |
|---|---|---|
| 航天航空和国防 | 29.3 | 30 |
| 汽车 | 33.0 | 135 |
| 资本货物 | 36.3 | 125 |
| 化学/包装 | 40.2 | 86 |
| 消费品 | 39.5 | 178 |
| 林产品与建筑材料 | 43.3 | 101 |
| 医疗健康 | 34.6 | 98 |
| 建筑/不动产 | 29.8 | 62 |
| 媒体/娱乐 | 37.8 | 268 |
| 金属/采掘/钢铁 | 36.9 | 76 |
| 石油天然气 | 37.8 | 136 |
| 零售/旅店 | 31.7 | 318 |
| 高科技 | 34.6 | 112 |
| 电子通信 | 29.5 | 408 |
| 交通运输 | 45.4 | 151 |
| 能源 | 75.2 | 155 |
| 总计 | 38.0 | 2 439 |

资料来源：标准普尔回收率研究（美国）：大部分债务在后危机期间提高了回收率，2014年12月。

回收率不仅在行业之间存在差异，而且在经济周期的不同阶段也不相同。图4-8显示萧条阶段回收率降低。因为萧条阶段的资产购买者难以获得流动性，从而压低了资产价格。与债券回收率类似的银行贷款回收率也说明这一点，当然，银行贷款的回收率高一些，因为它们一般都有抵押品做担保。

① 参考Denzler，Dacorogna，Müller and McNeil（2005）。

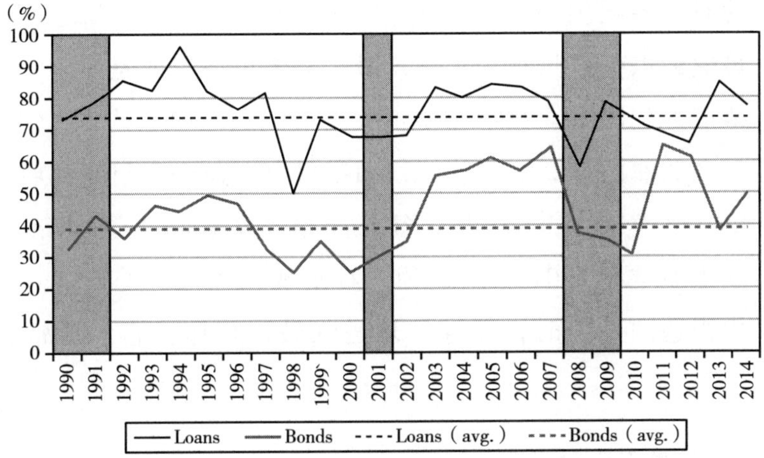


**图 4-8**

资料来源：标准普尔回收率研究（美国）：大部分债务在后危机期间提高了回收率，2014 年 12 月。

回收率甚至于比违约风险更具异质性。实际回收多少以及向谁支付（因为通常存在着一些不同类别的债权人，还包括税务部门）通常是不可能预知的。此外，回收率与当地的破产程序以及当前的政治气候有着不可分割的联系。然而，在实践中，未知的和不可预测的因素往往忽略不计，通常采取某种程序化的方法估算回收率：甚至回收率都是经常采用某一个一般性的数值。[①] 这样，回收率一般假定为 40% 就一点也不意外了。

违约损失率（LGD）也称为违约事件的损失（LIED），或者说违约程度，简单地说是“1 - 回收率”。预期年损失率等于年均违约概率乘以违约损失率（LGD）。

4.1.4.1.4　破产程序*

人们有可能确定一个合理且准确的回收率参数，但这仅是问题的一半。为了有效地计算公司债券的预期投资收益，破产程序是要考虑的关键因素，因为它很大程度上决定债券违约回收部分的时间价值。在破产过程中，确定哪些债权人可以收回债务是一个复杂的过程，这通常涉及大量的谈判和诉讼。世界银行考察了 2014 年的破产情况后发表题为“破产解决方案”研究报告[②]，连同其他一些研究文献，都指出了在公司违约和收到回收价值之间，存在着

① Hull, Predescu and White (2004)。

② 参见世界银行“破产解决方案”，www.doingbusiness.org/data/exploretopics/resolving - insolvence。

时间差。这一时间差在国与国之间有很大不同。另外，国家之间破产过程的长短不一，最短的以色列只有0.4年，最长的毛里塔尼亚是8年。根据世界银行的数据，地区之间的平均数字相差不大，从欧洲与中亚的2.3年到撒哈拉以南非洲、中东和北非的3.1年。然而，如果仅仅考虑经合组织高收入国家，数字只有1.7年。由于违约的复杂性，往往要花费数年时间才能彻底完结破产过程。例如，瑞士航空在2001年的违约，直到现在还没有处理完。但是，如上所述，现实中当违约发生时，债券处理进入破产程序，它们通常在专业投资者手中。

#### 4.1.4.2 信用期限结构*

目前市场上存在两种不同形式的模型来模拟信用风险及其期限结构。一种是把公司价值作为解释变量的结构方法，如默顿（1974）；另一种是简约（或强度）的模型，如Fons（1974）、Jarrow－Turnbull（1995）、Jarrow－Landon－Turnbull（1977）、Duffie－Singleton（1999）。与结构模型不同的是，这种简约（或强度）模型把违约视为不可预测的事件。考察市场上使用的所有模型是不可能的事情，更不可能考察全部学术文献中的所有模型了。我们能做到的仅仅是对模型的一些显著特征进行简单的观察。

派生于默顿（1974）理论的体系包括KMV模型。KMV模型现在是Moody's KMV的组成部分，这些模型认为公司价值决定着发行者的预期违约频率。该模型使用的基本概念是：公司的股票价值是已知并且容易确定的，从而公司除股票价值以外的其他价值就等于公司负债的价值。从这个概念出发，结合这样的概念——股权可以被看作是一个针对公司价值的看涨期权，我们可以设想违约概率就等于在未来的任何特定时间（特别是债务必须偿还的时候）这个看涨期权处于虚值状态的概率。所谓的违约距离就是看涨期权的标的资产价格大于执行价格的标准差的倍数，该数值越低，预期违约频率就越高。

简约模型来源于违约的死亡率模型。顾名思义，这类模型使用一个类似于保险统计的死亡率表格来测量债券违约的历史经验（如“违约风险”这一节中的表格）。根据“违约风险”这一节的内容，第y年的年违约概率仅仅是第y年的累计违约率减去第y－1年的累计违约率。我们计算第y－1期和第y

期之间的条件违约概率，并在此基础上进一步计算预期瞬态违约率。这也称为危险率或违约强度。校正危险率以匹配所观测的收益率与利差水平将得到一个期限结构模型，同理可以推导出风险中性概率。

信用违约互换（CDS）*。信用违约互换（CDS）是一种金融衍生工具（将在衍生工具模块中详述）。最常见的类型是单名的信用违约互换，在这种互换中，如果特定的第三方（参考实体）发生债券或贷款违约，则合约双方同意按协议交换一系列定期现金流以进行一定数额的支付。作为期权的一种，信用违约互换是一种标的物为（参考实体发行的）债券的或有看跌期权，其或有性在于违约事件。和大多数期权一样，信用违约互换有存续期限、执行价格（通常是面值或100%）以及支付的费用。信用违约互换和看跌期权之间的最大区别在于，由于信用违约互换是一种互换合约，因此它的费用支付并不是像期权一样提前支付一笔期权费，而是每年支付一笔费用直到最后的执行期限。这笔支付可以解释为无风险收益和参考实体的债券或贷款的收益之间的差价。信用违约互换是用来转移合约双方的信用风险，就如保险单（期权的买方就好比买了份“保险”），或者用来对冲公司债券头寸的信用风险暴露。信用违约市场发展迅速，市场上现在已经构建了反映其价格和到期期限之间的关系的信用违约互换曲线。

根据信用违约互换曲线，人们可以正确计算出特定债务人在特定时期内的信用利差。实际上，近期的研究发现信用违约互换市场引导着债券市场：信用事件在债券市场被发现之前，就已经通过信用违约互换的价格变化反映出来了。原则上来说，一份信用违约互换包含了债券的信用风险，这就说明以无信用风险收益为基准的利差应该等于信用违约互换的价格。两者之间如果有明显的差异，理论上就存在套利的机会。[①] 例如，假如 5 年期公司债券的信用利差高于同一期限的 CDS 价格，投资者就可以购买债券，同时购买 CDS 获得保护。这个合成的、无风险的资产组合收益率高于对应的基准债券（没有考虑交易成本）。这一结论在理论上成立，但现实中需要考虑交易成本和对手风险的因素。

我们必须注意到，并不是所有信用违约互换都假定在违约事件中有被保

---

① 有无数的原因导致套利并不简单［参见 Hull、Predescu and White（2004），10 - 11 页］。

护的债券实物交割：现金结算合同逐渐被使用，这引出了一个问题——如何确定现金结算。国际互换和衍生工具协会（ISDA）已经制定了拍卖规则，用于在信用事件发生时，清算各方的债权债务。

#### 4.1.4.3 曲线形状与信用质量*

一般情况下较高质量的信用曲线（不管曲线是定义为利差还是来源于CDS的价格）是向上倾斜的，但是对于高风险发行者的信用期限结构是向上还是向下倾斜是存在争议的。有很多证据表明较低信用等级公司的信用期限结构曲线是驼峰形的①，然而问题是这种驼峰形的形状是否是研究中的观测收益率数据的选择偏好的结果。此类研究形成了一个结论，特别是Helwege和Turner（1998）的结论，强调了这样一个事实，对投机级别信用等级的公司而言，有着相当大幅度的信用价值变化，其中信用较好的公司甚至能发行长期债券，因为这种债券是投机环境中所定义的“最安全”的债券，这种债券的利差在曲线的长端要小一些。低信用等级债券呈现驼峰型或向下的信用曲线可以用“到期日危机”假说来解释②，而且也符合上面所提到的观察年均违约概率。“到期日危机”假说认为，投机公司具有较低的信贷质量，在最初的背景下，也就是具有高杠杆比率的公司，可能会面临为其到期短期债务再融资的严重问题。其结果是，无法清偿债务的风险以及短期违约概率相当高。一旦这些企业克服了融资问题并且在无违约的情况下经营一段时间，长期看来他们面临的风险较低。目前，大型有健康财务环境的企业的前景在短期内是很稳定的且违约风险低，但是经历较长的时期后的信用质量就不那么确定了。因此，尽管高信用等级公司的信用曲线往往是向上的，投机级别的信用曲线则可能陡然向下反转。③

然而，总体看来较低风险的债券通常具有正斜率的信用曲线④，而较高风险的债券具有负斜率的信用曲线（见图4-9）。

---

① Sarig and Warga (1989).

② Johnson (1967).

③ TRück, Laub and Rachev (2004).

④ Helwege and Turner (1998), Bohn (1989).

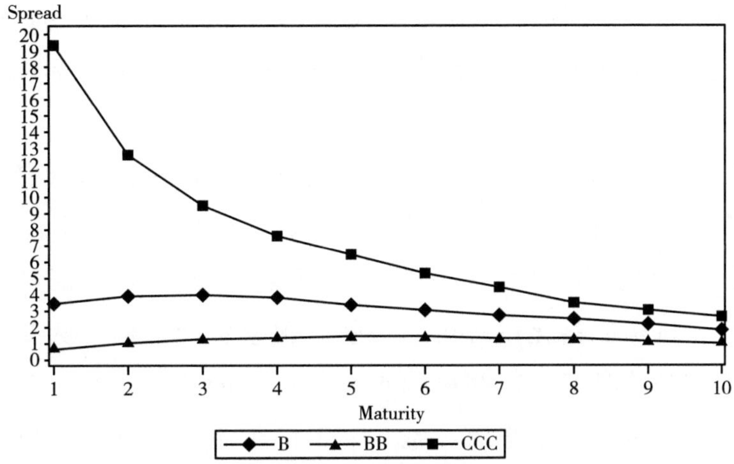


**图4-9　债券信用曲线**

资料来源：TRück，Laub and Rachev（2004）。

最后，一些研究表明，信用利差曲线的斜率可以用来预测未来的利差水平①，陡峭的信用曲线导致信用利差水平在未来会上升②。

## 4.2　抵押贷款支持证券*

### 4.2.1　抵押贷款支持证券市场简介*

抵押贷款支持证券涉及为投资者提供担保物而创立资产池。根据担保物不同而区分的两类抵押贷款支持证券是：

- 居民住宅抵押贷款支持证券（RMBS），由居民住宅抵押贷款为担保物。
- 商业抵押贷款支持证券（CMBS），由商业抵押贷款为担保物。

RMBS规模很大，特别是在美国，它们大约占巴克莱美国债券总指数1/3的权重。这类债券的流通量之大使人印象深刻。2015年其流通量是美国国债的70%，而在2006年的时候，这一数字还仅仅是20%。

---

① Krishnan，Ritchken and Thomson（2005）.

② Bedendo，Cathcart and El-Jahel（2004）.

单就流通量而言，CMBS 并非那么引人注目，在巴克莱美国债券总指数的权重只有 2%。但人们应该注意的是，相当一部分 CMBS 是浮息债券，没有计入传统的债券指数。

我们要注意区分私人证券化产品与机构证券化产品。前者提供的债券担保物种类很多——既有资产，也有其他的东西（如源自保险公司的保险利益）。因此证券化交易活动中，每一笔交易都需要进行信用验证。

与此相反，机构证券化过程中，一些“国家赞助机构”为交易活动提供信用担保。大部分情况下，这些机构承担了有关的信用风险。所以，这样的证券化产品，信用风险并不显著，唯一剩下的信用风险就是提供保障的这类机构倒闭的风险。因此，投资者认为交易活动不需要进行信用验证，只需要关注这类机构的信用质量即可。

图 4-10 显示出各类证券的相对比重（2006 年底金融危机爆发前）。从图中人们看出，就抵押贷款支持证券来说，由居民抵押贷款支持的、美国机构证券化产品占了最大比重。在非机构证券化（私人类）产品中，Alt-A 型产品（一般认为是信用质量不错但文件有瑕疵）和次级产品（信用质量差的贷

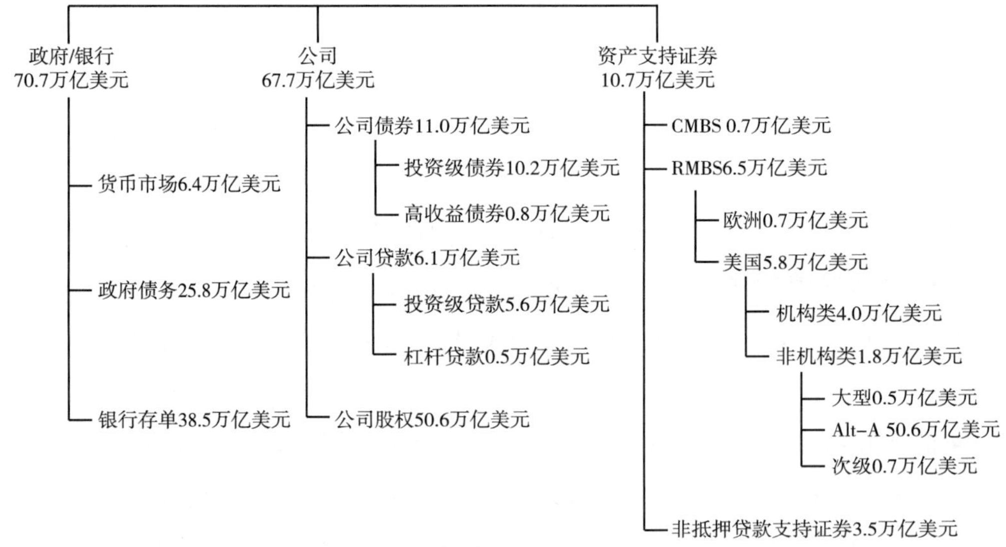


**图 4-10 全球证券市场规模**

注：除非另有说明，所有数字为 2006 年底数字。

资料来源：BIS，美联储理事会，欧洲证券化论坛，欧洲市场报告，芬奇公司，麦肯锡全球机构，ONS，SIFMA，标准普尔，世界外汇与银行计算联合会。

款）由于不再发行新的产品，就从市场上逐步消失了。上述两种产品在违约期间受到冲击，损害了像瑞银集团这样的银行的资产负债表。基于大型优质抵押贷款支持的大型证券化是当今市场主流。

2015 年，机构证券化产品规模达到 7.12 万亿美元。与此对应的是，非机构的 RMBS 萎缩到了 0.94 万亿美元——因为市场很难再发行这类债券了。[①]

## 4.2.2 抵押贷款支持证券种类*

抵押贷款是以指定的不动产为抵押而发放的贷款。如果借款人不能按时还本付息，贷款人有权出售抵押资产用于偿债。

抵押贷款到期后，根据不同情况，贷款人可收回全部或部分本金和利息（见图 4－11）。

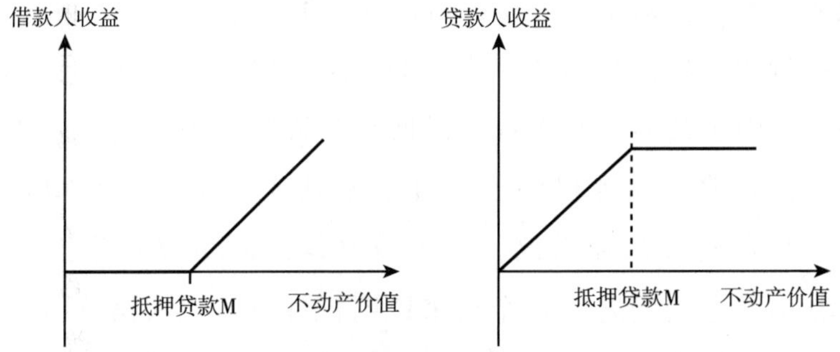


**图 4－11 抵押贷款终止时的典型支付结构（M 代表包括利息的本金金额）**

下面求解最简单的抵押贷款的公允价值，即固定利率的、无违约风险的、具有完全流动性的抵押贷款（不存在分期摊还本金的情况）。因为假设没有违约风险，人们可以把它当作国债看待，与债券一样，可用相应期限的无风险利率对其未来现金流进行贴现求得贷款价格。

原则上，无风险抵押贷款可以通过直接的贴现法计算：

$$P_0 = \sum_{t=1}^{T} \frac{CF_t}{(1 + R_t)^t}$$

其中，$P_0$——抵押贷款的当前价值；

① 资料来源：FIFMA（证券业与金融市场联合会），2015 年 1 季度。

$CF_t$——t 时刻的现金流；

$R_t$——t 年期的即期利率；

T——到期期限。

事实上，投资抵押贷款要承担借款人违约的风险。贷款人需要考虑的重要因素之一就是贷款发放日的“贷款/价值比率”（LTV），即贷款金额与抵押的不动产市场价值之比。该比率越高（借款人自有资金占不动产价值的比例越低）借款人违约的可能性就越大。此外，抵押贷款期限内，如果房价下降或因追加抵押（二次抵押）导致的权益减少，也会导致违约风险增加。若发生贷款违约，贷款人将不能收到任何利息偿付。另外，债务资产处置前（可能因房产减值及缺少维护而导致处置收入下降），还要损失该笔资金的机会成本，因为这些资金原本可用于再投资，同时还会发生保险和诉讼支出。

在许多情况下，不动产并非偿付贷款的唯一资产。抵押人还可以依赖个人资产和收入作为还款来源。这让评估过程更加复杂化，在实际中充满变数。

美国抵押贷款市场最接近本节开始时描绘的图景。实际上，美国很多抵押人的义务，仅限于其不动产本身。根据有关资料，美国有 10 ~ 15 个州只允许无追索权抵押贷款（义务仅限于抵押的不动产）交易。在剩余的各州中，大部分州没有发起有关法律动议，要求贷款偿还时可以追索其他资产。[①] 因此，人们常常用“移交钥匙”这个词来说明抵押贷款无法偿还的情况。

隐藏在这类法律背后的历史线索相当有趣。[②] 无追索权的立法可以追溯到大萧条时期的法律，并且与不动产市场的崩溃有关。这类法律的宗旨是保护抵押贷款持有人的利益，同时促使银行系统仅发放优质贷款。立法者希望，法律通过阻止银行在贷款出现问题时去追索债务人的其他资产，来促使银行小心放贷。在近期金融危机来临时，出现了这样的争论：这类法律是引发了抵押贷款危机，还是减缓了其对经济的负面影响。可以肯定的是，当年的立法者不会想到随后发生的全球资产证券化市场的快速发展——这肯定不是立法者的初衷。

---

① 参见 Ron Harris and Aser Meir, 2012 “无追索权抵押贷款——一个新的开端”, http://works.bepress.com/ron－Harris/41。

② “更改规则：大危机期间抵押品赎回权的丧失以及贷款的延期偿付”，David C. Wheelock，联邦储备银行圣路易斯分行期刊，2008 年 11 ~ 12 月。

然而，在大多数国家或法律辖区，负债者的义务存在多种解释。抵押贷款在期限和现金流上各有不同。如债券一样，人们可以计算抵押贷款的收益率（即内部报酬率，IRR）、久期与凸性。这些指标说明抵押贷款对利率的敏感性。

#### 4.2.2.1　等额偿还的固定利率抵押贷款*

等额偿还的固定利率抵押贷款是美国贷款市场上的标准形式。截至 2003 年，也就是不动产繁荣的前半期，等额偿还的固定利率抵押贷款大约占整个国家抵押贷款总量的 75%。在随后的繁荣期间，浮息抵押贷款流行起来，大约占 2005—2006 年新增贷款的 50%。在这期间，即便利率很低，发放浮息贷款也是有利可图的。这些贷款都是通过私人融资，而不是通过美国抵押贷款专门机构融资的。还有，许多浮息抵押贷款质量低下（Alt－A 级或次级）。今天在经历了不动产危机之后，超过 90% 的抵押贷款再次回到等额偿还的固定利率方式，并且受到美国抵押贷款专门机构的担保。

等额偿还的固定利率抵押贷款具有如下特征：

- 固定的还款利率。
- 等额定期还款（年金）。
- 期限通常为 20 年至 30 年。
- 借款方拥有全部或部分提前还本的选择权。
- 贷款人不具有提前终止合同的权利。

20～30 年期限和本金在期限内 100% 摊销完毕的假定，反映了美国一段时期以来土地与建筑材料价格低廉的现实，但这种趋势不会永远持续下去。① 这种类型的按揭贷款的各期现金流均相同。随着时间的推移，定期支付额中付息部分逐渐减少，还本部分则逐步增加。其定价公式可简写为：

$$P_0 = \sum_{t=1}^{T} \frac{A}{(1 + R_t)^t}$$

其中，$P_0$——抵押贷款的现值；

$A$——固定还款额（年金）；

$R_t$——t 期即期利率；

① 2000 年美国住房抵押贷款账龄的中位数大约是 30 年，现在（2015 年）已经上升到 38 年。资料来源：DB 研究，Thorsten Slok，2015。

T——到期期限。

年金为每期票息率 c 的函数。使用上述符号，可算出抵押贷款的期初余额为：

$$MB_0 = \frac{A}{c} \cdot \left(1 - \frac{1}{(1+c)^T}\right)$$

也可求解 A 的值：

$$A = MB_0 \cdot \frac{c}{1 - \frac{1}{(1+c)^T}}$$

**【例 4-1】** 计算无违约风险的 6 年期、固定利率 6%、本金 100、等额偿还抵押贷款的现值、久期和凸性。

$$贷款的年金(A) = 100 \times \frac{0.06}{1 - \frac{1}{(1+0.06)^6}} \approx 20.336$$

用该年金对抵押贷款进行估价，得到下列的数值（见表 4-8）：

**表 4-8　　利率为 6% 的等额还款的固定利率抵押贷款的现金流、现值、久期与凸性**

| 年份 | 即期利率 $R_t$ | 期初贷款余额 [1] | 利息 [2] = c · [1] | 还本金额 [3] = [4] - [2] | 年金 [4] | 现金流贴现值 $[4]/(1+R_t)^t$ |
|---|---|---|---|---|---|---|
| 1 | 5.15% | 100 | 6.000 | 14.336 | 20.336 | 19.34 |
| 2 | 5.38% | 85.664 | 5.140 | 15.196 | 20.336 | 18.313 |
| 3 | 5.52% | 70.467 | 4.228 | 16.108 | 20.336 | 17.309 |
| 4 | 5.64% | 54.359 | 3.262 | 17.075 | 20.336 | 16.329 |
| 5 | 5.68% | 37.284 | 2.237 | 18.009 | 20.336 | 15.428 |
| 6 | 5.71% | 19.185 | 1.151 | 19.185 | 20.336 | 14.574 |
| YTM | 5.593% | | | | 现值 | 101.293 |
| | | | | | 久期 | 3.342 |
| | | | | | 凸性 | 15.61 |

如果即期利率曲线平移 +1%，即从 5.15% 变为 6.15%，从 5.38% 变为 6.38% 等，将使抵押贷款的现值减少为 98.17。若采用久期和凸性计算现值变化，可得：

$$\frac{\Delta P_0}{101.29} \approx -\frac{3.342}{1+0.05593} \times 0.01 + \frac{1}{2} \times 15.61 \times (0.01)^2$$

$$= -0.03087 = -3.087\%$$

因此，我们有：$\Delta P_0 \approx -0.03087 \times 101.29 = -3.126$，最后得到变动后贷

款的现值约为98.17。

这样的计算结果是近似的，因为我们没有考虑到借款人提前还款的影响。这就要按照可赎回债券的定价方式将期权引入现金流的计算中去。期权既影响贷款价值（价格与收益率），也影响风险指标（久期与凸性）。后面还要详细分析这个问题。

### 4.2.2.2　可调利率抵押贷款（ARM）*

(1) 基础知识*

可调利率抵押贷款是一种浮动利率抵押贷款，根据某一选定的参考利率定期调整贷款利率。有时选取某种市场利率（例如国债利率）为参考利率。这种抵押贷款提供了与固定利率贷款不同的融资方式，贷款人和借款人共同分担利率风险。

ARM的定价相当直观。从直觉看，由于贷款利率会自动调整，这种抵押贷款的价格不太会受利率变动的影响。事实上，这类贷款价格总是等于其面值M。其中道理与浮动利率债券相同。

因此，如果ARM的利率重设期间隔较短，比如说1天，那么不论贷款期限多长，抵押贷款的价值等于面值。但是，如果票面利率是每3个月重设一次，则抵押贷款的价值只会在重设日当天等于其面值。在两个重设日之间，在下一重设日到来前，贷款价值可能会随利率变化而变化。

某些ARM的参考利率是以储蓄机构的资金成本为依据、人为计算的某种利率（例如负债的平均利息成本），因此这类贷款的利率不能精确反映任何市场利率。

(2) 瑞士变动利率抵押贷款案例*

从前面的论述可知，完全可调利率抵押贷款的价格就是简单地等于抵押贷款余额。然而，瑞士的可变利率抵押贷款估价却非常麻烦。

首先，瑞士可变利率抵押贷款（Swiss Variable Rate Mortgage，SVRM）没有明确的、自动与某一特定的市场利率相联系的票面利率。银行只要提前3个月前后通知以后，就可在任意时间改变贷款的票面利率。读者可能会想，在竞争性市场环境中，这样的规定会导致贷款票面利率变动与市场利率走势密切相关。事实上，人们看到贷款利率与市场利率的确是同方向变动，但贷款利率的变动幅度要小一些。人们通常认为，银行之所以不完全根据市场情况调整贷款利率的主要原因是迫于政治压力。由于房租上限与抵押贷款利率相联系，因此每一次贷款利率调整都要受到公众的质疑。在高利率时期，银行不会追随市场利率的涨幅迅速调升其贷款利率。为了平衡损益，市场利率下降时，银行也不会立即将其利率下调到与市场利率相同的水平。对于这类特殊的抵押贷款，如何定价还不是很清楚。可采取的一个办法是将其视为一种随市场利率变动进行部分调整的可调利率贷款（见图 4 - 12）。

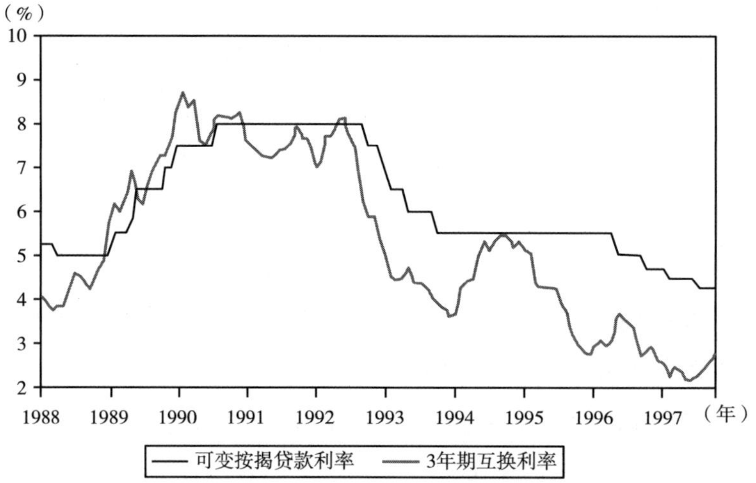


**图 4 - 12　互换利率与现有的可变按揭贷款利率**

SVRM 的显著特点是，与浮息抵押贷款不同，前者的价格不一定等于面值。这种抵押贷款的价格是高于还是低于面值，取决于利率的变动过程。有一点是确定的，即弱化或强化 ARM 的浮动特征，对抵押贷款价值产生的影响不具有对称性。贷款利率的不完全调整这一事实意味着，抵押贷款价格会随市场利率的变动发生相应的波动，市场利率下降则价格上升，市场利率上升则价格会下降。

如前所述，SVRM 的借贷双方均拥有提前终止合同的权利。从以往的经验来看，借款人使用这种权利具有一定的规律性。低利率时期他们通常会选择提前还贷，以便按较低的固定贷款利率再融资。不过，提前终止权的行使也具有不对称性。即使在赎回权处于深度实值状态时，贷款银行也往往会倾向于不执行该权利。尽管出现这种行为的原因并不十分清楚，但我们可以尝试着提供答案：若银行趁市场利率上涨而提前收回全部 SVRM，并按市场利率重新发放 SVRM，其效果与随市场利率的提高而同步上调其贷款利率完全相同。因此，就有可能会受到某种不明的政治压力，阻止这种情况的发生。

变动利率抵押贷款的市场占比并不大。市场发展趋势是固定利率抵押贷款和 Libor 利率抵押贷款（票面利率直接与 Libor 挂钩的抵押贷款）。

### 4.2.3　抵押贷款证券化*

本节对抵押贷款证券化的分析包括以下内容：介绍证券化的含义、了解其运作程序，并以抵押贷款支持证券（MBS）为例，说明证券化在抵押贷款再融资领域的应用。我们还将考察美国抵押贷款机构与 MBS 市场在 2008 年金融危机期间的作用。

#### 4.2.3.1　证券化简介*

证券化过程通常涉及将具有同质性但不具有流动性、不具有市场性的一些资产打包，形成一个资产池，然后发行新证券。这些证券代表了对资产池中的资产或由这些资产产生的现金流的索偿权。

这些新证券与原先的资产相比，更加容易转手。事实上，这些证券现在可直接在买卖双方之间流转，不需要第三方协助。于是，债权的转手只需要买卖双方同意即可，并不需要征求债务人同意。证券的发明可以说是人类最伟大的经济文化成就之一，它大大提高了各类索偿权的流动性和可转移性。债务人或者索偿权的物质客体可能完全不能变动，但是证券却赋予索偿权以高度的可转移性和市场性。特别地，证券化使得几乎所有人都能够获得风险分散化所带来的利益。原则上所有资产都能够被证券化。比如丹麦式抵押贷款、抵押贷款证券、所有种类的抵押贷款等。金融业界中“证券化”一词的含义非常广泛而深远。

- 将大量原始的具有资产支持的私人债务合约（规模各异，性质相似）汇集到某家特殊目的机构（SPV）或其他功能健全的金融中介机构。
- 索偿权池的重新包装。

①以池中现金流为基础，由某家纯粹的转手机构发行大量的小额标准化股份。该机构不对证券持有者承担除提供金融服务之外的任何义务（如美国

式过手证券化）。

②金融机构作为债务人，发行大量小额标准化债务性凭证（Debt Claims）。这类金融机构可以是某家按揭贷款银行等（如德国证券化，丹麦、瑞士 Pfandbrief Style，美国按揭债券采取该种形式）。

• 可采用的信用增级方式：

①外部信用增级，由第三方提供担保，对可能发生的损失在一定限度内（例如8%）提供第一道保护。

②内部信用增级，可以通过设置超额服务利差账户（将借款人偿付利息的一部分存入该独立的储备账户以弥补最终发生的损失）来实现，或者采取优先级/次级债券结构，或通过储备基金来保障。

• 选取恰当的证券介质，即将标准化的索偿权记载入纸质介质（或记入计算机账户）。

就美国而言，证券化是解决如下双重困境的绝妙方案：

①储贷机构存在的存贷款的期限错配问题。20 世纪 80 年代利率强劲上升，许多金融机构因短存长贷而面临财务困难。

②储贷机构由于受利率管制而一再发生的存款短缺问题。

发生这两类问题的根源在于 20 世纪 30 年代“罗斯福新政”前后出现的极端拙劣的美国金融立法，金融管制使美国金融体系难以应对 70 年代末、80 年代初居高不下、变化多端的通货膨胀环境。而存款短缺则引发了具有历史意义的“脱媒”（定期阵发性的非中介化）现象，并导致严重的融资困难，对于想要购房的个人以及小型企业尤其严重。大公司受到的影响相对较少，因为它们可以通过发行证券直接进入资本市场融资（见图 4 - 13）。

1998 年 5 月，以首个抵押贷款支持证券“TELL”的发行为标志，瑞士证券化过程开始启动。“TELL”是前瑞士银行（即现在的 UBS）发行的“全额股权和负债杠杆”（Total Equity and Liability Leverage）的首字母缩写。UBS 首开瑞士抵押贷款证券化的先河。许多法律上（如银行保密法）和文化上的障碍降低了抵押贷款支持证券在瑞士的吸引力。但对商业银行而言，发行抵押贷款支持证券所带来的财务上和经济上的好处仍十分巨大，因为证券化后可释放 90% 以上的法定资本，并且能转嫁风险而不是集中风险。可是，2008—2009 年金融危机（证券化产品被认为起了一定作用）之后，立法者特别是

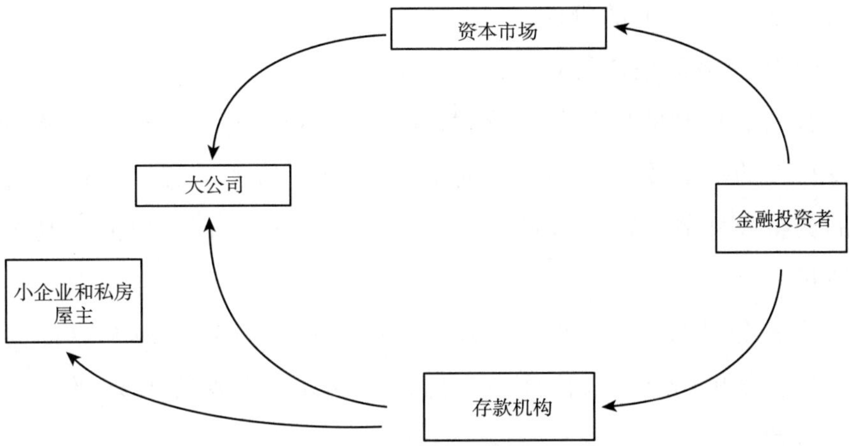


**图 4-13　Q 条例下的高利率时期的脱媒及抵押贷款可得性问题**

《巴塞尔协议Ⅲ》正在评估证券化现状。适应于更加严格的资本充足率要求，瑞士银行特别地将其更大一部分抵押贷款证券化，当然，他们是在美国或欧元区债券市场上完成这一工作的。

瑞士与其他国家（如丹麦和德国）一样，证券化可以追溯到 19 世纪（瑞士发行了"潘迪捷夫"Pfandbrief、Lettre De Gage 等产品，是一种覆盖债券）。证券化操作已经获得成功。"潘迪捷夫"与传统的证券化产品有所不同的是，其主要负债归于发行它的银行——这同一般的债券是一样的。只有在发行者破产的情况下，支持证券的抵押贷款池才能发挥担保物的第二层保护作用。典型的"潘迪捷夫"期限固定，不存在提前还贷及其他选择权，因此，对这一标准的德国式抵押贷款的估价非常简单。于是，对于抵押贷款支持证券的估值（估值常被用来对这类债券进行再次融资以及匹配期限）就能够非常简单地应用常见的固定收益分析方法。

另外，对于标准美国式抵押贷款和标准丹麦式抵押贷款——等额偿还固定利率，具有很多相似之处，人们需要进行深入分析。本章余下部分我们将集中讨论美国的情况，因为美国是 MBS 最发达的市场。

抵押贷款支持证券的概念①。抵押贷款支持证券（MBS）是这样一种债券，其对投资者的偿付得到以下来源的支持：

---

① 参阅法博齐的优秀教材《债券市场：分析与策略》，Prentice-Hall，第 10-12 章，www.swx.com，"Asset-Backed Securities"。

• 抵押贷款资产池的价值；

• 交易第三方的信用支持。

MBS 投资者面临的风险与支持 MBS 的抵押贷款有关。偿付投资者本息的并非是发行人的一般收入，而是抵押贷款池产生的现金流。人们通常通过内部结构的调整或外部的帮助来赋予 MBS 一些重要的特征，以此提高抵押贷款的信用质量。

MBS 由特殊目的机构（SPV）发行，除持有抵押贷款池并以此为基础发行证券之外，该机构再无其他使命。抵押贷款放贷人发行 MBS 的动因多种多样，主要包括：

• 融资技术：分散抵押贷款的资金来源（表外项目）；增加财务灵活性；引入新的投资人。

• 资产负债表管理技术：流动性管理和久期管理（资产负债管理）；改善财务比率（如 ROE、流动性等）和盈利能力。

• 股权资本管理技术：释放监管资本（规避资本管制），并投入更具盈利性的业务中去；降低资本成本［加权平均资本成本（WACC）、信用套利］。

• 风险管理技术：信用风险、市场风险、流动性风险和再融资风险管理；证券化促成了商业贷款最佳实践标准（ISO 9000）。

• 积极的副效应：增加管理信息；定期公布抵押资产池业绩信息。

对投资者而言，MBS 也同样具有吸引力：

• 由于证券化溢价而带来的更高的收益率：与相同信用级别（如 Aaa）的公司债券相比，MBS 和资产支持证券（ABS）支付的收益率更高。

• 流动性：在美国，2008—2009 年金融危机以前，MBS 是具有高度同质性的产品，在活跃的二级市场中有很大的成交量。金融危机之后，流动性一段时间以来有所减弱。现在机构类 MBS 产品已经恢复到正常水平，私人 MBS 产品的流通规模依然很小；在欧洲，MBS 仍然属于“买入并持有”市场。

• 风险特征：由于风险分散到大量的债务人，实现了较好的分散化，然而，2008—2009 年金融危机表明这一认识在美国不切实际。

在 2008—2009 年金融危机之前，MBS 和 ABS 的信用评级要好于对应的公司债券。表 4 – 9、表 4 – 10 给出了 MBS 和 ABS 与其他公司债券信用等级的大致分布情况。

**表 4－9　　评级分布（1995—1997 年）**

| 项目 | Aaa | Aa | A | BBB |
|---|---|---|---|---|
| MBS 和 ABS | 72% | 7% | 11% | 6% |
| 公司债券 | 5% | 16% | 38% | 20% |

资料来源：Hans－Peter Bar，"Securitization in Switzerland: A new trend"，Proceedings of the MGI Conference on ABS in Switzerland，Geneva，1999.

MBS 和 ABS 的评级比公司债券评级的高很多。超过 80% 的证券化产品评级是 AAA，达到这一评级的公司债券就少多了。当然，金融危机之后，评级机构对评级过程更加严格了。

**表 4－10　　评级分布（2015 年）**

| 项目 | Aaa | Aa | A | BBB |
|---|---|---|---|---|
| MBS 和 ABS | 87% | 5% | 6% | 2% |
| 公司债券 | 2% | 13% | 44% | 41% |

资料来源：Source: Credit Suisse，Barclays Multiverse Index，2015.

#### 4.2.3.2　过手证券的构造*

了解美国证券化模式的来由，有必要回顾抵押贷款证券化的历史。在 20 世纪 60 年代后期，抵押贷款证券化发展的目的是解决期限错配问题，使美国抵押贷款融资体系在面临宏观经济波动时，不要牺牲当时被认为具有客户友善性的美国标准的等额偿还固定利率抵押贷款，而要给予其合理的信贷配给。回顾一下这种抵押贷款的主要特征：

- 固定的贷款利率。
- 固定的年金。
- 固定的期限，通常为 30 年。
- 借款人具有部分或全部提前还本的选择权，而贷款人没有提前终止合同的权利。

证券化只能出售资产组合产生的现金流，因此，这种抵押贷款就需要设计成一个相对复杂的长期融资工具。它必须是一种期限足够长的、固定利率的、可提前赎回的再融资工具。这可以通过大量不同金融工具的组合来完成。而将整个资产池进行证券化是另一种相当精巧的解决办法，无须使用复杂的表内再融资工具，投资者恰好能得到抵押贷款借款人所偿付的现金流。

（1）MBS 的证券化结构

图 4－14 展示了抵押贷款证券化的结构。借款人与银行签订抵押贷款合同时，他们并不知道贷款银行是否会由于证券化的需要而在以后某个时间将贷款出售给特殊目的机构（SPV）。在瑞士，受银行保密法制约，在未征得借款人许可的情况下，不允许将贷款转让给他人。这就是为什么在 1998 年瑞士银行公司发行 TELL 之后，一些瑞士大商业银行开始在其签订的抵押贷款合同上以粗体字打印这样的条款——该条款允许银行将抵押贷款“过手”给第三方，即所谓的特殊目的机构（SPV）——的原因。

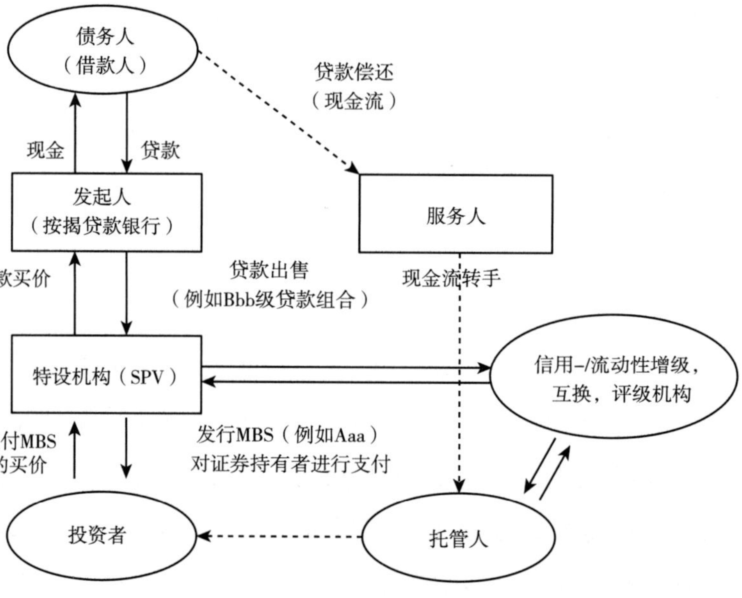


**图 4－14 抵押贷款证券化的工作流程**

在将抵押贷款出售给 SPV 后，原发放抵押贷款的银行通常仍为 SPV 充当服务商，这样做可避免将客户关系也随之转移到其他机构。SPV 会为服务商提供的服务支付一定的报酬。然后，SPV 发行抵押支持证券（MBS），通常会设计多个债券组：

- 高级（优先）组，信用级别通常为 AAA，大约占贷款池价值的 95%。
- 初级（次级）组，通常由一个或多个债券组构成，信用级别为 AA、A

大约占贷款池价值的 5%。

- 储备账户，通常由发起人提供担保，约占贷款池价值的 1%。

这样做的目的是将高级债券组的信用级别提高到 AAA，以便 MBS 可以支付较低的票面利率。

服务商根据贷款合约向抵押贷款借款人收取规定的现金流（即利息和分期本金摊还），然后将其转付给托管人。此时，有关机构可以应用各种利率衍生品（例如利率互换）以降低信用风险和流动性风险。托管人最后会将托收款以付息和还本的形式支付给抵押支持证券的投资者。

（2）美国的抵押贷款特别机构

在机构类证券化过程中，产生了一个介于贷款发起者与 SPV 两者之间的中介机构。贷款发起者将贷款出售给这个机构。该机构为这些抵押贷款提供信用担保。如果贷款发生违约，这个机构会偿还未清偿部分给 SPV。

美国的抵押贷款特别机构是在大危机期间建立的。它们的使命反映出政府的政策意图。它们的业务方便了资金放贷，也使多数人负担得起购置不动产。这些机构是通过股份制建立起来的。考虑到它们作为政策工具的作用、它们庞大的规模以及在不动产市场上（以及整体经济上）的重要性，人们通常认为这些机构得到政府的支持。因此，它们的债券一般被评为 AAA。

金融危机爆发前，3 家主要的抵押贷款特别机构分别是政府国民抵押贷款协会（Governmental National Mortgage Association，Ginnie Mae，简称“吉利美”）、联邦国民抵押贷款协会（Federal National Mortgage Association，Fannie Mae，简称“房利美”）和联邦住宅贷款抵押公司（Federal Home Loan Mortgage Corporation，Freddie Mac，简称“房地美”）。“房利美”是三家中最大的机构，担保的抵押贷款高达 2.7 万亿美元。除了这 3 家大的机构外，还有一些政府赞助机构为抵押贷款提供担保（如“联邦住房管理局”“退伍军人协会”“乡村住房服务局”）。它们的业务运作与前面提到的 3 家机构类似，后面还会进一步考察它们（见图 4－15）。

就机构类 MBS 而言，抵押贷款特别机构为其信用风险提供全额担保。一旦发生破产，SPV 会收到抵押贷款特别机构的本息偿还额。从投资者的眼光看，破产相当于贷款的提前赎回。

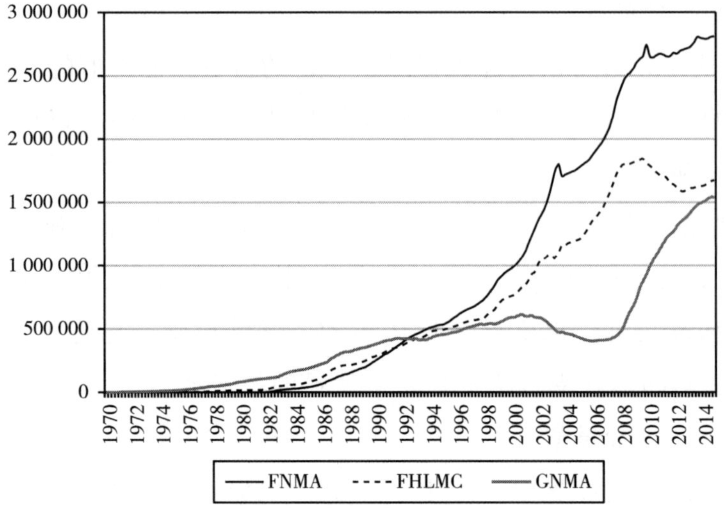


**图 4-15　由抵押贷款特别机构担保的 MBS**

资料来源：SIFMA，2015。

从历史上看，机构类抵押贷款融资的主要对象是中产阶级。为反映这一政策意图，有关部门设置了抵押贷款特别机构要求的贷款上限（每年由“联邦住房金融局”公布）。一开始的贷款上限是单个家庭房屋 730 000 美元（1980 年是 94 000 美元，2000 年是 253 000 美元，2006 年是 417 000 美元）。[①] 贷款上限的初衷是支持那些购买中下等房产的家庭，后来不动产市场泡沫破灭，贷款上限盯住了中等价格的房产。为满足特别机构的要求，那些债务人质量和文件质量符合一定要求的贷款，才算是“合规抵押贷款”。只有合规的抵押贷款，才有资格进入机构类的证券化过程。

达到规模要求的、文件合规并且质量达标的抵押贷款就是所谓“大型抵押贷款”，这些贷款会在私人市场上进行证券化。2007 年不动产市场崩溃之后，由于投资者缺乏兴趣，针对抵押贷款的私人借贷市场依然不景气。为矫正“信贷收缩”，政策制定者决定大规模增加合规抵押贷款的上限。甚至在某些情况下，还批准了突破上限[②]的例外贷款。

---

① 资料来源：房利美。

② 这种情形说明证券化中存在的政府干预，与政府对借贷市场中的银行业务的干预，如出一辙（欧洲金融危机的情况也说明了这一点）。一旦在爆发系统性风险并且到达了预先设定的临界点时（证券化市场上的临界点是再融资比例，银行的临界点是资本和流动性要求），无论是证券化相关机构还是银行，都会遭受损失。过去的经验至少表明，没有政府干预，我们就没有能力处理严重的市场危机。

近来，机构类抵押贷款被认为含有政府补贴的因素。隐含的政府支持有助于降低融资成本，同时在不违反银行法规监管要求的前提下，节省了使用或要求的资本（见 4.2.3.3 小节）。历史上看，“合规抵押贷款”的收益率要比私人市场上流通的“大型抵押贷款”的收益率，每年平均低 20 ~ 30 个基点。金融危机期间，政府补贴的作用反映在上述利差上，已经达到每年 2%。

就监管政策而论，增加合规抵押贷款的上限，使机构类抵押贷款的市场占比，达到整个美国抵押贷款市场的 90% 以上。这样的政策引发了社会争议。实际上，不动产借贷市场几乎实现了国有化——在一个历来标榜信奉自由市场经济的国家，这是人们绝对料想不到的。

（3）美国标准抵押贷款组合的现金流*

美国标准抵押贷款组合会产生典型的不确定性现金流。期间现金流包括三个部分：

- 未清偿本金产生的利息。
- 未清偿本金产生的分期还本额。
- 鉴于以下原因按面值提前偿付的本金：正常提前还贷、借款人违约（由担保人偿付）。

注意，如果没有对抵押贷款进行保险和担保，上述总额会由于借款人违约和破产而减少。

这也就是发放抵押贷款的中介机构能够回馈其股东和存款人的现金流模式。因此，若中介机构希望帮助其存款人避免由这种抵押贷款构造所产生的现金流模式所带来的不利影响，要么是发行能够复制该现金流结构的债务工具，要么就需要大量的股权资本和预防性现金拨备。

金融投资者有权按照比例拥有来自抵押贷款的现金流，包括票息、偿还的本金以及提前还款额。

#### 4.2.3.3　MBS、机构与 CDO 在 2008—2009 年金融危机中的作用*

有关这场金融危机的研究文献特别多。学者、金融专业人士、政治家以及其他社会人士，对引发这场金融灾难的原因给出了各种各样的解释。所有这些原因中，有两个原因起到关键作用：不动产市场的繁荣以及随后的崩溃、美国银行经营模式的改变。这两者都是由金融监管法规的转变导致过分金融脱媒的结果。

（1）美国不动产市场的繁荣与崩溃*

1997年到2006年间，美国房地产名义价格增长了170%，平均每年增长12%（见图4-16）。相对于收入而言，在20世纪八九十年代，中产阶级的房价与其收入比是3，但是到2004年该值为4，在2006年该值为4.6。

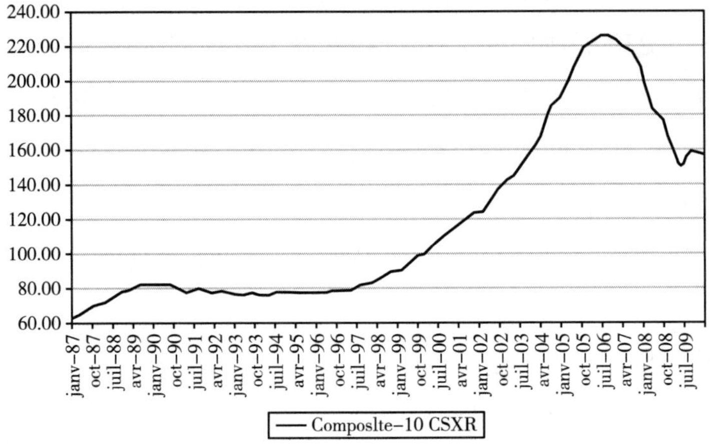


**图4-16 S&P/Case-Shiller房价指数**

房地产市场繁荣的原因是什么？美联储2002—2005年的低利率政策是其中一个原因，如泰勒[①]指出的那样（泰勒是“泰勒规则”的提出者，这一规则描述了最优利率政策）。在这一期间的大部分时间内，美联储实行宽松货币政策，联邦基金利率为2%，低于“泰勒规则”的预期。自20世纪80年代早期以来，泰勒规则的预期一直是切合实际的。

（2）美国银行转变经营模式*

2004年，监管规则的变更[②]加速了抵押贷款脱离商业银行资产负债表，进入特殊目的机构（SPV）[③]的证券化步伐，目的在于增加商业银行资产负债表内的利润。监管规则的变更包括：放松对投资银行的杠杆限制，由原来的15:1增加到40:1。同时，《巴塞尔协议Ⅱ》的发布降低了优质抵押贷款的资本权重，从《巴塞尔协议Ⅰ》的50%降到《巴塞尔协议Ⅱ》的35%，甚至是

---

① 约翰B泰勒，“金融危机与政策对策：金融危机实证研究”，NBER工作论文，14631号。

② 详情参考“当前的金融危机：原因与政策问题”，OECD 2008。

③ 也被称为“资产支持的商业票据管道公司”（ABCP）。

15%、20%，并且允许银行使用自己的风险模型进行内部评级。这为在《巴塞尔协议Ⅱ》实施前，银行增加其表外活动提供了套利机会。

这些监管规则以及其他一些规则的改变，使银行有机会扩大证券化规模，为扩充资产负债表规模和打开盈利空间开辟了道路。

（3）MBS和CDO数量增长、质量下降*

2002年到2007年期间，MBS的数量呈现爆炸式增长，机构类MBS从4万亿美元增加到超过5.8万亿美元（增长45%），私人类MBS从1.2万亿美元增加到超过3.6万亿美元（增长200%），其他类型的资产支持证券均没有显示出这样的增速。CDO市场从2000年的2750亿美元增长到2006年的4.7万亿美元。最初，银行新的经营模式运行良好，因为这些创新业务能为他们节约资本，银行资产负债表规模持续增长，盈利能力也在明显增强。

然而，随着时间的推移，新的模式发展得越来越远，更多的资产用来满足投资者对MBS的偏好。从2001年到2007年，抵押贷款的质量持续下降，但直到2006年，由于房价持续高速增长，抵押贷款的风险依旧没有暴露。房地产市场的这种积极导向让房主更容易通过再抵押获得融资，甚至同一所房子作为抵押物的价值不断增加，因此他们可以从房子中获得现金。另外，相对传统的商业银行的模式，此时银行和其他贷款人很少关注贷款质量，因为他们通过证券化，把大部分风险转移给了投资者。

次级抵押贷款的发展给那些拥有很少资产甚至没有资产的家庭提供了拥有住宅的可能。次级抵押贷款的利率高，因为它承担了更高的风险（低信用评级，高债务，权益比率低，文件合规性差等）。大多数住房抵押贷款在前2年到3年实行诱人的低利率，在剩余的30年内重置为更高的利率。这称为可调利率抵押贷款（ARM 2/28或者3/27）。在2001年到2006年间，次级抵押贷款呈现出爆炸式的增长，规模从570亿美元增长到3 750亿美元，市场占比从8%增长到20%。在剧烈的增长趋势下，次级抵押贷款和自动准入贷款为那些没有资产或很少资产、低收入或者根本没有收入的人们打开了拥有房产的大门，所谓的NINJA贷款就是指“无收入，无工作，无资产”贷款。

当房地产市场恶化时，那些权益为负数的房主，以及某些州无追索权贷款[①]的借款人，几乎没有动力持续支付月供。许多人停止支付抵押贷款，他们中的有些人丧失了抵押品赎回权。

（4）信用增级、信用保险与评级机构*

抵押贷款证券化过程的一个关键步骤是评级机构对私人 MBS 和 CDO 的各个债券组进行评级。最终，三大评级机构对这一市场过分乐观的评级，在金融危机的中起到推波助澜的作用。

从市场的角度来说，对 MBS 和 CDO 的评级收入占据评级机构总收入的50%。债券发行人为评级服务支付费用的商业模式与评级的公正性产生了冲突。因为担心在市场竞争中失去客户，评级机构会夸大评估等级。发行人从评级机构那里知道了债券或债券组想要达到某个信用级别（比如 AAA）的条件。为了确保得到想要的等级，银行会为发行人提供信用增级，或者保险公司为发行人提供多重信用保险。这些行为将产生与真实情况相比过多的 AAA 级 CDO。

2000 年，一个新的简化的数学公式[②]被应用于违约相关性的模型。它为 CDO 及其债券组的定价、累计损失概率的估算、首次违约概率的估算等提供了更为简便的方法。无需使用历史数据，该公式利用互换利差和信贷违约互换（CDS）市场的市场观察值来定价。这一简洁实用的公式很快被投资银行、评级机构和监管者共同认可。

事后回顾，这个简便的公式是基于特定的假设：购房者之间的违约相关性很小且保持稳定。看来这个假定有些武断了。但是在当时的市场情况下，市场参与者是认可这一假设的。总之，这个公式形成了基本的风险估计误差：错把系统性风险当作特定风险。当经济大环境较好时，购房者违约主要由个体原因造成（即仅与个别业主有关）；但当经济下行影响整体市场时，违约将变成系统性风险。该模型未能考虑到全国范围内房地产市场整体下跌的严重情况。

（5）房价下跌引发多米诺效应*

由于房屋供大于求，投机客撤离市场，2006 年中期开始出现房地产市场

---

① 放贷人除了作为抵押物的房屋本身外，不能追索借款人其他资产作为偿债来源。

② Li，David：“违约相关性研究：连接函数法”，固定收益杂志，2000。

低迷现象。市场低迷加上抵押贷款的质量下降，以及 ARM 后续利率的抬升，引发了抵押贷款 2007—2008 年的违约和止赎浪潮。

很清楚，无论有怎样的信用增级、信用评级和信用保险措施，大量的 MBS 和 CDO 还是变得一文不值。债券保险商已经无法兑现他们的承诺：他们的担保物中 CDO 占了 15% ~20%，超过了他们自身的资本（一般是担保物的 8%）。市场下跌导致投资者发生巨额亏损。金融机构也受到冲击，因为这些金融工具是金融机构的表内资产，或虽然转移到表外，但依然是其所属的特殊目的机构（SPV）的资产。虽然为了规避监管，SPV 是公司的表外资产，母公司银行还是会为其提供资金和信用增级。这意味着，如果投资者遭受损失，他们可以通过看跌期权将这部分资产回售给银行。由于流入 SPV 的抵押贷款的现金流下降，银行不得不采取许多措施维持其信用度。此外，SPV 通常通过短期商业票据市场来融资，而在金融危机期间，这个市场已经处于停滞状态。这意味着银行不得不以威胁到自身生存为代价，来延长 SPV 还款期，而 SPV 比他们资产负债表规模要大很多。甚至资产负债表内的 AAA 级 CDO 债券组——针对这类资产的资本要求低，也成了问题资产或有毒资产。金融机构不得不剥离或者注销这些资产，并筹措资本以渡过难关。

最后的结局是，2008 年底，人们由于害怕巨额损失会危及美国和国际许多大银行的生存，市场信心备受打击。经济和金融危机促使中央银行以接近零的利率水平提供大量流动性，同时迫切需要政府为金融部门提供大量救助。

（6）联邦政府接管“房利美”和“房地美”*

不动产市场危机同样冲击了抵押贷款特别机构，最终导致这些机构于 2008 年被政府接管，并处于政府管理之下。

总体而言，抵押贷款特别机构与上面提到的不动产泡沫没有什么关联。由这些机构批准的抵押贷款都达到了预先设定的、比较保守的信贷标准。这些机构只批准“合规抵押贷款”，很少有 ARM。为什么这些机构也要政府救助呢？

为解答这一问题，我们要考察一下它们的资产负债表。表 4 - 11 是“房利美”的资产负债表。

**表 4－11　资产负债表**

（2003 年 12 月 31 日，单位：百万美元）

| 资产 | 金额 |
|---|---|
| 抵押贷款组合 | |
| 抵押贷款相关证券（总计） | 665 947 |
| 持有投资贷款 | 240 582 |
| 抵押贷款组合净值 | 906 529 |
| 非抵押贷款投资 | 59 493 |
| 其他 | 43 547 |
| 总资产 | 1 009 569 |
| 负债与股东权益 | |
| 负债 | |
| 无担保债券/中期债券/长期债券（净值） | 961 732 |
| 其他 | 25 464 |
| 总负债 | 987 196 |
| 股东权益 | |
| 股东权益总额 | 22 373 |
| 负债与股东权益总额 | 1 009 569 |

资料来源："房利美" 2003 年年报。

我们发现，2003 年"房利美"的账面资产为 1.009 万亿美元。这些抵押贷款大部分已经证券化，并得到了"房利美"担保。这些资产都是通过发行机构类债券筹资形成的。"房利美"为这些债券发行提供担保，因为"房利美"被认为可以获得政府隐性支持，所以这些债券由此取得了 AAA 的信用评级。

另外，"房利美"的股东权益为 220 亿美元。初看起来，似乎只占资产的 2%。

根据图 4－14，"房利美"担保的抵押贷款达到 1.8 万亿美元；然而，尽管担保金额如此巨大，它们却没有在资产负债表上反映出来。相反，它们被当作表外负债处理了。如果拿"房利美"的 220 亿美元股东权益除以 1.8 万亿美元的担保额，结果是一个非常小的数值——也就是刚刚超过 1%

而已。

金融危机期间，超过 6% 的抵押贷款——即便是高质量的、合规抵押贷款，受到信用违约影响。在前面提到的不动产市场动荡期间，这一比率并非罕见。20 世纪 90 年代瑞士不动产市场危机期间，抵押贷款违约率大致也是这个比率。芬兰和瑞典在 20 世纪 90 年代发生不动产市场危机时，抵押贷款违约率同样如此。很显然，危机期间 1% 的权益比率很不合理。资本比率低是政治博弈的结果，这些特别机构可以免除《巴塞尔协议》为银行规定的资本充足率规则。指出这一点毫不令人吃惊。

即使在今天，美国的抵押贷款特别机构按国有化模式运作，没有资本比率要求。迄今为止，如何进行这些机构的改革与私有化，还没有达成政治共识。因为如果这么做，会导致房主的融资成本上涨，同时也迫使贷款企业去筹集大量资本。这当然会减少信贷总量。因此，改革的努力成了握在手中的“烫山芋”。与此同时，国家的抵押贷款市场——广义资本市场的重要部分，几乎全部由国家掌控。

然而，人们已经开始做出努力，力图矫正上述资产证券化过程中出现的缺陷。一部分原始权益人发起的用于机构类证券化的抵押贷款，由于不能达到要求被拒绝进入证券化过程；要求的文件中规定了证券化过程中关于违约的处理规则。虽然这些缺陷与上述的系统性问题相比不是那么显眼，但是，人们的立法努力和政治选择使原始权益人和有关银行的相关记录变得好一些了。

#### 4.2.3.4　MBS 属性分析*

标准的 MBS 现金流在任何时点上均为三部分组成，见图 4－17。

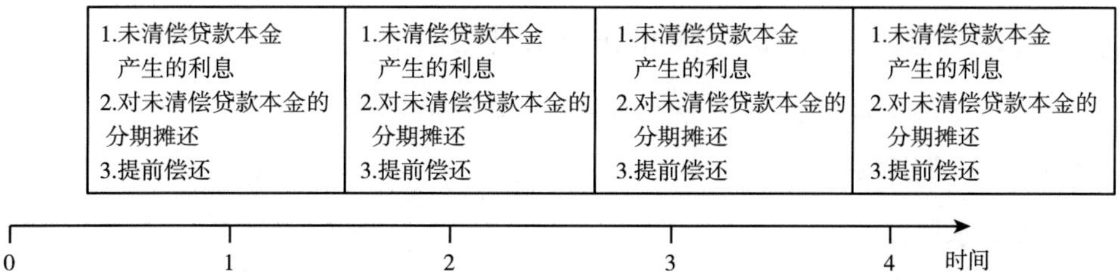


**图 4－17　过手 MBS 持有者的现金流构成**

（1）过手 MBS 的属性*

如果没有提前还款问题，MBS 的估值与定价与债券一模一样。MBS 的价格计算甚至更容易些，因为 MBS 的投资者一般不用承担违约风险（如果不考虑政府违约的话）。

提前还款影响了现金流到达投资者的时间。事实上，提前还款导致投资者无法确定债券的久期究竟是多少。这个问题有些复杂，因为提前还款行为假设影响了票息的确定。

提前还款原因分为三个大类：

- 流动性。人的自身原因如死亡、出售房屋、迁移、离婚以及继承等造成提前还款。
- 再融资。出于资产组合的原因而部分或全部提前还贷，主要是为了利用新抵押贷款的较低的票面利率，也可能是为充分利用闲置的抵押品而申请新的数额更大的抵押贷款。
- 违约导致的提前还贷。

以上三种原因与各种经济或非经济因素相联系：

随机性提前还款由社会和自然因素引起，与经济形势无关。这类提前还款率独立于经济环境。人们可以预期这类提前还款率在一定时期内保持常数。累计提前还款数量与时间（即账龄）有关。

与此不同的是，再融资性提前还款与经济形势，特别是利率密切相关。当市场利率下降时，提前还款进行再次融资的动机增强，以便充分利用较低的利率水平。

违约导致的提前还款的一部分由个人事件导致，另一部分由宏观经济事件引发。在经济生活中，破产是无法避免的。但一般而言，抵押贷款违约率上升往往发生在房地产价格下降和利率上升之时。

因此，三个可能影响当前提前还款现金流的因素是：

- 时间，“账龄”。
- 利率水平。
- 房地产价格。

表 4 - 12 展示了三种提前还款因素的细节。

表4－12　提前还款的种类与原因

| 提前还款类型 | 随机性提前还款 | 再融资提前还款 | 违约导致的提前还款（假设抵押贷款已投保） |
|---|---|---|---|
| 时间“账龄” | 典型的时段特征：<br>(a) 初始阶段发生金额较小<br>(b) 早期出现上升趋势<br>(c) 30个月后开始稳定 | 典型的时段特征：<br>(a) 初始阶段发生金额较小<br>(b) 整个存续期内保持上升趋势（利用闲置抵押品进行再融资） | 典型的时段特征：（假设经济增长和通货膨胀率处于正常水平）<br>(a) 早期阶段金融较高<br>(b) 在整个存续期内呈下降趋势（由于经济增长、通胀和本金摊还所致） |
| 市场利率 | 无影响 | 强负面影响（利用较低的市场利率进行再融资） | 影响不确定 |
| 房地产价格 | 不清楚 | 不清楚 | 负面影响 |

人们注意到，在抵押贷款持续期间内，提前还款的模式如下：

①贷款初期的提前还款较少，但增长速度快。这可能是因为按月还贷对一部分人造成了财务困难。随着实际工资增长以及通货膨胀的发生，减轻了实际贷款负担，财务困难会逐步缓解。

②若无特殊情况发生，提前还款比率会稳定在一个相对固定的水平上。

③利率下降导致提前还款加速，利率上升会延缓提前还款。

④房地产价格下降会加速提前还款，房地产价格上升会延缓提前还款。

抵押贷款现金流由月度偿付额构成，包括利息、合同规定的本金偿还额以及任何提前还本金额。由于提前还款额很难精确预测，因此过手证券的现金流具有不确定性。

确定合适的贴现率也很困难。在美国，即便因联邦政府担保而剔除了违约风险，但借款人拥有提前还款权，由此引发的提前还款风险依然存在。

（2）提前还款与久期——路径依赖*

我们最好用一个例子说明利率驱动型提前还款的效应。假设新发行的MBS项下的抵押贷款票面利率是6%，期限是30年。如果市场利率保持在6%的水平不动，将出现什么情况？此时，提前还款主要受随机性因素与房地产价格的影响，提前还款率相对较低。预期的久期也相对较长（大概是12年）。

现在利率大幅度下降到3%的水平，对抵押贷款的影响是什么？答案是提前还款会急剧增加，因为大多数借款人会趁机按照较低利率签订新的借款合同。MBS 的久期会快速下降（例如下降到 1 年，或在全体抵押贷款的借款人进行再融资这个极端情况下，久期就是零）。当然，有些借款人不会再融资，一是因为重新借款有质量限制（债务人资格与财产限制），所以一部分抵押贷款无法再融资；二是因为部分借款人的非理性行为，不去利用再融资机会。

接下来，我们让利率上涨到 9%。利率驱动的再融资不再有吸引力，抵押贷款池的久期会延长（比如到 15 年）。

让利率再次下降到 3% 之后，发生的事情相当有趣。此时提前还款再次上升，但比上次 3% 的利率情景下上升得少一些。为什么？因为对利率敏感的借款人在第一次降息中已经离场，剩下的能够或希望再融资的借款人就少了，也就是说，一部分人只有在信用质量改进后才能进行再融资。MBS 的久期会下降，但比第一次降息时下降的幅度要小一些（例如下降到 7 年）。

以上效应被称为证券化产品 MBS 的“路径依赖”。可赎回债券的久期与此类似，也是依赖利率水平，但它并非路径依赖。为精确估算 MBS 的价值以及有关风险，我们需要的是过去利率演变路径、资产池构成以及当前提前还款规模这些因素的完备信息。可这样一来，对 MBS 的精确估值将成为耗时费力的艰难任务。

（3）再论特别机构*

作为债务工具的 MBS 对利率非常敏感，这让很多潜在的投资者相当为难。很多情况下投资期限是固定的，作为投资对象的 MBS 与这一要求发生矛盾。当市场行情比较好的时候，很难找到足够多的 MBS 投资者。所以，特别机构开始逐步地购买他们的证券化产品并把它们保留在资产负债表中。现实情况的确如此，如“房利美”的证券化产品规模从 1995 年以来持续增加，到了 2003 年达到最高点 1 万亿美元（如我们在“房利美”的资产负债表所见）。2004 年以后，政府干预使得其规模不再增加。经过数年争论之后，许多人开始“用脚投票”，离开市场。在高峰时期，被证券化的抵押贷款有大约 1/3 被特别机构持有。

（4）抵押贷款过手证券*

对于个人投资者而言，4.2.3.4 小节介绍的抵押贷款过手证券具有如下吸引人的特征：

- 发行量巨大、具有同质索偿权、面值相对较小，是一种流动性资产，市场潜在规模巨大并且有效。
- 较好地分散了违约风险；机构类过手证券没有违约风险。
- 较好地分散了提前还贷风险。

(5) 抵押担保债券 (CMO)*

标准美国抵押贷款将其固有缺陷带进由它们组成的 MBS 抵押贷款池中。首先要肯定，就“随机性”风险而言，贷款池在一定程度上起到了分散作用。假如只存在随机性风险，那么 MBS 现金流的发生时间是可以预测的。遗憾的是，宏观经济发展状况，尤其是利率和房地产价格也会影响整个抵押贷款池的提前还款倾向。一方面，就对宏观经济发展状况的反映而言，抵押贷款池中借款人的行为高度正相关。另一方面，由于利率和房地产价格均不可预测，MBS 投资者不可避免地要承担相当大的提前还款风险。这会使长期和短期投资者都不愿去购买 MBS。

抵押担保债券 (CMO) 对不确定的现金流模式进行了分解，创造出一种新的现金流模式，可满足投资者对不同投资期限的特殊需要。

一般的 CMO 结构如下：整个抵押贷款池，或者该贷款池的主要部分，被分配给数个债券组 (Tranch)，债券组的划分按照受偿顺序确定。除最后一个债券组外，其余每个债券组均在发行后定期收取利息，直到其余债券组均已偿付完毕后，最后一个债券组才能得到偿付。为说明 CMO 结构，假设有一个抵押贷款池，期初余额为 100 000 美元，该贷款池有四个等额的债券组 (见表 4 – 13)：

**表 4 – 13　计算 CMO 四个债券组的参数**

**(采用 PSA 标准提前还贷基准[①]计算提前还款率)**

| 抵押品 | | CMO | | |
|---|---|---|---|---|
| | | 债券 | 本金 (美元) | 利率 |
| 本金 | 100 000 美元 | 债券 A | 25 000 | 7.50% |
| 利率 | 9% | 债券 B | 25 000 | 8.00% |
| 期限 | 360 个月 | 债券 C | 25 000 | 9.00% |
| PSA 提前还款率 | 200% | 债券 Z | 25 000 | 11.00% |

注：PSA = 公共证券协会。

① 详细计算过程，参考第 4.2.3.6 小节。

- 债券组 1：25 000 美元。该债券组的持有者会收到基于本部分贷款剩余本金所支付的利息和分期摊还的本金，还包括整个贷款池提前偿付的贷款本金。该债券组本金还清后，对债券持有者停止支付。
- 债券组 2：25 000 美元。债券组 1 全部清偿之前，债券组 2 持有者只能收到利息。债券组 1 清偿后，贷款池中所有偿还的本金都会归集到债券组 2，直至债券组 2 全部偿清为止。
- 债券组 3：25 000 美元。债券组 2 全部偿清之前，债券组 3 的持有者仅能收到利息。债券组 2 偿清后，贷款池产生的所有利息和偿还的本金便会归集到该债券组，直至该债券组全部清偿为止。
- 债券组 4：25 000 美元。该债券组的持有者在其他较高级别的债券组完成清偿之前得不到任何支付，而只有在其他债券组偿清之后，贷款池全部现金流归该债券组，因此称为“剩余债券组”或“Z 债券组”。

有一点必须明确，CMO 既没有完全消除抵押贷款池的提前还贷风险，也没有完全消除任何债券组的提前还款风险。但是，它的确根据特定投资者的需求对贷款池的现金流进行重新分割。这当然增加了 CMO 的投资吸引力。对利率敏感的债券组（C 组和 Z 组）通常出售给特别机构或其他机构投资者，而风险较小的债券组（A 组和 B 组）的购买者一般是投资基金或个人投资者。

图 4－18 显示了用表 4－13 的参数计算的抵押贷款池预计的现金流。图 4－18 和图 4－19 说明了这些现金流如何在 CMO 的四个债券组之间进行分配。

在 PSA 提前还款基准（200%）的假设条件下，由抵押贷款池产生的现金流。提前还款率在前 30 个月内按每月 0.4% 的速度增长，之后，保持为固定不变的 12% 直至到期日。

债券组 A 的本金清偿完毕之前，抵押贷款产生的期望现金流用于对债券组 A、债券组 B 和债券组 C 支付利息。之后，在债券组 B 的本金清偿完毕之前，必须支付利息给债券组 B 和债券组 C 的持有者。对于债券组 Z 的持有者，只有当债券组 C 的本金及利息均偿付完毕后才会收到现金流。剩余的支付额会全部归集到债券组 Z（见图 4－20）。

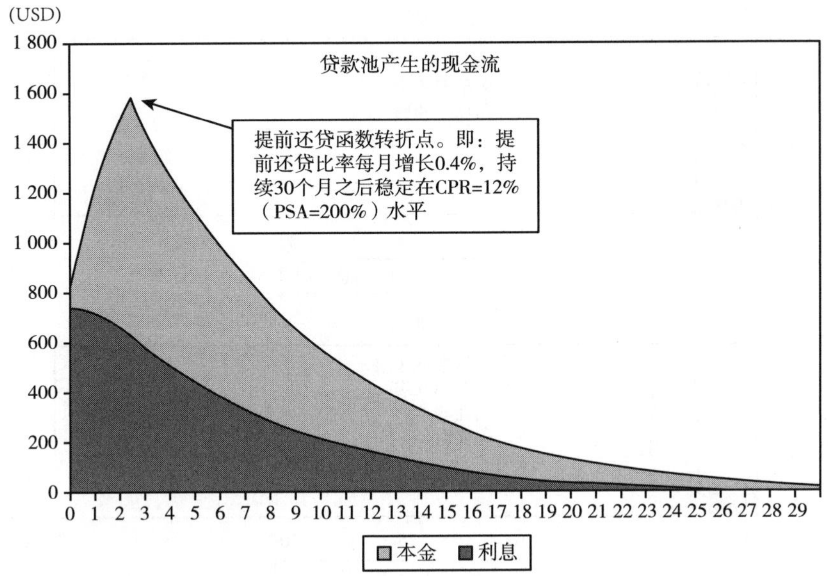


**图 4－18　抵押贷款池预计的现金流**

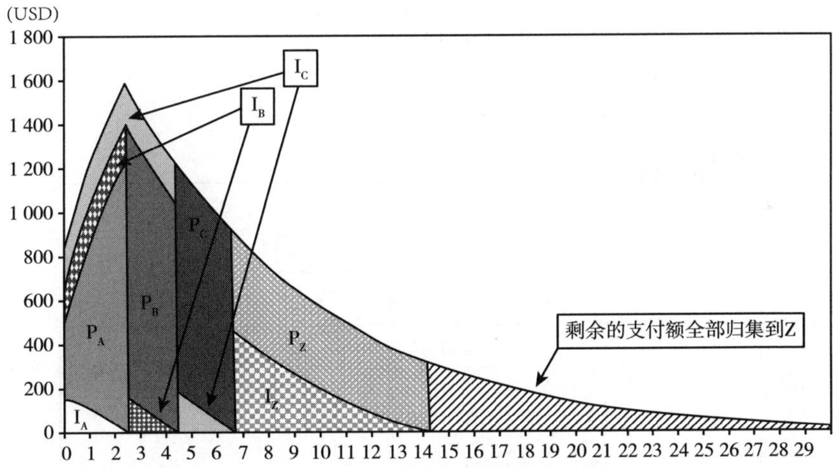


**图 4－19　现金流的分配**

根据假设，债券组 Z 的本金是在第 171 个月时偿清的。之后，剩余的现金流支付给债券 Z 的持有者，若不计交易费用，其收益率可达到 9.89%；同样，可以根据预期现金流计算各 CMO 债券组的期望久期和凸性。到期日表示本金偿清所需要的时间。

（6）本息分离式抵押贷款支持证券*

分解过手证券现金流的另外一种方法就是本息分离。本息分离式抵押贷款支持证券最简单形式就是本金证券（PO）和利息证券（IO）。简单过手证

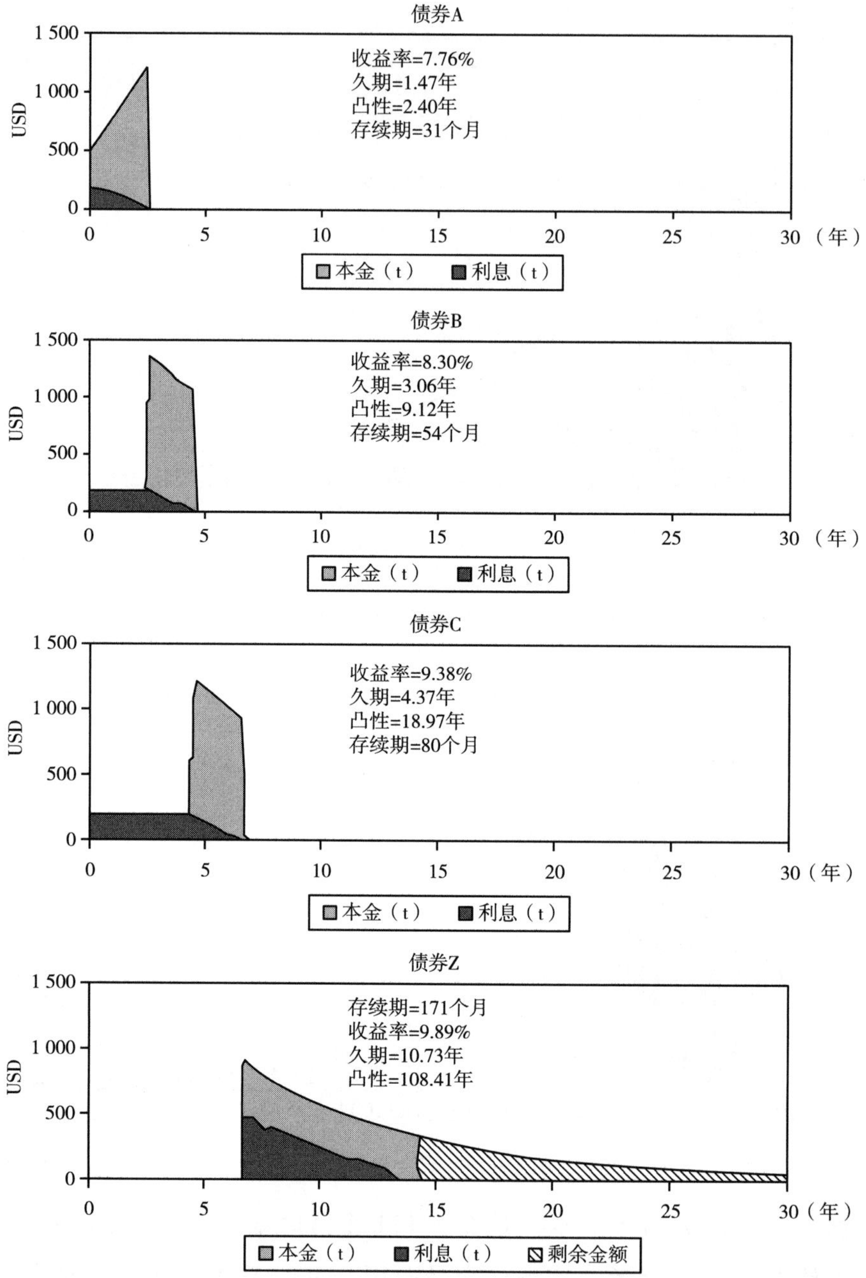


**图 4-20　一般的 CMO 各个债券组的现金流**

券所产生的现金流会以相同的比例分配给所有的投资者，但本息分离式抵押贷款支持证券只包括两种证券：其中一种获得所有利息现金流，称为利息证券（IO）；另一种获得所有的本金现金流，称为本金证券（PO）。就对冲利息风险和提前还款风险而言，本金证券和利息证券是非常有用的工具。

#### 4.2.3.5 MBS 的现金流*

金融索偿权的价值或多或少反映了其产生的现金流现值，因此，对前述三种类型的 MBS 而言，一个重要的问题就是，给定基础抵押贷款合约性质的前提下，如何确定这些证券的现金流。根据定义，MBS 投资者可获得的现金流有三个部分：

$$CF_t = NI_t + SP_t + PR_t$$

其中，$CF_t$——投资者在 t 月获得的现金流总额；

$NI_t$——扣除服务费和其他费用后的月净利息支付额；

$SP_t$——合约规定的 t 月本金偿付额；

$PR_t$——合约未规定的 t 月本金提前还款额预测值。

这里，关键的变量是提前还款额 $PR_t$，其金额取决于还款人的意愿。表 4－14 给出了典型的过手 MBS 的现金流结构。

**表 4－14　　典型的过手 MBS 现金流**

<table>
<tr><td colspan="4">抵押贷款借款人的支付额：$PR_t + SP_t + I_t$</td></tr>
<tr><td>本金偿还额：$PR_t + SP_t$</td><td colspan="3">（毛额）付息：$I_t = i \cdot MB_{t-1}$</td></tr>
<tr><td>本金提前还贷额预测值：$PR_t$</td><td colspan="3">事先约定的月支付额<br>（贷款利息加上分期摊还的本金）<br>$MP_t = MB_{t-1} \cdot \frac{i \cdot (1+i)^{n-t+1}}{(1+i)^{n-t+1} - 1}$</td></tr>
<tr><td>提前还款额<br>$PR_t = SMM_t \cdot (MB_t - 1 - SP_t)$</td><td>约定的本金偿还额<br>$SP_t = MP_t - I_t$</td><td>扣除服务费的净利息<br>$NI_t = MB_{t-1} \cdot (i - s)$</td><td>服务费<br>（支付给服务人）<br>$S_t = s \cdot MB_{t-1}$</td></tr>
<tr><td colspan="4">MBS 投资者获得现金流：$CF_t = PR_t + SP_t + I_t - S_t = PR_t + SP_t + NI_t$</td></tr>
</table>

表中，$I_t$表示利息毛额；$MB_t$表示抵押贷款余额；$MP_t$表示事先约定的借款人月偿还额；$SMM_t$ 表示标准月提前还款率，即提前还贷率。它是用精确的计量经济方法进行建模而计算出来的；$S_t$表示服务费。

计算工作每月重复进行，本月抵押贷款余额承接上月抵押贷款月末余额。相邻两月余额之间的关系由下列动态等式表示：

$$MB_t - MB_{t-1} = PR_t + SP_t$$

该关系式显示，某月发生的事件会影响所有剩余期间的现金流。这就是所谓的路径依赖。很显然，如果不存在具有不确定性的提前还贷情况的话，只要知道 i、s、n 和 $MB_0$ 的数值，人们就能够充分预测整个现金流的运动过程。

有两类方法可以处理提前还款问题：

- 按经验毛估，即采用比较粗糙、快捷的经验法则进行估计。
- 基于较细致（相对而言）的计量分析和金融分析而建构的数学模型。

下面我们简要介绍美国最常用的方法，即在前文中用于计算 CMO 时采用的公共证券协会（PSA）标准提前还款基准。该基准是对整个贷款存续期内月标准提前还款比率（SMMt）的可能演化路径的一种估计。

PSA 模型假定刚发行的抵押贷款提前还款率低，但随着抵押贷款账龄的增加，提前还款率逐渐上升。模型假定第一个月份的提前还款率为 0.2%，在之后的 30 个月内每月增长 0.2%，直至提前还款率达到 6% 为止。之后，这一数字在整个剩余期限内保持不变。用下面公式表示：

$$t \leqslant 30 \text{ 个月：} CPR_t = \frac{t}{30} \times 6\%$$

$$t > 30 \text{ 个月：} CPR_t = CPR = 6\%$$

其中，t 表示抵押贷款发放后的月数；CPR 表示条件提前还款率。这是每年的提前还款率，称其为条件提前还款率的原因，是因为该比率的计算取决于抵押贷款余额。

以上的基准比率称为“100% PSA”或简写为“100PSA”。用 PSA 的一定百分比表示提前还贷速度的快慢。例如，200PSA 意味着提前还款速度为 PSA 基准的 2 倍的 CPR；75PSA 则表示 0.75 倍的 CPR，等等。

CPR = 6% 表示每年提前还款的金额为抵押贷款余额的 6%。为了估计每月的提前还贷额，CPR 必须转换为月提前还款率，即通常所说的 SMMt。已知 $CPR_t$，下面公式给出 $SMM_t$ 值：

$$SMM_t = 1 - (1 - CPR_t)^{\frac{1}{12}}$$

#### 4.2.3.6　复杂的 MBS 估值方法*

在所有的利率敏感型证券中，MBS 属于最复杂的一类证券。MBS 的价格由多种因素决定，这些因素大多难以用模型进行精确的量化估计。前面提到，抵押贷款池中的借款人提前还款是 MBS 的核心特征。尽管说提前还款取决于整个经济环境的状况，但一般而言，当前的利率水平更有可能是其中最主要的因素。较低的利率水平使借款人更加倾向于提前偿还抵押贷款（执行他们的看涨期权），以利用较低的利率水平对其资产进行再融资。而对整个抵押贷款池而言，显然并不是一旦看涨期权处于实值状态，所有的房主就会提前偿还贷款。在这种情况下，人们预计利率与提前还款倾向之间存在某种关系。特别地，我们可预期任何时期提前还款额都与当时的利率水平负相关。

（1） MBS 的久期与凸性*

我们用图形直观地展示久期和凸性，图形的坐标分别为所考察的证券价格和利率。对于普通债券来说，价格—收益率曲线是负斜率且凸向原点的[见图 4－21 （a）]。对应每一个收益率，价格函数的斜率给出久期的概念，而函数的曲率（即斜率的变化）则提供了有关凸性的信息。

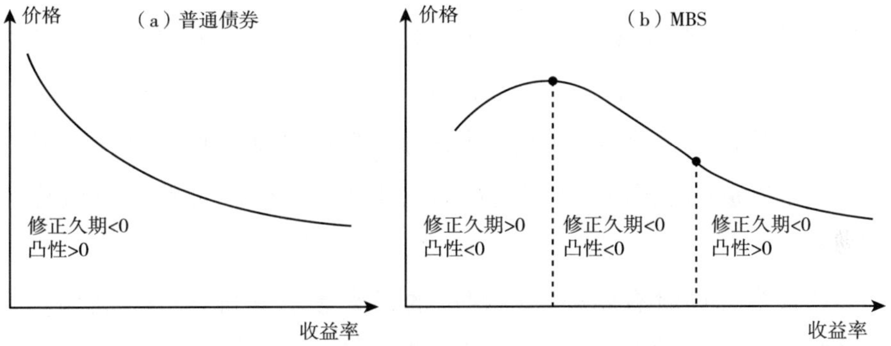


**图 4－21 提前还款对久期与凸性的影响**

与普通债券不同，MBS 的价格受利率下降的影响并非那么明确。当利率下降时，如果其他条件保持不变，由于贴现率下降，因此 MBS 的价格应该上升。然而，利率下降导致再融资吸引力增强，会使提前还款率上升。这会消耗抵押贷款池的余额，从而降低证券的价格。如果我们在观念上将抵押贷款池的现金流分别分配给本金证券和利息证券的话，对这一点就看得更清楚。[①]房主像平常一样继续偿付抵押贷款，但此时那些假设的证券持有者们会收到不同种类的支付款项。

① 虽然在这里描绘的情形只是想象，但创设债券组其实在 CMO 投向市场之前已经开始这么做了。这个例子中的实际 CMO 包含的债券组不止本金证券和利息证券这两组。

考虑到这种情况，我们可以分析这两类证券的价格是如何随着利率变化而变化的（见图 4 - 22）。

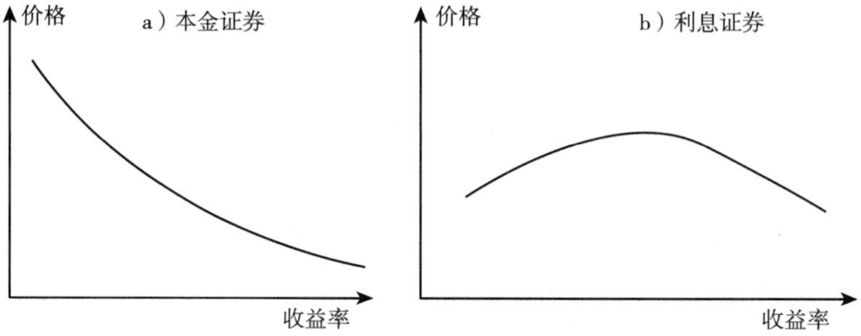


**图 4 - 22　不同债券组的利率敏感性**

例如，假定有一个由长期抵押贷款支持的面值 1 亿美元的过手证券，由它分解出本金证券（PO 证券）和利息证券（IO 证券）。本金证券折价发行，比如发行价格 0.45 亿美元，到期兑付 0.55 亿美元。但投资 PO 证券可实现的收益率取决于实现该收益率所需要的时间。IO 证券没有面值，这类证券的投资收益是抵押贷款剩余本金产生的利息。

PO 证券的价值毫无疑问会随着利率的下降而增加。原因在于，随着提前还款的加速，使完全偿还本金所花费的时间越来越少，另外现金流也会以较低的利率贴现。

至于 IO 证券，同时有两种作用相反的因素影响其价格。当利率处于较高水平时，利率下降（类似于 PO 证券的情形）会增加支付利息的现值；而当利率已经处于较低的水平时，利率的进一步下降则会产生负面的价格效应，这是因为提前还款减少了贷款本金，而利息是根据本金计算的，这就减少了投资者收到的利息。事实上，如果提前还款太快的话，会使得 IO 证券的投资者收到的利息少于购买价格。虽然利率较高时，现值效应起支配作用。但当利率较低时，本金缩减效应就会起到更为重要的作用。因此，对于 IO 证券而言，其价格行为呈现图 4 - 22 右边所示的钟形曲线。由于 MBS 可分解为两类假设的证券，其价格行为同样也反映其组成部分的价格行为。因此，图 4 - 21 中 MBS 的价格曲线可视为 PO 证券价格曲线和 IO 证券价格曲线的垂直相加。

人们从图 4 - 21 可以明显看到，提前还款使 MBS 与普通债券的久期和凸性出现显著差异。利率较高时，我们看到 MBS 有负久期和正凸性（与普通债券相同）；利率处于中等水平时，它的久期和凸性都是负数；在较低的利率水平下，它的久期为正，凸性为负。

图 4 - 21 还告诉我们这样一个事实：MBS 的价格在发行日那一天的收益率水平上，达到最高值。在那之后，无论利率是涨还是跌，MBS 的价格都下降了。由于 MBS 的价格变化总是大于常规债券，所以投资者要求较高的收益率作为补偿（与可赎回债券类似，但比后者更为显著）。这个附加的收益率的大小依赖于利率波动程度。假如某位投资者相信未来利率波动率小于现在市场认同的水平，投资 MBS 就有利可图。

（2）影响提前还款的其他因素*

到目前为止，我们一直假定提前还款率仅仅是市场利率的函数。更好模型的应该考虑影响提前还贷行为的更多因素。下面我们引入一个新的因素。

前文提到，低利率促使借款人进行再融资以锁定较低的贷款利率。然而，这是在假设他们能够找到愿意发放新贷款的银行。能否获取新贷款，在很大程度上取决于当时抵押贷款的“贷款/价值比率”（Loan to Value Ratio）。显然，资产贬值会导致房主的权益减少甚至为负，也就不可能进行再融资了。所以，资产价格同样是提前还款率的重要影响因素。

#### 4.2.3.7　小结*

本章主要介绍了美国的证券化机制。原因主要有以下几点：

（1）迄今为止，美国拥有规模最大的按揭贷款证券化市场。

（2）基础抵押贷款合约的复杂程度很大程度上决定了对证券化方案进行金融分析的复杂程度。美式标准抵押贷款合约正是一种比较复杂的金融工具。

（3）与美式标准抵押贷款合约相似的合约在世界其他市场也非常流行，特别是丹麦，其在 19 世纪就已经成为世界上最复杂的抵押贷款支持证券市场之一。

（4）对美式抵押贷款支持证券的分析，是对其他流行的抵押贷款支持证券估值的一项很好的训练。

（5）注意，几乎所有固定期限的抵押贷款合约都存在提前还款问题。甚至连瑞士固定利率抵押贷款和德国标准抵押贷款这些原则上“不能提前还贷”的合约，都存在着随机性提前还款风险。到目前为止，提前还贷风险已经转移到借款人身上，不过，瑞士和德国的银行没有理由不提供一种能使贷款人承担这种风险的合约。

（6）针对 MBS 的久期对冲活动的变化（由抵押贷款特别机构实施）可以强化美国市场上的利率趋势，并且影响互换利差。

正如4.2.3.4 节所述，美国的 MBS 和 CDO 在 2008—2009 年的次贷金融危机中扮演了重要角色。

# 第 5 章　资产支持证券*

## 5.1　导论*

一般来说，资产支持证券（ABS）是由金融资产池或由其产生的现金流支持的有价证券。这些金融资产是同质的，但流动性和可转让性差，包括与个人消费信贷有关的各类应收款，如信用卡、汽车贷款，以及非个人信贷性质的种类，如设备租赁与贷款、公用事业贷款、飞机租赁以及版税。与这些金融资产不同，ABS 是可流通的有价证券——这都多亏了资产证券化。

资产证券化起源于 20 世纪 70 年代的美国，目的在于为抵押贷款池进行结构化融资。最初，银行只是贷款方——他们给借款人发放抵押贷款，然后持有这些贷款，直到它们被偿还完毕为止。银行通过吸收存款和其他负债为抵押贷款融资，这些存款和负债构成银行的一般债务，而不是针对特定资产的债务。如果存款足够多，那么这一切就很正常。但随着房地产信贷需求的增长，银行不得不寻求其他的融资来源。证券化为这一问题提供了解决方案。银行不再把抵押贷款保留在资产负债表中，而是将合格的抵押贷款分离出来，以“资产支持的”证券的形式出售给投资者。银行由此将拥有的风险转移给那些更愿意承担或有能力管理风险的机构投资者手中。自 20 世纪 80 年代中期以来，证券化做法扩展到非抵押贷款，同时欧洲开始将抵押贷款证券化。在先进的技术与成熟专业的投资者的共同促使下，资产证券化成为资本市场中发展最快的一个领域。

起初，ABS 的基础资产仅限于汽车贷款和信用卡应收款，但很快其基础资产就扩大到其他资产，如学生贷款、租赁（见图 5－1）。

欧洲的 ABS 证券化起源于英国 20 世纪 90 年代的汽车 ABS。与美国不同的是，欧洲银行的证券化融资来源主要是发行覆盖债券。所以推行 ABS 的动

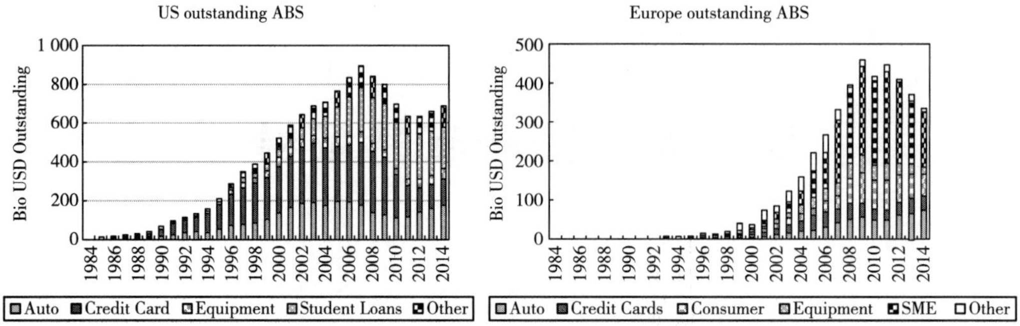


**图 5-1　资产支持证券余额（1985—2014 年）**

资料来源：SIFMA。

因在于考虑机会成本和改善资产负债表。事实上，欧洲 ABS 发行最多的时候是 2009 年债务危机期间，因为那时银行迫切需要流动性。特别是在西班牙和意大利，银行运用 ABS 创造了有担保、可回购的 ECB 证券，从而把大额抵押贷款分成了中小份额的金融求偿权。因此，欧洲在 2008—2011 年发行的结构化 ABS 中，超过 75% 的部分在发行者参与的回购市场上交易，而不是在普通的二级市场交易。

全球化经营的汽车公司为人们提供了 ABS 在全球的市场概况。大众汽车金融服务公司经常发行 ABS，最近在 11 个国家发行 ABS，它们以所在国货币发行，遵守当地法律，适应当地投资者的需要（这些国家是：德国、英国、法国、西班牙、美国、加拿大、墨西哥、巴西、澳大利亚、日本、中国）。

资产证券化的发展与中央银行对这类资产的支持是分不开的，而证券化进程本身也提供了这种支持的机会。就原始权益人方面而言，证券化将表内资产转变为表外收费权。对于借款人而言，ABS 的出现相当于增加了信贷供应量。如果信贷提供者一直将贷款保留在资产负债表中，这种额外出现的信贷供应就不会出现。证券化释放了银行资本，使之可以扩张资产，或将资金用于再次投资，也改善了资产/负债管理水平，提高了风险管理能力。对投资者而言，ABS 为其提供了资金进入消费信贷和公司信贷的渠道，也增强了非交易资产在二级市场上的流动性。

## 5.2　结构*

资产支持证券的结构设计有多种，但一般的创设过程如图 5-2 所示。

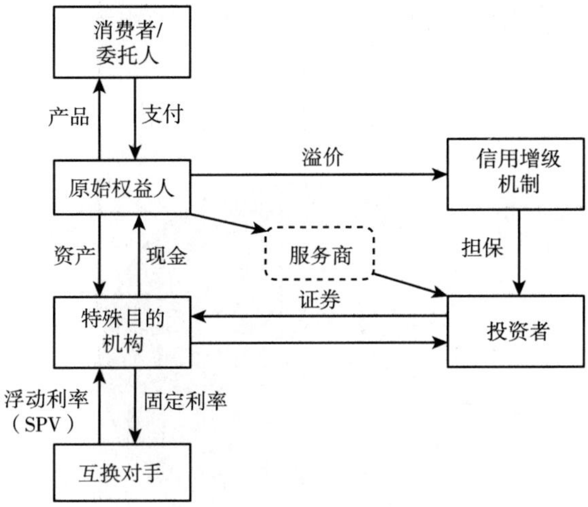


**图 5－2　证券化简要结构与主要参与者**

这个过程大体分为以下步骤：

首先，贷款者向借款者发起贷款。

证券化开始时，贷款者先设立一个特殊目的机构（SPV）。该机构可以采取完全独立的法律实体或信托的形式，也可以采用仅服务于特定的、有限的目的的合伙制形式。

其次，贷款者将贷款或其他应收款汇集起来后出售给 SPV。出售的目的在于将投资者与贷款机构的信用风险隔离开来。

SPV 发行附息证券为购买证券化资产融资，这些证券由贷款的现金流支持。这些新发行的、流动性好的债务工具就是资产支持证券。它们有固息的，也有浮息的。这些证券的信用等级可以独立于发起贷款的金融机构。

基础贷款产生的现金流在扣除手续费后，可以直接分配给投资者（“过手证券”的情形），也可以根据特别规则和市场需要重新设计现金流分配。在后一种情况下，通过改变同一个抵押资产池中的现金流分配模式，人们可以创造出风险/收益结构各异的 ABS。

除了基础资产外，ABS 交易还要涉及诸如信用增强与流动性支持。我们将在后面考察它们。

## 5.3　基础资产种类*

由巴克莱全球债券总指数测量的全部债券总量中，证券化产品占比为 15%，非常重要。证券化产品中，前章提到的 MBS 占比超过 75%（见图 5-3）。

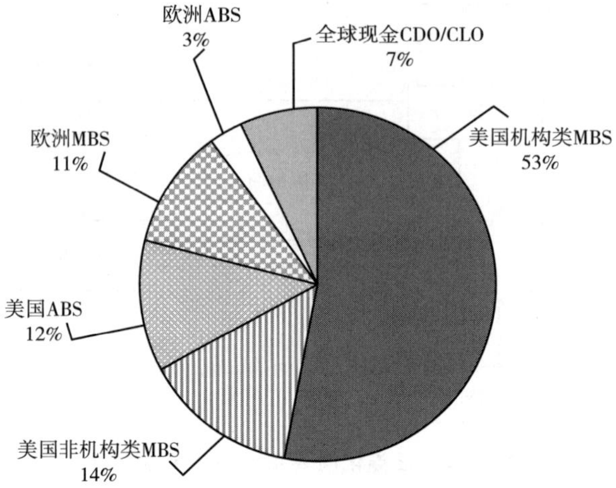


**图 5-3　全球未清偿的证券化产品**

资料来源：SIFMA。

将近 2 万亿美元的 ABS 主要因为基础资产种类不同，分为不同类型，见图 5-4。

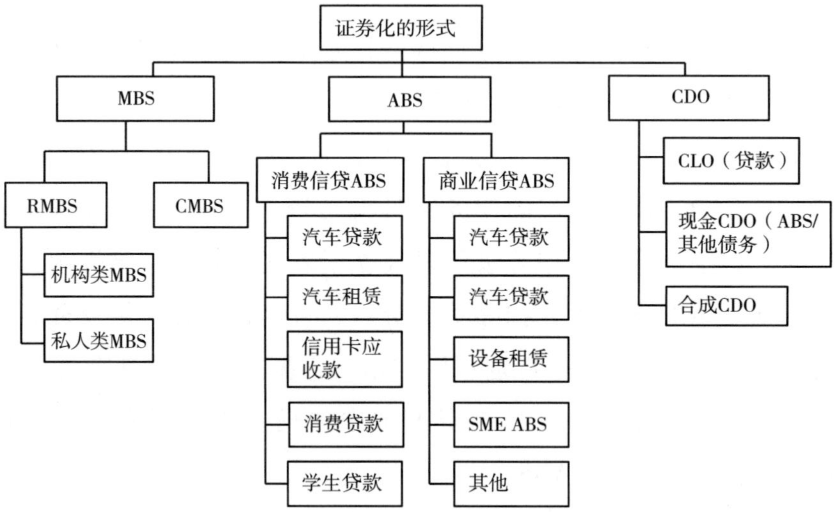


**图 5-4　不同种类的 ABS**

ABS 的基础资产分为两类：（1）封闭式的分期摊还资产或合同，这类资产有明确的摊销表和到期日。（2）开放式资产，没有精确的摊销表，而是用循环使用的信用额度，可按照借款人的意愿延伸期限。我们将考察两类资产最普通的例子。

### 5.3.1 分期付款合约（以美国汽车贷款为例）*

汽车贷款的期限一般不超过6年。它们以汽车为抵押，是完全分期摊还的。此外，美国历史上汽车贷款的违约率很低，因为如果违约导致汽车被收回，借款人的损失很大。这些特点使汽车贷款成为证券化的优质资产。

汽车ABS产品种类很多，最常见的是按比例支付产品。然而，由于本金摊还需要时间，所以本金还款现金流的时间分布很广，超过了许多喜欢短期还本的投资者可接受的范围，这使汽车ABS也出现了类似于抵押贷款市场上的CMO债券组那样的支付结构。因此，一个具体产品或许包含“计划摊销组”（即“PAC”组），其适应于那些期望获得稳定现金流的投资者，以及“支持组”，这类证券由于现金流不稳定，所以收益率比较高（见图5-5）。

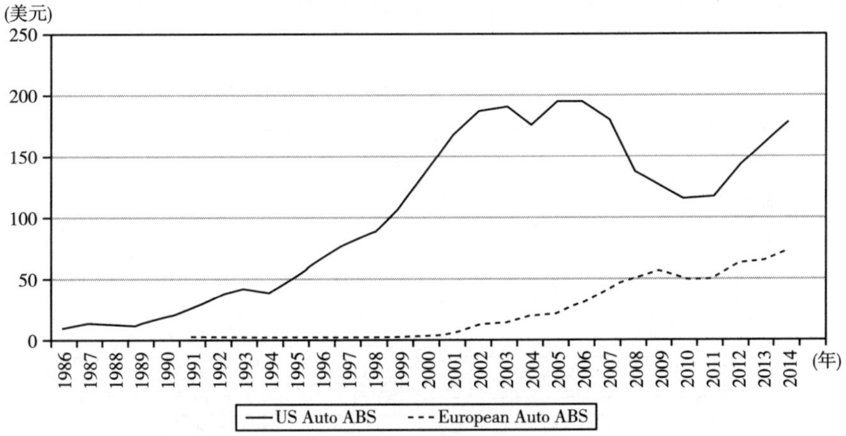


**图5-5 美国与欧洲汽车ABS的发展**

汽车ABS总的看来信用质量好，历史上贷款的违约率很低。然而，这类产品还是分为优质、非优质和次级三个类别。

- 优质汽车ABS抵押贷款的借款人信用历史记录良好。这类产品的认定标准严格而保守，要求有新车记录，期限少于5年，贷款发起人的拖欠行为和营业损失少。

- 非优质汽车ABS抵押贷款的借款人信用质量相对差一些，可能会带来贷款损失。

- 次级汽车ABS抵押贷款的借款人收入低，有不良信贷记录，贷款属于

“低级、无记录”类型。

后者是指那些没有足够收入作为还款来源的贷款。

对于达不到优质条件的交易，一般要求额外的信用增级措施。对于汽车ABS而言，最普通的信用增级是超额利差保护、优先/次级结构、储备基金以及履约保证。其他小节会进一步讨论它们。

### 5.3.2 信用循环额度（信用卡应收款）*

美国1987年首次发行信用卡ABS，以分散银行的筹资来源。此后，消费者依赖信用卡消费，越来越多的商家和服务商（如医生和零售店主）也接受了信用卡，所有这些促进了信用卡市场的快速发展。与之相伴随，信用卡ABS市场也迅猛发展，并逐步成为信用卡行业为消费者注入无担保信贷的主要方式。美国近年来信用卡ABS未清偿余额的变化见图5-6。

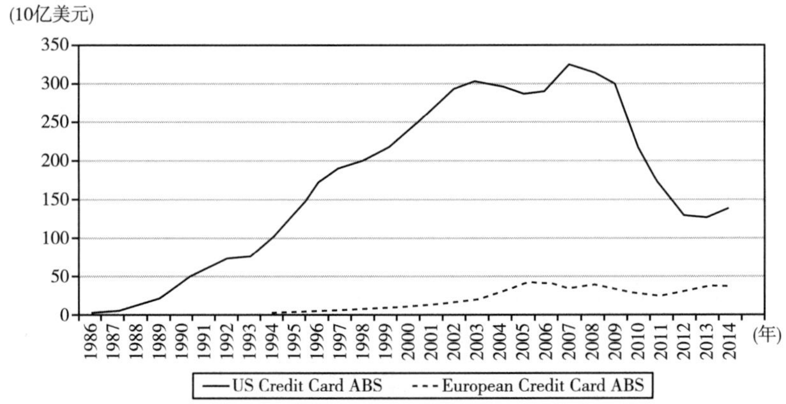


**图5-6 美国与欧洲信用卡ABS的变化**

信用卡债务有循环性。信用卡持有人被授予一个信用额度，在额度之下可以随时借款。借款人每月可以还款很少，也可以大量还款，这取决于最低偿还额的规定。因此，信用卡账户没有确切的到期日，贷款本金或贷款规模往往随时间发生很大变动。

信用卡ABS的抵押物是一组未清偿的（应收的）信用卡账户。支付给投资者的利息来自资产池的毛收入，包括财务费、年费、罚金和特约商户使用费（接受信用卡支付的商户支付给发卡人的费用）。信用卡资产池的费用包括ABS票息、销账损失和服务费。

以下是证券化步骤。信用卡发卡人先通过设立一个信托创设信用卡 ABS。然后，该发卡人将一组信用卡账户的应收款（包括当前未清偿的余额以及由此产生的未来现金收入）出售给这个信托。说明一下，发卡人还转让了这个组中按照面值购买未来的应收款的权利。未清偿应收款余额支持了两类证券的发行：投资凭证和销售凭证。前者被出售给 ABS 的投资者，后者由发卡人保留在自己手中。销售凭证的持有者收到的款项是支付完投资凭证的票息之后剩余的信贷费、抵押资产池服务费、罚款和信托费用。销售凭证的余额随时间变化起伏不定，因为持卡人随时可以还款，也可以重新借款。偿还投资者的票息依据应收款本金余额的规模而定。假如资产池本金余额偿还的速度快于新的收费增加，导致本金余额低于预先设定的最低值，ABS 的销售者必须为资产池添加新的信用卡账户。信用卡 ABS 的票息率可以是固定的，也可以是浮动的。投资凭证的未清偿余额是利息支付的基础，最常见的是每月计息，但有时也有按季度或半年计息 1 次的。与汽车 ABS 不同的是，本金是不会即刻摊销完毕的。准确地说，在一个特别期限内，即所谓“锁定期”或“循环期”内，投资凭证只支付利息，本金支付部分用来购买资产池产生的新的应收款。锁定期一般是从 18 个月到 10 年。当锁定期结束后，本金支付不会再去购买新的应收款，而是支付给投资者。这个时期被称为“本金摊销期”。早期的信用卡 ABS 归还本金时，是按照持有比例支付给所有的投资者以及销售者，直到本金摊销完毕。但由于 ABS 投资者想得到更加可预见的本金偿还表，所以今天的 ABS 设计为两类：要么是有分期摊销表，要么是子弹型债券结构。

2000—2015 年美国信用卡业绩表现见图 5 - 7。

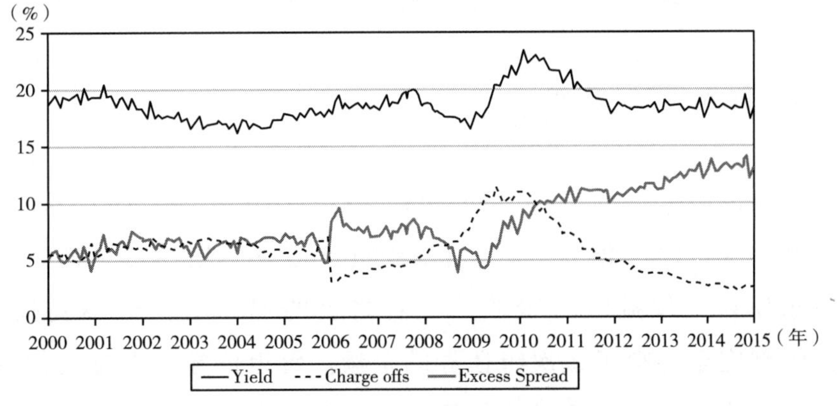


**图 5 - 7 美国信用卡业绩表现**

### 5.3.3　其他类型*

产生现金流的资产还有很多，如设备租赁与贷款、飞机租赁、集装箱租赁、贸易应收款、学生贷款和版税。

## 5.4　信用增级*

所有的ABS都是由诸如穆迪或标普这类评级机构进行评级的。投资者密切关注评级的结果，以此评判债券的信用质量。在绝大多数情况下，是评级机构持续地监测着证券的表现。

大部分ABS产品的信用评级很高，即AAA或AA，即其信用质量好于支持它们的基础证券。这是有可能的，因为ABS可以获得信用增级。信用增级有以下措施。

### 5.4.1　超额利差*

ABS抵御损失的第一道防线是超额利差。事实是基础证券（应收款）产生的利息大于投资者收取的票息。两者的差额被用来弥补行政成本和当作损失准备金。剩余部分，用冠以额外服务费的名义，成为ABS销售者的额外收益。但是，如果部分或全部违约的损失超过了损失准备金，可能动用超额利差为投资者支付票息。

### 5.4.2　优先 次级结构*

这一结构说明以下的事实，即SPV发行的ABS不会只是一种，而是包含优先级和次级一组（债券组）。当基础资产池发生违约时，损失首先由最次的那一组债券（权益组）吸收。在它之上的那一组债券不受损失影响，除非损失大到完全吞噬了最次组债券的余额。每组债券的票息支付由其优先地位而定：最优先的那一组风险最低，票息率也最低。这样一来，就出现了各类具有不同风险/收益特点的证券，与基础资产相比，更加满足了不同类型的投资需求。优先级债券组一般是 AAA 级，信用质量差一些的信用评级要低一些。

### 5.4.3　担保*

信用增级本质上与信用证类似。第三方，即公共机构或保险公司承诺发生损失时，支付给信托一个特定数额的现金。

### 5.4.4　储备基金*

发行人在发行 ABS 之前设立储备基金账户，用来弥补潜在损失。储备金通常是第二种形式的信用支持。

### 5.4.5　追索权*

ABS 的追索权条款可以把资产池中的坏账（收不回来的贷款）送还给 ABS 的发行人。后者负责弥补由此给信托（SPV）造成的损失。

### 5.4.6　超额抵押*

超额抵押是信用增级的常用做法。其原则是，贷款的面值大于由它支持的 ABS 的面值。在此条件下发行的证券被认为是超额抵押的证券。因此，ABS 的摊销期相对比较短，并有了一个抵御损失的防护层。即使基础资产的现金流发生延迟甚至违约，ABS 的本息偿还可以照常进行。

## 5.5　ABS 的主要风险*

尽管有上述种种保证措施，但 ABS 还是不能免于各类风险。

### 5.5.1 利率风险*

ABS的价格对利率变化是敏感的。与普通债券的情况一样，浮息ABS受利率的影响程度比固息ABS要小一些，因为与其挂钩的参考利率通常反映了市场利率的变化。此外，利率变化会影响基础贷款的提前还款速度。

### 5.5.2 提前还款风险*

这一风险是由ABS现金流的不稳定性造成的。大部分ABS同国债与公司债不一样，没有子弹型到期日，而是把基础资产的现金流直接传递给投资者。如果提前还款速度超过预期（过高或过低），用于估值的现金流的时间与规模就会发生变化。

### 5.5.3 信用风险*

人们可以从两个方面考虑ABS的信用风险，以便违约发生时可以确定预期所得：违约风险和回收率。

违约风险：违约意味着SPV不能如约向投资者履行还款义务。违约风险通常用违约率表示，并以信用评级的形式表现出来。评级机构如穆迪与标普等，基于一些标准评估违约概率，这些标准包括：同类证券的违约历史、信用增级、市场条件等。

回收率：回收率是违约发生时投资者能够收回本金的比例。前面提到的信用增级可以减缓回收率的不确定性，通过第三方担保，投资者的损失在一定金额的范围内可以得到弥补。

### 5.5.4 流动性风险*

这类风险的原因在于缺乏市场适销性。它意味着不能迅速地买入或卖出一定数量的有价证券。

### 5.5.5　对手风险*

一个或若干交易对手的违约会导致非预期损失和现金流的中断。一般来说，可以在产品中设置“互换交易对手与服务商”条款，但这么做会导致较高的财务负担。

## 5.6　评估方法*

为评估 ABS 的价值，人们需要清楚地认识基础资产现金流的特点。现金流的性质不同，估值的方法也不一样。

ABS 估值的困难来自于隐含期权，即提前还款权。一些 ABS 产品中，借款者（信用卡客户等）可以在任何时点进行贷款再融资活动，即归还未到期贷款，然后借新贷款。当利率大幅下降，借款人有机会以更好的利率再融资时，这种情况就会发生。当然，这要求利率下降的幅度足够大，在考虑了发生的交易费用（法律服务费、贷款发起费、文件手续费）之后，可以明显改善借款人的财务状况。建立提前还款模型非常重要，这一模型要以贷款整个生命周期内的利率曲线的演变路径为基础。提前还款模型确定的提前还款计划与基础资产的特征相关，并与时间因素和宏观经济环境相联系。典型的情况是，模型将提供每月提前还款率。此外，ABS 的交易者还向彭博、路透这类信息服务商提供提前还款计划，以方便投资者查询相关信息。

因此，ABS 定价某种程度上类似于路径依赖的期权的定价。一个解决定价问题的方法是蒙特卡洛模拟。这个方法背后的原理是模仿基础随机变量的演化路径——ABS 的随机变量就是现金流和利率——将未来不同路径上的现金流的现值进行平均化处理。

## 5.7　2007—2009 年的危机和展望*

2007 年夏天开始的次贷危机似乎中断了证券化进程取得的成就。证券化以各种形式帮助许多过去有过次级信贷记录的个人获得信贷。证券化也的确产生了更多的次级贷款，因为它通过汇集、传递贷款给投资者，为贷款者提供了管理信用风险的有效途径。结果，投资者购买了大量贷款和抵押品，它们如此复杂，以至于没有人能够准确地为它们定价。

投资者依靠评级机构对这些资产进行评级，但评级公司长期以来以擅长债券评级而闻名，而并非善于评估这些复杂的金融产品。此外，次级信贷是新生事物，关于其业绩的历史信息有限。这一缺陷，在经济形势严峻而需要确定其业绩时，显得尤为重要。根据国际货币基金组织的统计，对次级贷款的业绩拥有乐观情绪导致了超过 90% 的次级贷款证券化产品的信用评级为 AAA。贷款发起人、证券发行人甚至评级公司不鼓励对这些难以理解的证券保持怀疑态度。相反，有关方面总是鼓励扩大交易，不太顾及信贷质量与审慎检查。这样一来，所有参与者都可在扩大的交易量中获取好处——当然，最后承担风险的另有其人，也就是终端投资者。

这个问题于 2007 年夏天在次级信贷市场上爆发。当美国利率上涨时，次级信贷的借款者财务负担加重，分析师与投资者都很清楚将出现拖欠、损失和信用降级。房地产价格下跌和经济萧条加剧了问题的复杂性。发行次级 ABS 时发生的道德风险败坏了市场声誉，这一负面影响波及全球 ABS 市场，造成 2007—2009 年前所未有的价格波动的流动性困境。

监管者与中央银行察觉到现有法规有不合理之处，于是将工作重点转移到完善 ABS 市场上来。中央银行引入新的措施强调证券化过程中的信息不对称。监管要求更加严格了，如 ABS 产品的信息要透明，达到欧洲中央银行的回购资格，要定期报送业绩报告等。监管当局还要求建立风险保留制度。ABS 发行人必须在每一个 ABS 产品中持有一部分第一层损失债券组的份额，以达到欧洲中央银行的回购标准。这项措施使 ABS 发行人自身面临交易风险，其目的在于减缓道德风险和 ABS 市场上的逆向选择。

然而，当前欧洲和美国的监管框架的核心部分并不一致。国际的协调一致会更好地支持建立一个有效和流动性的市场。

# 第6章 固定收益组合管理策略

## 6.1 消极管理策略

消极管理策略的管理风格是不要求组合经理对未来有预期。一般来说，这一策略要求债券组合的业绩与基准的业绩保持一致。所谓的基准就是根据预设规则构造的“虚拟组合”。基准通常是一个指数，被机构用来考核组合经理业绩的一个指标。

### 6.1.1 购买并持有

最简单的消极策略是构造一个债券投资组合并一直持有它。组合经理可以将投资组合所得到的息票收入和到期债券的本金收入再投资于新发行的债券。这样一来，投资收益中唯一变动的部分就是再投资风险。通常情况下，管理人都要对投资组合的风险水平进行一定的控制。最一般的控制方法是将债券组合的久期设定为相关指数的久期。①

### 6.1.2 指数化

#### 6.1.2.1 简介

指数化的目标是尽可能地复制某预先选定的基准的表现。然而，债券投资组合指数化和股票投资组合指数化有很大的不同。

---

① 这意味着控制了利率风险。第二小节说明为什么久期匹配是风险控制的重要组成部分。

就指数包括的样本数而言，债券基准指数包含的债券样本数比股票指数包含的股票样本数大得多。[①] 而且，因为每年有非常多的债券到期，同时有非常多的债券发行，所以这些指数中成分债券的变动比股票指数中成分股的变动要大得多。最后一个差异是，很多债券缺乏流动性，因此，基本上不存在以债券指数为基础资产的期货合约。有关债券期货通常以人为创造的概念债券为基础资产。

上述三方面使债券指数编制者感到头疼，但债券与股票相比，个性化程度较低，债券之间的可比性更强。

#### 6.1.2.2　指数化技术

本小节主要讨论分层和最优化采样技术，同时也将简要概括这些技术在应用于债券与股票投资时的差异。

（1）分层抽样

分层抽样具有双重目的，一是限制指数投资组合中债券的数目；二是避免交易中债券的头寸太小，以及购入流动性差的债券。构造指数投资组合的步骤是：

- 首先，按某些特征[②]将基准指数所涵盖的样本债券分组；再按照各债券在样本中的权重计算各组的权重。
- 从每个非零权重的组中选择有限数量的债券，构造价格加权投资组合，该组合尽可能地接近本组的平均特征（主要指平均久期和凸性）。同时，该组在最终构造的指数化组合中所占权重应与本组债券占基准指数组合权重相一致。

在债券投资中，指数化投资者最终选取的债券数目取决于构造各组债券组合时明确限定的品种数。

（2）最优化采样（Optimised Sampling）

债券风险模型提供了克服分层抽样方法的缺点所需的工具：

- 事前给出指数化组合相对基准指数的跟踪误差的度量标准；

---

① 在美国和欧洲，大多数债券指数包含几千种债券。

② 这些特征包括行业、债务人的类型、息票、期限、久期和信用评级。

- 组合构造的最优化过程可以考虑交易成本和因素之间的风险置换关系；
- 允许指数编制者通过限定指数化组合中债券数目的方式，选择跟踪误差的水平。

### 6.1.3　利率免疫

1952 年，英国精算师瑞丁顿（Redington）首次提出利率免疫技术，用于帮助寿险公司平衡其资产和负债。1971 年，费雪（Fisher）和威尔（Weil）将其应用于债券组合管理。①

利率的变动均会导致两种相反的效应。利率上升会导致债券组合价值下降，但债券利息再投资收益会增加。组合免疫策略的背后是这样的逻辑：投资组合采取恰当结构可以使投资期结束时的组合价值变动正好与利息收入再投资收益变动相抵销。因此，免疫是使价格风险和再投资风险相抵销的过程。

**【例 6－1】**某投资者持有 5 年期债券，票面利率为 8%，报价为 108.42，收益率为 6%。投资者想搞清楚，若今天市场收益率出现突然的未预期变动（并假设此后市场收益率保持这个新的水平不变），该债券在不同的投资期满时最终财富分别是多少？

表 6－1 列示了市场收益率从 4% 到 8%（即 ±2% 的波幅）情况下，投资期间分别为 1 年到 5 年，持有债券的最终财富值。

**表 6－1　收益率变动对最终财富的影响**

| 投资期间 | 新的市场收益率 | | | | |
|---|---|---|---|---|---|
| | 4% | 5% | 6% | 7% | 8% |
| 1 年 | 122.52 | 118.64 | 114.93 | 111.39 | 108.00 |
| 2 年 | 127.42 | 124.57 | 121.83 | 119.18 | 116.64 |
| 3 年 | 132.52 | 130.80 | 129.14 | 127.53 | 125.97 |
| 4 年 | 137.82 | 137.34 | 136.88 | 136.45 | 136.05 |
| 5 年 | 143.33 | 144.21 | 145.10 | 146.01 | 146.93 |

① Fisher，L. 和 Weil，R. L.：“处置利率风险：源自普通与优化策略的投资回报”，Journal of Business，1971：408－431。

图 6－1 描绘了这一结果。

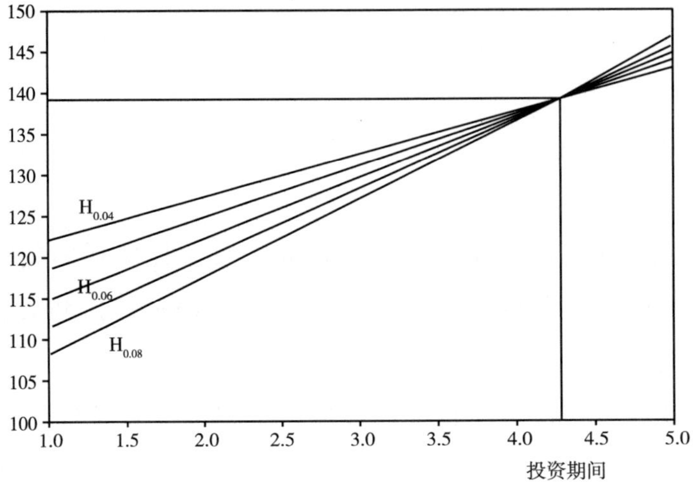


**图 6－1　收益率变动对最终财富的影响**

最终财富会或多或少与我们原先的预期不一致（若收益率不变，财富终值将沿着线段 $H_{0.06}$ 变动）。短期内收益率变动对债券价格的影响要大于对息票再投资的影响，所以在短期内投资者不希望利率上升；在长期内，利息再投资在最终财富中所占的比重更大一些，所以在长期内投资者不希望利率下降。

更令人感到惊奇的是，不管利率初始变动如何，若投资期等于 4.34 年，所有的最终财富都将相同。如果投资者选择这样一个投资期间，他将确定得到 6% 的收益率，最终财富为：

$$W = 108.42 \times (1.06)^{4.34} = 139.64$$

此时，该投资组合被称为对利率变动免疫。我们可以从理论上证明这个投资期间实际上正好等于该债券的久期。

有人也许认为，只要构造的投资组合的久期等于投资期限，投资者就可以不受利率变化的影响：

**久期＝投资期间（TH）**

产生这个想法的理由是组合的久期是组合内各个成分债券久期的加权平均。不过这个理由事实上并不充分，因为久期变化具有以下特点：

- 久期变化与时间流逝不一致（支付票息时久期增大），而投资期限随时间流逝均匀变化。

- 利率变化时，久期也会变化。
- 票息支付导致的非线性变化。票息再投资影响免疫均衡。

考虑到上述原因，免疫是动态的，而不是静态的。组合必须定期在每个票息日进行再平衡，其满足免疫的条件应该写成：

**$久期_t=投资期_t$（对于所有的t）**

**【例6-2】**[①] 某投资者的投资期间为3年，他想构造一个最终收益率为6.5%的投资组合。投资组合总价值为1 000 000日元。可以选择的债券有两种：债券A，剩余期限4年，票面利率3%，交易价格88.01，到期收益率6.5%，久期3.817年；债券B，剩余期限3年，票面利率5%，交易价格96.03，到期收益率6.5%，久期2.856年。

由于投资期间为3年，可得：

$$\begin{cases} D_P = TH = 3\text{ 年} \\ x_A + x_B = 1 \end{cases} \Rightarrow \quad \Rightarrow \begin{cases} 3.817x_A + 2.856x_B = 3 \\ x_A + x_B = 1 \end{cases}$$

方程组的解为 $X_A=0.149844$ 和 $X_B=0.850156$。因此投资者应该购买价值为149 844日元的债券A（即1 702.58份债券A）和价值为850 156日元的债券B（即8 853.03份债券B）。通过构造这个投资组合，投资者3年后的财富（确定）为：

$$W=1\ 000\ 000\times(1.065)^3=1\ 207\ 950(\text{日元})$$

如果收益曲线立即出现平行移动，市场收益率（不论何种期限）变为5%，情况又会如何呢?

此时，债券价格会按新的收益率调整。债券A的份数不变（1 702.58份），久期变为3.821年，交易价格为92.91（总市值为158 016日元）；债券B为8 853.03份，久期变为2.859年，交易价格为100.00（总市值为885 303日元）。

此时，投资组合中包含15.15%的债券A、84.85%的债券B，总价值为1 043 319日元。其新的久期为：

$$D_p=0.1515\times 3.821+0.8485\times 2.859=3.005(\text{年})$$

---

① ASNER Rajna and DUMOT Pierre Andre：“Introduction a la the orie de l'immunisation”，瑞士金融分析与投资经理委员会，1985年11月3日，日内瓦。

这时方程组不再满足免疫条件，投资者应该重新调整投资组合，以使债券保持对利率变动的免疫，因为今后利率仍有可能变动。

为适应久期变动而对组合进行的再平衡，需要多长时间操作一次呢？频繁的再平衡增加交易成本，操作次数过少又会使组合久期偏离目标久期；两种情况都减少了实现目标收益的可能。所以，组合再平衡的频率与交易成本最小化之间存在权衡关系。

切记：

- 免疫保护投资组合免于因利率变动而遭受损失；但这也排除了从利率变动中获利的可能性。
- 免疫以久期为基础，假设（扁平的）利率期限结构发生平行移动。因此，由于短期利率波动性很大，所以免疫策略对投资期长的投资组合更有效。

时间流逝以及利率变动都使得投资组合免疫带有不完全性。

### 6.1.4 资产负债管理

经典的组合管理方法将焦点放在投资者资产负债表的资产端，但资产负债管理的原则要考虑资产负债表的两端，并涉及将负债现金流与组合现金流相匹配。这么做的目的在于，使建立的债券组合能够满足负债支付需求，以及/或者在负债端尽可能地实现利率免疫。

请注意，这里的问题与指数免疫有类似之处，只是我们这里复制的基准被定义为将来的负债支出。

#### 6.1.4.1 负债免疫

这里重点在于为债务支出筹措资金，并控制收益率曲线的平行移动。[①] 我们分别讨论单期负债和多期负债现金流这两种情况。

接下来，我们定义如下符号：

L——债务支出的现值；

A——投资组合现金流的现值，即组合当前的价值。

---

① 对于投资者而言，一系列的负债支出就是负现金流。

(1) 单期负债免疫

在这个情形中，假设债务支出只包含一次在时间 T 的支付：

$$L_T>0，且对于 t=1，\cdots，T-1，有 L_t=0$$

投资者知道，当利率期限结构发生平行移动时，负债的价值和用于支持债务支出的债券组合 A 的价值均发生变动。他的双重目标包括为债务提供偿付的同时，避免由于利率期限结构平移造成的风险。

解决问题的简单办法是买入适当数目的、期限为 T 的零息债券。若采用相同的贴现率计算，零息债券的现值等于或高于负债的现值（或者换句话说，如果零息债券的名义价值等于或超过未来负债的名义价值），则投资者一定能够偿还债务，这当然要建立在已经适当地处理了违约风险的基础上。[①] 请注意，负债和零息债券的久期完全匹配。遗憾的是，这么好的零息债券可能并不存在。

现实中，投资者不得不借助于更多普通债券来解决这个问题。此时，可以构造一个满足下列条件的投资组合：

$$A=L \qquad (\text{I})$$

$$D_A=T \qquad (\text{II})$$

第一条规则表示组合的现值应该等于未来负债的现值。这样保证债务支持的有效性。认识到负债支付和债券投资组合应该以同样的贴现率（即债券投资组合的内部收益率）进行贴现是非常重要的。等式（Ⅱ）要求债券投资组合和负债的久期相同。[②] 这将保护投资者免受利率期限结构平行移动的风险。由于公式 $\left[R_i=\frac{\Delta P_i}{P_i}\approx -\frac{D_i}{(1+k)}\cdot\Delta k_i\right]$[③] 同时适用于资产和负债，可得：

$$\Delta A=-A\cdot\frac{D_A}{1+k}\cdot\Delta k_A$$

$$\Delta L=-L\cdot\frac{T}{1+k}\cdot\Delta k_A$$

由公式（Ⅰ）（Ⅱ）可得：

---

① 如果资产 A 与负债 L 的信用风险不同，两者之间的利差发生变化会带来利率期限结构平移带来的风险。

② 单期负债流的久期等于其期限。

③ 参见本书“第 2 章 利率期限结构以及应用”。

$$\Delta A = \Delta L$$

换言之，只要负债和债券组合的久期匹配，投资者就可以保证资产和负债因利率期限结构的平行移动而导致的价值变动大体相等。债券和负债的联合投资组合就会对利率期限结构的平行移动免疫。

这一免疫技术之所以达到无风险的境地，是因为扁平的利率期限结构经历的是平行移动，这在现实中很少见。对以单期负债为基准的投资组合的风险分析要考虑所要承担的各类风险。

我们注意到，条件（Ⅰ）和条件（Ⅱ）不只有单一的解。可能有无穷多个债券投资组合的久期等于 T。组合经理尝试使组合的价值最小化。通过线性规划这一最优技术，他可以运用计算程序做到这一点。债券的最优选择非常关键。债券的选择要注意信用质量的同质性。否则，优化组合会集中于收益率高的债券，仅仅由于它们比较便宜，而没有考虑它们的风险比较高。

然而，考虑到上述无限多的组合的风险其实并不相同，所以组合经理是可以从中进行选择的。有的学术文献强调，若只存在单期负债，债券现金流应发生在债务到期日附近。这样可以降低债券组合对收益曲线非平行移动的敏感性。下面的公式可用于测量债券投资组合的现金流相对其久期的离散程度：

$$DS_A = \frac{\sum_i (t_i^A - D_A)^2 \cdot A_i}{\sum_i A_i}$$

式中，$DS_A$——投资组合 A 的现金流对其久期的离散程度；

$D_A$——投资组合 A 的久期；

$A_i$——是投资组合 A 中第 i 项现金流的现值；

$t_i^A$——投资组合 A 中第 i 项现金流的期限。

注意，这个测量债券组合偏离其久期的尺度同时也是测量债券组合对单一负债久期的偏离度。

常识告诉我们，离散程度越小，投资者承担的风险就越小。[①] 由此我们得出了第三个条件[②]：

① 注意在我们举的第一个零息债券的例子中，其离散程度为零。

② 符号“≈”表示“尽可能等于”。

$$DS_A \approx 0$$

正如利率免疫要求的那样，负债免疫基于同样的理由也是一个动态的过程。所以，当离散度太大时，就需要再次调整组合，使组合久期与负债久期相匹配。票息收入和到期本金的再投资可以减少交易成本。如果需要，组合经理可以出售久期大的债券。

（2）多期负债免疫

在此情况下，投资者必须为将来不同日期的一系列负债筹集资金。

$$L_T \geqslant 0 \quad t = 1, \cdots, T$$

解决问题的一种办法是将上面所说的为单期负债筹资的方法分别应用于这一系列负债中的每一项负债。如果有 N 项负债，我们必须根据各项债券的剩余期限构造 N 个投资组合。注意，如果我们分别将所有的债券投资组合和所有的负债加总，可以得到：

$$A = L \text{ 以及 } D_A = D_L$$

这两个等式是通过构造单期债券组合来对多期负债免疫的条件。遵循这两个条件，可以保证得到偿债资金，投资组合可以对扁平收益曲线的平行移动免疫。

但是，应用这两个条件会存在问题。为了识别债务支付现金流的久期，我们一定要知道债券投资组合的内部收益率，而这个债券投资组合的久期要和负债的久期相同。这就需要用迭代的方法来求解。

理论上，债券投资组合现金流对其久期的离散度应该尽可能地接近负债现金流对负债久期的离散度。基于控制收益曲线非平行移动风险的考虑，可以给出下面的近似条件：

$$DS_A \approx DS_L$$

在动态地调整债券投资组合的久期与债务的久期过程中，若在特定时刻有一笔较大的债务到期，可能会导致负债久期发生非连续变动。

（3）超额头寸免疫

如果投资者拥有的资产超过负债现值，多余资产被称为超额头寸：

$$S = A - L$$

该投资者可能会考虑应将这一超额头寸对利率期限结构的平行移动免疫。为此，我们应该修正“资产久期与负债久期相等”这一条件。于是有：

$$\Delta S=\Delta A-\Delta L=\left(L\cdot\frac{D_L}{1+k}-A\cdot\frac{D_A}{1+k}\right)\cdot\Delta K$$

为了使超额头寸不因利率期限结构的平行移动而变化（$\Delta S=0$），我们可以很容易地得出：

$$AD_A=LD_L$$

超额头寸为正数的情况下，免疫要求的原则是资产久期小于负债久期。因为受利率期限结构波动影响的资产金额要比负债金额大。

#### 6.1.4.2 现金流匹配

现金流匹配（Cash Flow Matching）策略非常吸引人。它的思想是构造收入现金流与债务支付现金流完全匹配的债券投资组合。①

构造这样一个投资组合，最简单的方法是按每一项债务支付的金额和期限分别购买与之完全匹配的零息债券。遗憾的是，因为大多数可购买的债券是附息债券，这一方法并不总是可行。因此，现金流匹配就通过以下循环过程来完成：在每一步，选择一个与最晚的债务支付期限相匹配的债券进行投资，这个债券的本金要等于这个最晚债务的到期支付额。由于这个债券每期产生票息收入，所以剩余各期债务支付中应该分别减去这个债券的息票收入。然后，对剩余的债务支付中最晚的一项债务支付进行同样的操作……如此循环下去，按到期期限由长到短的顺序对所有的债务支付进行匹配，直到这些债务支付现金流完全与所构造的组合的成分债券的收入流相匹配为止。

**【例6－3】**考虑一家具有如下债务的公司（见表6－2）：

**表6－2**

| 时间（年） | 1 | 2 | 3 | 4 | 5 | 6 |
|---|---|---|---|---|---|---|
| 到期债务 | $L_1$ | $L_2$ | $L_3$ | $L_4$ | $L_5$ | $L_6$ |

我们希望构造一个现金流匹配的债券投资组合。

首先，寻找一个债券A，面值为$P_A$，剩余期限为6年，每年支付的息票为$C_A$。投资一定数额的该债券，使它在第6年底现金流，即（$P_A+C_A$），等

① 有时也被称为匹配债券投资组合（Dedicated Bond Portfolio）。

于 $L_6$。为简单起见，我们假定可以完全匹配，也就是说，$P_A + C_A = L_6$。

现在面临的债务如表 6－3 所示：

**表 6－3**

| 时间 | 1 | 2 | 3 | 4 | 5 | 6 |
|---|---|---|---|---|---|---|
| 到期债务 | $L_1$ | $L_2$ | $L_3$ | $L_4$ | $L_5$ | $L_6$ |
| 现金流入 | $C_A$ | $C_A$ | $C_A$ | $C_A$ | $C_A$ | $P_A + C_A$ |
| 债务余额 | $L_1 - C_A$ | $L_2 - C_A$ | $L_3 - C_A$ | $L_4 - C_A$ | $L_5 - C_A$ | 0 |

下一步，寻找一个债券 B，面值为 $P_B$，剩余期限为 5 年，每年支付的息票为 $C_B$。投资一定金额的该债券，使其在第 5 年底现金流，即（$P_B + C_B$），等于 $L_5 - C_A$。为简单起见，我们假定可以完全匹配，也就是说，$P_B + C_B + C_A = L_5$。

现在，剩余四年中需要匹配的债务支付现金流出为（见表 6－4）：

**表 6－4**

| 时间 | 1 | 2 | 3 | 4 | 5 | 6 |
|---|---|---|---|---|---|---|
| 到期债务 | $L_1$ | $L_2$ | $L_3$ | $L_4$ | $L_5$ | $L_6$ |
| 现金流入 | $C_A + C_B$ | $C_A + C_B$ | $C_A + C_B$ | $C_A + C_B$ | $P_B + C_A + C_B$ | $P_A + C_A$ |
| 债务余额 | $L_1 - C_A - C_B$ | $L_2 - C_A - C_B$ | $L_3 - C_A - C_B$ | $L_4 - C_A - C_B$ | 0 | 0 |

然后继续对第 4 年、第 3 年、第 2 年、第 1 年进行这一过程。

我们可以运用线性规划技术，从可选债券集合中选择成本最低的现金流匹配投资组合。

但是，现金流匹配也存在一些很严重的缺点：由于准确的时间匹配非常困难，所以一般来讲，用于支持偿债的投资组合的现金流入时间要早于确定的目标时间。而且，金额恰好匹配也不总是可行的，尤其是考虑到债券交易单位的整数倍限制。因此，现金流匹配是一个非常保守的策略，这一策略将产生一定的机会成本。

## 6.2　积极管理策略

积极管理策略要求组合经理寻求债券组合的业绩超过基准业绩，即要求所管理的组合与基准组合之间存在一个正的收益差。

### 6.2.1　预测与组合构建

积极管理策略要求对可获得的资产预测收益率。就债券组合管理而言，基本的预测内容与收益率曲线的变化有关（是平行移动，还是斜率变动，或是曲率变动），或与利差变动有关（部类间利差变动、信用利差变动等）。[①]

所有对于股票组合管理[②]适用的有关信息比率最大化和最优化的原则，对于债券组合同样适用。

根据对因素收益预测明确与否的划分，债券投资组合构造方法可分为两类。如果存在明确预测，则可通过完整的最优化过程来构造投资组合。若无明确预测，则构造投资组合时应考虑收益曲线各种可能的变动情形，对风险敞口加以相应限制。以收益曲线变动的各种预测情景为约束条件，然后运用风险模型，可以将组合风险降到最低。

### 6.2.2　实践中的积极管理策略

#### 6.2.2.1　常数久期

在整个利率周期内，将所管理债券投资组合的平均久期限定为“常数”，这一简单做法可以改进“买入并持有策略”的效果。这个简单规则基于这样的考虑，即利率变动基本上服从均值回复过程。[③] 利率上升并高于均值后会下降，反之，利率下降到均值之下会上升。

假定初始利率水平处于波动区间的中值（$i_0$），指数久期也处于平均水平 $D_0$，若随后利率上升，指数久期就会下降。利率变动时，若基金经理使投资组合久期与指数久期同步变动，基本上可以复制指数收益。若利率达到上限

① 第三小节介绍的多因素模型使得预测减少到因素收益的程度。

② 参阅组合管理小节。

③ 换言之，利率应该在一个合理界定而且稳定的区间波动。这个策略是有风险的，中期通货膨胀率上升就是例子。若中期通货膨胀率上升，利率波动区间很可能也会随之变动。

触发水平 $i_u$，管理人将投资组合久期调整为指数久期的平均水平 $D_0$。利率回落到平均水平 $i_0$ 之前，组合久期维持为常数 $D_0$。上述操作中，基金经理主动采取了正的风险暴露，若此后收益曲线果真下移，该策略就可获得超额收益。反之，若利率从初始值 $i_0$ 下降，组合管理人可以设定下限触发利率 $i_L$，进行反向操作。

#### 6.2.2.2　收益增强

（1）运用估值模型

投资者可以应用某种债券估值模型，买进被模型确定为被错误定低价（低定价）的债券，从而构造投资组合。注意债券估值模型比股票估值模型的技术性更强。此外，就风险特征而言，债券之间的可比性（可替代性）较之股票更强。

（2）卖出期权

债券投资组合管理人可以卖出以利率为基础变量的看涨或看跌期权来提高组合收益率。该技术与在股票部分阐述的方法相似。债券投资的关键在于预测长期利率的变动时机。

#### 6.2.2.3　利差策略

根据不同的标准，可以将债券市场分为不同子市场，如发行者类型（如国债、公司债等）、信用风险（如无风险债券、AAA 等）、票面利率（零息票债券、高息票债券和低息票债券）、到期期限[①]（短期、中期和长期）等。

收益率利差策略（或利差策略）是通过调整债券投资组合中各种债券头寸，就债券市场中不同子市场（板块）之间的利差变动而获利的策略。头寸调整的主要技术叫作债券置换（Bond Swaping），即从债券投资组合中置换出一种定价偏高的债券，换入另一种投资组合管理人认为被市场低估了的债券。债券的低估与高估均以对未来利率期限结构的变动预测为基础，并以利差来衡量，前者（低估）表现为利差过大，而后者（高估）表现为利差过小。一旦两种债券收益率利差收窄（置换出的债券收益率上升，买进的债券收益率

---

① 期限差异见 6.2.2.3 小节。

下降），投资组合管理人将因债券价差而获得资本利得。

利差的来源有很多种，其中最重要的一种因素是信用利差（Credit Spread）：低信用等级债券的收益率相对于高信用等级债券（比如说国债）的收益率要高。低品质债券与高品质债券之间的收益利差在经济衰退时会变宽，而在经济繁荣的时候会收窄（当总体经济活动水平下降时，低品质债券的发行者的运营收入趋向下降，其在偿付本息、履行债券规定的义务条款时会遇到更多的困难）。知道了这些，投资组合管理者就可以在经济活动水平达到顶峰时卖出低品质债券，买入高品质债券。这就是通常所说的“追求安全性投资”（Flight to High Quality），在经济活动到达谷底时采取相反操作。

利差的另一个重要的来源是赎回条款。当然，债券发行者未来执行赎回权的可能性与利率水平（利率水平上升，执行的可能性降低）以及债券的波动性（与其他期权相同，赎回条款的价值随着基础资产，即利率波动性的增大而增加）相关。因此，当投资组合管理人预期利率下降时，可用可赎回债券换入不可赎回债券，这是因为两者之间的利差很可能会扩大（发行者很可能会执行赎回条款）。

#### 6.2.2.4　收益率曲线策略

收益率曲线策略通过配置组合内债券的期限来预测收益率曲线的变动（平行移动、扭曲变动和蝶式变动）。[①] 当收益率曲线发生变化时，组合的期限结构对总收益产生显著影响。收益率曲线策略有三种：子弹策略、哑铃策略和梯子策略。图 6－2 显示了这三种策略。

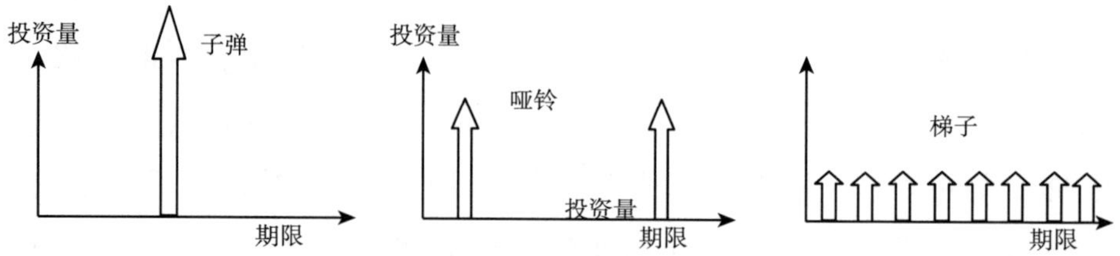


**图 6－2　子弹、哑铃与梯子策略**

① 平行移动指上下平行移动；扭曲变动是收益率曲线斜率发生变化；蝶式变动是收益率曲线的短端与长端同向运动，但速度与中端运动速度不同。

子弹策略中的组合将债券配置在一个单一期限，哑铃策略中的组合将债券期限分布在收益率曲线的两端。假如组合经理预计收益率曲线即将发生平行移动，在两个组合的久期大致相同的情况下，投资者会选择哑铃策略组合而不是子弹策略组合。因为哑铃组合的凸性大于子弹组合，这会改进收益状况。①

到期日平均配置或称“梯子”要求将组合中各债券的投资额按到期日进行平均分配。

**【例6-4】** 您的一个客户有2 000 000美元的债券组合。您建议他将资金沿收益率曲线均等地投资在到期日间隔相同的债券上。比如，购买10种面值为200 000美元（2 000 000美元的10%）的债券，这些债券在10年内依次每年有一个到期。一年后，第一个债券到期，将收回的投资再投资于10年期债券，以此循环下去。

这一方法意味着组合中的债券期限不会集中于一点，由于任何期限的投资规模相对较小，也减少了再投资风险。同时也使期限错误（利率周期的错误阶段投资）的风险最小化。当然，代价是错过期限正确的风险最大化。

## 6.3　基于因素模型的组合构建*

债券投资管理技术发展很快，如果不说它比股票投资管理更复杂，那至少也具有相等的难度。技术发展的一个原因是，20世纪70年代以来，利率期限结构的波动性不断增加。此外，对信用风险的决定性因素、对流动性升水、对与收益曲线相关的税收利益等问题的深入理解，增进了人们对债券估值的认识。另外，引入、使用复杂债券（可赎回/可售回债券、有偿债基金条款的债券、有不确定现金流的债券②等）使投资决策更为困难。构造债券的多因素模型（MFM）就成了解决这一复杂问题的数量化方法，同时也在为债券管理中更好地进行风险控制提供了必要的工具。

MFM认为一项资产（债券）的收益可由若干有限的因素解释。一般形式下的MFM可以写成三因素模型的形式：

① 与凸性小的债券相比，当利率下降（上涨）时，凸性大的债券涨幅大（跌幅小），参考利率期限结构中有关凸性的讨论。

② 例如，美国的MBS。

$$R_i = B_{i,1} \cdot F_1 + B_{i,2} \cdot F_2 + B_{i,3} \cdot F_3$$

式中，$R_i$——资产（债券）i 的收益；

$B_{i,n}$——暴露因子①；

$F_n$——第 n 个因素。

为简化起见，本节余下的部分主要讨论利率期限结构波动性带来的风险（即债券收益的波动性）。

## 6.3.1 模型定义*

### 6.3.1.1 单因素久期模型*

尽管提出“久期”这个概念的本意并非如此，但“久期”仍可被视为一种原始却强有力的单一风险因素模型。前面章节提及对于利率的瞬间微小变化，久期可以测量资产收益率②。但是，久期这种近似计算③同样适用于一小段时间区间。因此，利率期限结构发生平行移动时，资产预期收益有：

$$R_i^{t,t+1} = -D_{i,t}^{mod} \cdot \Delta k_i^{t,t+1}$$

式中，$R_i^{t,t+1}$——债券 i 在时间区间（t，t+1）的收益率；

$D_{i,t}^{mod}$——债券 i 在时间 t 的修正久期；

$\Delta k_i^{t,t+1}$——债券 i 在时间区间（t，t+1）的收益率变化。

这个预测性模型将债券收益波动率与当前收益率的波动率联系起来，比例系数是债券的修正久期。这就是单因素模型，修正久期是暴露因子。我们知道这个模型依赖利率期限结构以及变化的简单假设。④ 但它毕竟解释了大致 75% 美国不可赎回国债的收益的方差。

加入凸性以后，上述模型对利率期限结构发生平行移动时，债券价格变化的预测作用有所改善。我们有：

$$R_i = -D_{i,t}^{mod} \cdot \Delta k_i^{t,t+1} + C_{i,t} \cdot (\Delta k_i^{t,t+1})^2$$

---

① 第 n 个因素的一个单位变化导致的第 i 个资产的收益变动。

② 久期概念可参阅“第 2 章 利率期限结构以及应用”。

③ 我们忽略了利息累计并假定在这一小段时间内久期是常数。

④ 假设利率期限结构是扁平的并且只发生小幅度的平行移动。

式中，$C_{i,t}$——债券 i 在 t 时刻的凸性。

这就是两因素模型。修正久期和凸性是暴露因子。虽然加入凸性以后，模型对债券收益方差的解释力增加到 80% 以上，但该模型依然要遵循扁平利率期限结构的平移这一简单而严格的假定。

### 6.3.1.2　适用于完整的利率期限结构的 MFM*

为克服前述方法中的缺陷，我们需要进一步完善对利率期限结构变化的刻画。在计算债券收益时，首先要知道其价格。众所周知，债券价格不过是债券未来现金流的现值之和。但问题是，使用哪一个贴现率去贴现债券的现金流。前面的方法计算到期收益率并用它去贴现债券所有的现金流。与此相反，本小节将会偏离"扁平收益率曲线"这个不现实的假设，而各个期限的贴现率不再相同。各个期限的贴现率是通过对应期限无风险贴现债券的价格计算出来的。例如，t 时刻面值为 1、剩余期限为 j 年、收益率为 k 的贴现债券的价格是：

$$PDB_{t+j}^{t}=\frac{1}{(1+k_{t+j}^{t})^{j}}$$

其中，$PDB_{t+j}^{t}$——t 时刻、剩余期限为 j、t + j 时刻偿付为 1 的无违约风险贴现债券的价格；

$k_{t+j}^{t}$——t 时刻、剩余期限为 j 的无违约风险债券的收益率。

为简化起见，我们以下假设存在一系列的到期期限（3 个月、6 个月、1 年，…，10 年），这些期限也就是债券现金流发生的时刻。对于附息债券 i，我们可以在上述时刻 t 得到一系列的现金流（$CF_i^{t+3m}$，$CF_i^{t+6m}$，$CF_i^{t+1y}$，…，$CF_i^{t+10y}$）和一系列的到期日为相应期限 t 的无风险贴现债券的价格（$PDB_{t+3m}^{t}$，$PDB_{t+6m}^{t}$，$PDB_{t+1y}^{t}$，…，$PDB_{t+10y}^{t}$）。

因此，t 时刻债券 i 的价格是：

$$\begin{aligned}P_i^t &= \sum_{j=1}^{T} CF_i^{t+j}\cdot PDB_{t+j}^{t}\\ &= CF_i^{t+3m}\cdot PDB_{t+3m}^{t}+CF_i^{t+6m}\cdot PDB_{t+6m}^{t}+CF_i^{t+1y}\cdot PDB_{t+1y}^{t}+\cdots\\ &\quad +CF_i^{t+10y}\cdot PDB_{t+10y}^{t}\end{aligned}$$

其中，$P_i^t$——附息债券 i 在 t 时刻的价格；

$CF_i^{t+j}$——债券 i 在 t + j 时刻的现金流。

上述方程经过变换[①]可以得到债券 i 在（t，t+1）这个小时间段的收益率：

$$R_i^{t,\ t+1} = \sum_{j=1}^{T} z_i^{t+j} \cdot RDB_{t+j}^{t,\ t+1}$$

$$= z_i^{t+3m} \cdot RDB_{t+3m}^{t,\ t+1} + z_i^{t+6m} \cdot RDB_{t+6m}^{t,\ t+1} + z_i^{t+1y} \cdot RDB_{t+1y}^{t,\ t+1} + \cdots + z_i^{t+10y} \cdot RDB_{t+10y}^{t,\ t+1}$$

其中，

$z_i^{t+j} = \dfrac{CF_i^{t+j} \cdot PDB_{t+j}^{t}}{P_i^{t}}$，表示在债券 i 的价值中，t+j 时刻产生的现金流的现值所占的比例；

$RDB_{t+j}^{t,t+1} = \dfrac{\Delta PDB_{t+j}^{t,t+1}}{PDB_{t+j}^{t}}$，表示期限为 t+j 的无风险贴现债券从 t 时刻到 t+1 时刻的收益率；

每一个 $z_i^{t+j}$ 代表 t+j 时刻产生的现金流的现值在债券价值中的权重。

对于 1 年后到期的零息债券而言，$z_i^{t+1y}=1$，剩余的 $z_i^{t+j}$ 是零。所以，零息债券只受利率期限结构与之到期日对应的那时期的利率变动的影响。[②] 由于现金流现值之和等于债券价格，$z_i^{t+j}$ 之和等于 1。$RDB_{t+j}^{t,t+1}$ 代表每一个无风险贴现债券的价格运动。由于每一个无风险贴现债券的收益率不同，所以上述方程可以表示利率期限结构可能发生的各种变化，而不仅仅是久期方法中所限定的平行移动。因此，债券 i 的收益率是无风险贴现债券收益率的加权平均。

上述方程可以看作是附息债券收益率的多因素模型，$RDB_{t+j}^{t,t+1}$ 是因素，$z_i^{t+j}$ 是暴露因子。

由此看出，我们可以用无风险贴现债券的收益率方差和债券 i 的暴露因子，来分析债券 i 的风险。由于各期无风险贴现债券的收益率不是互相独立的，人们还需要知道它们两两之间的协方差。[③] 人们可以运用因素回报的时间序列分析，估计历史协方差和预期的协方差。当人们运用上述方程解出债券收益率的方差时，人们就可以得到预测性的风险模型，并如在股票领域应用那样，在债券领域运用这一模型。

本章接下来说明，这一模型与前面两种方法相比，可以解释更多的债券

---

① 推导过程见本章附录。

② 这在现实中并不容易实现，因为普通债券期限难以同无风险利率债券期限精确匹配。

③ 方差的计算在本章附录。

收益率方差。它唯一的缺点是，因为需要估计的因素比较多，在利率期限结构发生复杂变化的条件下，运用这一模型贯彻交易策略感到不方便。

#### 6.3.1.3　适用于平行移动/扭曲变动/蝶式变动的 MFM*

最后这个方法是在不过分丧失风险解释能力的情况下，通过较少的因素来模拟利率期限结构变化，以应对人们对上一个方法提出的批评。

本方法的精髓在于，将各贴现债券收益率变动转化为下列三个基本因素的函数。[①] 这些变动是平行移动、扭曲变动和蝶式变动。为进一步了解这三个因素对利率期限结构变动的影响，有必要考察一下在其他两个因素等于零的条件下，一个因素发生变化对贴现债券的影响。

- 发生平行移动时，每一个贴现债券的收益率符号相同。这同人们对利率期限结构的平行移动带来的预期是一致的。
- 扭曲变动发生后，利率期限结构一端的变动方向与另一端的变动方向相反，同时利率期限结构的中端保持不变。利率期限结构的斜率发生变化。
- 蝶式变动意味着，利率期限结构的长端和短端同向变化，而中端要么不动，要么与长端和短端反方向变动。换言之，利率期限结构的曲度发生变化。

图 6-3 描绘了这三种形式的变动。

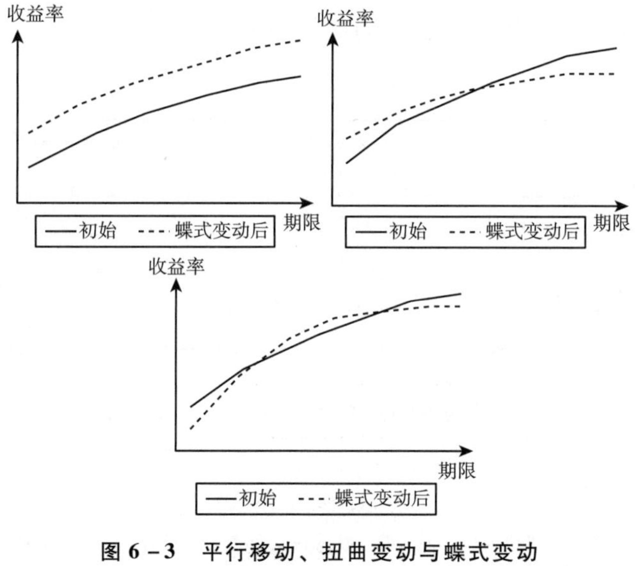


**图 6-3　平行移动、扭曲变动与蝶式变动**

---

① 数学推导见本章附录。

因此，我们用这三个因素表示附息债券短期的收益变化如下：

$$R_i^{t,t+1} = zs_i^t \cdot RS^{t,t+1} + zt_i^t \cdot RT^{t,t+1} + zb_i^t \cdot RB^{t,t+1}$$

式中，$RS^{t,t+1}$——平行移动因素从 t 时刻到 t+1 时刻的收益率；

$RT^{t,t+1}$——扭动因素从 t 时刻到 t+1 时刻的收益率；

$RB^{t,t+1}$——蝶式变动因素从 t 时刻到 t+1 时刻的收益率；

$zs_i^t$——债券 i 对平行移动的暴露因子。

$zt_i^t$——债券 i 对扭曲变动的暴露因子。

$zb_i^t$——债券 i 对蝶式变动的暴露因子。

每一个暴露因子都是若干贴现债券暴露因子之和。由此，我们把多因素模型中的因素数量减少到 3 个因素，但同样可以根据利率期限结构的基本变化模式，即平行移动、陡峭或平缓变动，以及凸性增大或减小的变动来实施交易策略。

如前所述，当人们可以预测协方差时，就可以得到带有预测性的能够计算债券 i 的方差的利率模型。①

#### 6.3.1.4 小节与需要改进之处*

前面 3 小节介绍了几种债券风险模型。如前所述，我们主要侧重于用利率期限结构的变动来解释债券的收益率。表 6－5 总结了这几个模型在不可赎回的美国国债市场中对债券价格变动的解释能力②：

**表 6－5**

| 模型 | 因素数量（个） | 方差被解释的百分比（%）③ |
|---|---|---|
| 久期 | 1 | 75.8 |
| 久期和凸性 | 2 | 81.1 |
| 平行移动因素④ | 1 | 82.4 |
| 平行移动因素和扭转因素⑤ | 2 | 87.0 |
| 完整的多因素模型 | 10 | 88.0 |

可以看出，简单的久期模型的解释能力有很大的提高余地。它与完整的

① 方差计算见本章附录。

② 由于没有可赎回期权和违约风险，因此就特性来说这个市场和我们讨论的模型最为接近。

③ 这个表来源于 Khan R（1995）。

④ 用第一个因素。

⑤ 用第一和第二个因素。

多因素模型相比，对债券收益率变动的解释能力存在 12% 的差距。第二点需要注意的是将完整的多因素模型简约为三因素模型时[①]，仅丧失了比较小的解释能力。

到现在为止，我们只讨论了与利率期限结构相联系的因素。下面将简要介绍与其他风险相关的问题。

在这些问题中，先要介绍存在可赎回、可售回期权，或者偿债基金条款的情况。一种常用办法是，采用估值模型对隐含期权定价，然后对相应的不含期权债券的现金流进行调整。[②]

同样，到现在我们尚未考虑债券所具有的不涉及违约风险但有助于解释收益率利差的其他特性。这类风险因素包括：

- 基准券种因素，反映频繁交易债券的流动性升水；
- 票息率因素，反映市场对低票息债券和高票息债券之间税收差异的估计；
- 永续因素，用于评估永续债券的利弊，等等。

最后，全面的债券风险模型应该包含违约风险因素。债券市场各部类中的债券，对于本部类中具有可比信用评级（比如说 AAA 级）的债券，都存在利差。此外，各信用等级之间也存在利差，动态地反映着市场对各信用等级违约风险的展望。所有这些利差都可以通过因素模型来模拟。

注意，迄今为止，我们介绍的大部分因素均反映债券的技术性特征，尚未考虑债券背后的发行人所处的经济环境。这意味着，与股票相比，单个债券所特有的因素在解释债券收益率中的作用相对较小。这也可以在一定程度上解释为什么债券之间的互换性更强，以及为什么分析债券的文献不太强调多样化。在大多数情形下，债券价格倾向于同方向运动，而股票价格并非如此，因此债券收益率之间的相关性明显比股票要高。

### 6.3.2　利率预测策略*

积极债券管理要求基于对经济前景的展望来预测收益曲线变动。[③]

---

① 本表提供了只有平行移动、扭曲变动这两个因素的模型的情况。

② 更详细的介绍见 Khan R（1995）。

③ 侧重于预测债券违约风险的投资组合管理人可能会运用更具有债券分析特性的模型。

投资组合管理人的技巧在于，构造风险敞口与其利率期限结构变动预测相一致的投资组合。

• 如果组合管理人预测利率期限结构将出现向下的平移，则应使其管理的投资组合对平行移动因素的风险暴露大于基准指数对平移因素的风险暴露（$zs_P > zs_B$）。

• 如果组合管理人预测利率期限结构会变得更陡或更平坦，应设法使其管理的投资组合具有比基准更大的扭曲因素风险暴露（$zt_P > zt_B$）。

• 如果组合管理人预测利率期限结构的曲率将会变凹，则应设法使其管理的投资组合比基准对蝶式变动因素的风险暴露大（$zb_P > zb_B$）。

• 如果组合管理人预测某一债券部类的利差将减小，应加大对该部类的投资比重。

• 如果组合管理人预测低信用等级债券的利差将减少，应多投资于低品质的债券。

……

因此，遵循与构造股票投资组合相同的程序，债券投资组合管理人可以用多种方法构造债券投资组合：

• 组合经理应设法保证其管理的债券投资组合的基本特性（如久期、凸性等）与其预测的经济前景一致。

• 可以运用风险模型来构造投资组合以承受符合意愿的风险暴露水平。

• 可以运用最优化模型，在风险因素暴露的约束下（这是实施积极管理策略所必需的），最小化投资组合的跟踪误差。

• 在预测因素收益率之后，可运用有效的最优化技术来最大化经预测风险调整后的债券组合收益率。

随着债券投资组合构造方法日益复杂化，债券组合管理也由简单判断发展为结构化、数量化的管理方式。

## 6.4　计算套期比率：修正久期法*

现在我们考虑运用利率期货合约来为利率敏感性资产（如债券组合或者货币市场工具）进行套期保值。

定义变量如下：

$F_{0,T}$——利率期货合约的报价，简化起见，假设报价采用十进制小数表示[①]。

$S_0$——套期保值目标资产（债券组合或者货币市场证券）的价值，也用十进制小数形式表示。

$MD_F$——期货合约基础资产的修正久期，亦即最便宜可交割债券的修正久期。

$MD_S$——套期保值目标资产的修正久期。

设所有期限的收益率变动均为 $\Delta y$，这意味着收益曲线只能发生平移。由修正久期的定义可知：

$$\Delta S = -S_0 \cdot MD_S \cdot \Delta y$$

做合理近似处理，可得：

$$\Delta F = -F_{0,T} \cdot MD_F \cdot \Delta y$$

由于假设两种期限的利率变动（$\Delta y$）相同，故其相关系数 $\rho_{\Delta S,\Delta F}=1$，联立以上两个方程，可得：

$$\Delta S = \frac{S_0 \cdot MD_S}{F_{0,T} \cdot MD_F} \cdot \Delta F$$

进而得到[②]：

$$\frac{\sigma_{\Delta S}}{\sigma_{\Delta F}} = \frac{S_0 \cdot MD_S}{F_{0,T} \cdot MD_F}$$

套期保值所用的最优套期比率为：

$$HR = \rho_{\Delta S,\Delta F}\frac{\sigma_{\Delta S}}{\sigma_{\Delta F}} = \frac{S_0 \cdot MD_S}{F_{0,T} \cdot MD_F}$$

采用本套期保值比率将使综合头寸的久期等于零。

然而，上述套期保值方法绝非完美：

---

① 单位面值（瑞士法郎、美元等）的十进制小数形式。若期货报价为90.30%，则十进制小数表示法为0.9030。

② 由于：

$$\Delta S = \frac{S_0 \cdot MD_S}{F_{0,T} \cdot MD_F} \cdot \Delta F$$

则有：

$$\sigma_{\Delta S}^2 = \left(\frac{S_0 \cdot MD_S}{F_{0,T} \cdot MD_F}\right)^2 \cdot \sigma_{\Delta F}^2 \Rightarrow \sigma_{\Delta S} = \left(\frac{S_0 \cdot MD_S}{F_{0,T} \cdot MD_F}\right) \cdot \sigma_{\Delta F}$$

• 该方法假设 $\Delta y$ 对所有期限均相同，但实际中短期收益率波动性往往更大，而且与长期收益率之间的相关性较小。因此，套期保值效果可能会令人失望，特别是当套期保值目标资产的修正久期和期货合约基础资产的修正久期相差较大的时候。

• 该方法未考虑凸性影响：若期货合约基础资产的凸性显著区别于套期保值目标资产的凸性，且利率发生了大幅波动，保值效果可能会比预期的差。

• 为计算期货合约基础资产的修正久期，必须假定某一项资产是最便宜可交割资产。如果最便宜可交割资产发生变动，期货合约基础资产的修正久期必然会变化，期货合约的最优数值也会变动。

知道了套期比率，那么该购买多少期货合约呢？正如我们已经看到的，套期保值需要的期货合约的数量是：

$$N_F = -HR \cdot \frac{N_S}{k} = -\frac{S_O \cdot MD_S}{F_{O,T} \cdot MD_F} \cdot \frac{N_S}{k} = -\frac{N_S \cdot S_O \cdot MD_S}{k \cdot F_{O,T} \cdot MD_F}$$

在这里，$N_S$ 是套期保值目标资产的单位数，K 是期货合约规模。实际上，我们发现了另一种基于回归分析估计套期比率的方法。该方法可以解释为：

$$\textbf{期货合约的数量} = -\frac{\left(\begin{array}{c}\textbf{需要套期保值的投资}\\\textbf{组合的市场价值}\end{array}\right)}{\left(\begin{array}{c}\textbf{一份期货合约的}\\\textbf{市场价值}\end{array}\right)} \times \frac{\left(\begin{array}{c}\textbf{债券投资组合}\\\textbf{的修正久期}\end{array}\right)}{\left(\begin{array}{c}\textbf{最便宜可交割}\\\textbf{资产的修正久期}\end{array}\right)}$$

我们知道[①]，$F_{O,T} \cdot CF_{CTD,O} = S_{CTD,O}$，这里 $CF_{CTD,O}$是在时刻 0 最便宜可交割债券的转换因子，$S_{CTD,O}$则是它的价格，用这个公式替代 $F_{O,T}$，可得：

$$N_F = -\frac{N_S \cdot S_O \cdot MD_S}{k \cdot F_{O,T} \cdot MD_F} = -\frac{N_S \cdot S_O \cdot MD_S}{k \cdot S_{CTD,O} \cdot MD_F} \cdot CF_{CTD,O}$$

这个公式可以解释为：

---

① 回想一下发票价格（利率期货合约中的债券交割价格）是这样计算的：十进制形式的期货结算价格（即每一货币单位债券面值的价格）乘以交割债券的转换因子，再乘以合约的数量加交割债券的累计利息。如果我们交割卖出最便宜的交割债券，

$$\textbf{发票价格} = F_{t,T}^{(decimal)} \cdot k \cdot CF_{CTD,t} + AL_{CTD,t}$$

理论上，这个发票价格应该等于交割债券的购买价格。再假设空头交割最便宜的可交割债券，我们有：

$$\textbf{债券购买价格} = S_{CTD,t}^{(decimal)} \cdot k + AL_{CTD,t}$$

由两者相等可得：

$$F_{t,T}^{(decimal)} \cdot CF_{CTD,t} = S_{CTD,t}^{(decimal)}$$

该方程也适用于非十进制方式的报价。

$$\begin{pmatrix}\text{期货合约}\\\text{的数量}\end{pmatrix}=-\frac{\begin{pmatrix}\text{要保值的债券投资}\\\text{组合的市场价值}\end{pmatrix}}{\begin{pmatrix}\text{期货合约}\\\text{的大小}\end{pmatrix}\times\begin{pmatrix}\text{最便宜可交}\\\text{割债券的现价}\end{pmatrix}}$$

$$\times\frac{\begin{pmatrix}\text{投资组合的}\\\text{修正久期}\end{pmatrix}}{\begin{pmatrix}\text{最便宜可交割}\\\text{债券的修正久期}\end{pmatrix}}\times\begin{pmatrix}\text{最便宜可交割债}\\\text{券的转换因子}\end{pmatrix}$$

### 6.4.1　使用长期债券期货进行套期保值的例子*

通过做多利率期货，投资者现在就可以“锁定”未来固定收益证券投资的最高利率，这种做法称为“多头套期保值”（Long Hedge）。世界上不同的交易所有种类繁多的债券期货，我们下面介绍的是瑞士国债期货的例子。

**【例 6－5】**①　某组合经理预测一笔价值为 10 000 000 瑞士法郎的固定收益投资将会在 12 月中旬到期。他希望到时将收到的现金投资于修正久期 $MD_s=6.00$ 年的瑞士债券。他现在预期利率未来会下降。由于利率下降时，债券价格会上升，所以他想为未来的投资进行套期保值，以便为计划好的投资锁定目前的低成本价格。

通过购买 12 月到期的瑞士国债期货，并在以后以更高的价格售出，组合经理就可以因持有国债期货多头而获利，以此补偿将来在现货市场上，由于债券价格上涨给预计的债券投资带来的损失。

假设期货价格 $F_{0,T}=112.90$，最便宜交割债券的修正久期 $MD_F=6.54$ 年，转换因子为 1.031156，合约规模是 100 000 瑞士法郎。

需要持有的期货合约数量（通过久期方法计算）为：

$$\text{期货合约的数量}=-\frac{\begin{pmatrix}\text{需要套期保值的投资}\\\text{组合的市场价值}\end{pmatrix}}{\begin{pmatrix}\text{一份期货合约}\\\text{的市场价值}\end{pmatrix}}\times\frac{\begin{pmatrix}\text{债券投资组合}\\\text{的修正久期}\end{pmatrix}}{\begin{pmatrix}\text{最便宜交割债券}\\\text{的修正久期}\end{pmatrix}}$$

$$=-\frac{-10\,000\,000}{112\,900}\times\frac{6.00}{6.54}=81.26(\text{份})$$

① 节选自【SOFFEX】。

因此，组合管理人决定购买81份12月到期的价格为112.90瑞士法郎的瑞士国债期货。

12月长期债券的利率下降了0.3%，期货合约的报价为115.13瑞士法郎，同时计划的债券投资组合的价格上升了182 000瑞士法郎。投资组合管理人结清了他的期货合约头寸。

本策略结果为：

- 由于投资组合在12月的价值为10 182 000瑞士法郎，所以因债券价格上升带来的“损失”为182 000瑞士法郎。

- 因持有瑞士国债期货多头而获得的利润为180 630瑞士法郎（也就是2.23×81×1 000，这里2.23是买入价格112.90和卖出价格115.13之间的价差）。

本策略的总损失为1 370瑞士法郎，若没有进行套期保值，则投资组合的额外总损失为182 000瑞士法郎。

投资者也可以持有国债期货的空头，使将来固定利率投资组合出售时锁定在目前较低的利率水平（较高的价格）上。这种做法称为空头套期保值（Short Hedge）。

**【例6-6】**[①] 10月，某机构投资者的债券投资组合的市场价值为40 000 000瑞士法郎，修正久期为8.20年。该投资者预期利率将于近期上涨，并希望为投资组合进行套期保值以回避预期的价格损失。12月的国债期货报价为112.90瑞士法郎，最便宜可交割债券的久期为6.54年，转换因子为1.031156。

投资者以112.90瑞士法郎的价格做空12月瑞士国债期货合约，并在后来以较低的价格买进，这样就可以在国债期货空头上获得利润，以补偿因价格下跌给债券投资组合带来的损失。

投资者应持有的利率期货空头的数量（按久期法计算）为：

$$\text{期货合约的数量} = -\frac{\begin{pmatrix}\text{需要套期保值的投资}\\\text{组合的市场价值}\end{pmatrix}}{\begin{pmatrix}\text{一份期货合约}\\\text{的市场价值}\end{pmatrix}} \times \frac{\begin{pmatrix}\text{债券投资组合}\\\text{的修正久期}\end{pmatrix}}{\begin{pmatrix}\text{最便宜交割债券}\\\text{的修正久期}\end{pmatrix}}$$

$$= -\frac{-40\ 000\ 000}{112\ 900} \times \frac{8.20}{6.54} = -444.22\text{（份）}$$

① 参见欧洲联合交易所网站 www.eurexchange.com 的文章“利率衍生品—固定收益交易策略”。

因此，该投资者决定以 112.90 的价格卖空 444 份 12 月到期的瑞士国债利率期货。

到 12 月，长期债券收益率上升了 0.3 个百分点，国债期货报价为 110.74 瑞士法郎，投资者在债券投资组合上的损失为 970 000 瑞士法郎。投资者以 110.74 瑞士法郎的价格做多 444 份瑞士国债期货，以结清他的空头头寸。

本策略结果为：

由于债券投资组合的价值为 39 030 000 瑞士法郎，投资者在债券投资组合上的损失为 970 000 瑞士法郎。

投资者因卖空瑞士国债期货而获得 959 040 瑞士法郎的利润（即，2.16 × 444 × 1 000，这里 2.16 是国债期货的卖出价格 112.90 和买回价格 110.74 的差额）。

投资者所受的总损失为 10 960 瑞士法郎，若不进行套期保值，投资组合将遭受的损失为 970 000 瑞士法郎。

这样，通过锁定实际的价格水平，投资者就能够对计划的或者已发生的利率市场交易进行套期保值，以回避因债券价格向上或者向下变动带来的风险。

## 6.5 参考文献


- Asner, R., Dumont, P. A. (1985), "利率免疫导论", 瑞士金融分析与组合联合会, 3 月号, 日内瓦。
- 法博齐, F. J, Mann S. V. (2012), "固定收益证券手册" (第 8 版), 纽约, NY, McGraw - Hill。
- 费雪 L., 威尔 (1971), "管理利率波动风险：投资者实施一般策略与最优策略的回报", 《商业周刊》, 44 (4), 408 - 431。
- Kahn, R. (1995), "固定收益风险模型", 源自法博齐文献。
- Martellini, L., Priaulet, P., Priaulet, S. (2003), "固定收益证券：估值、风险管理和组合策略", Chichester, England, Wiley。
- 摩根资本国际公司的巴巴拉 (2007), "风险模型手册"。
- 塔克曼, B., 瑟瑞特, A. (2011), "固定收益证券：当前市场的金融工具”，纽约，NY，John Wiley & Sons.

## 附录：完整的利率期限结构 MFM 和平行移动、扭曲变动以及蝶式变动的 MFM 的公式推导

本附录演示两类多因素模型公式的数学推导过程。

### 1.1 完整的利率期限结构 MFM

我们从传统的债券估值模型开始：

$$P_i^t = \sum_{j=1}^{T} CF_i^{t+j} \cdot PDB_{t+j}^t \quad (1) \qquad (1)$$

$$PDB_{t+j}^t = \frac{1}{(1+k_{t+j}^t)^j}$$

式中，$P_i^t$——附息债券 i 在 t 时刻的价格；

$CF_i^{t+j}$——债券 i 在 t + j 时刻的现金流；

$PDB_{t+j}^t$——t 时刻、剩余期限为 j、t + j 时刻面值为 1 的无违约风险的贴现债券的价格；

$k_{t+j}^t$——t 时刻、剩余期限为 j 的无违约风险债券的收益率。

公式（1）仅适用于贴现率期限结构的瞬时变动，可将其扩展到一个小的时间段，用下式近似反映债券在这段时间内的价格变动：

$$\Delta P_i^{t,\ t+1} = \sum_{j=1}^{T} CF_i^{t+j} \cdot \Delta PDB_{t+j}^{t,\ t+1}$$

两边同除以 t 时刻债券 i 的价格，再同时乘以、除以 $PDB_{t+j}^t$ 可得：

$$\frac{\Delta P_i^{t,\ t+1}}{P_i^t} = \sum_{j=1}^{T} \frac{CF_i^{t+j} \cdot PDB_{t+j}^t}{P_i^t} \cdot \frac{\Delta PDB_{t+j}^{t,\ t+1}}{PDB_{t+j}^t}$$

引进新记号，上式就成为完整利率期限结构的 MFM：

$$R_i^{t,\ t+1} = \sum_{j=1}^{T} z_i^{t+j} \cdot RDB_{t+j}^{t,\ t+1}，\text{其中} \sum_{j=1}^{T} z_i^{t+j} = 1 \qquad (2)$$

这里：

$R_i^{t,t+1} = \dfrac{\Delta P_i^{t,t+1}}{P_i^t}$，是债券 i 从 t 时刻到 t + 1 时刻的收益率；

$z_i^{t+j}=\frac{CF_i^{t+j}\cdot PDB_{t+j}^t}{P_i^t}$，是在债券 i 的价值中，t + j 时刻产生的现金流所占的比例；

$RDB_{t+j}^{t,t+1}=\frac{\Delta PDB_{t+j}^{t,t+1}}{PDB_{t+j}^t}$，是期限为 t + j 的无违约风险纯贴现债券从 t 时刻到 t + 1时刻的收益率。

根据方程（2），我们可以用下面的式子计算债券收益的方差，从而分析债券 i 的风险①。

$$V\left(R_i^{t,t+1}\right)=\sum_{j=1}^{T}\sum_{j=1}^{T}z_i^{t+j}\cdot z_i^{t+n}\cdot Cov\left(RDB_{t+j}^{t,t+1},\ RDB_{t+n}^{t,t+1}\right)$$

这里：

$V(R_i^{t,t+1})$ ——债券 i 从 t 时刻到 t + 1 时刻收益率的方差；

$Cov(RDB_{t+j}^{t,t+1},\ RDB_{t+n}^{t,t+1})$ ——期限为 t + j 和 t + n 的两个无违约风险纯贴现债券从 t 时刻到 t + 1 时刻的收益率的协方差。

由于各个贴现债券收益率的变动不是独立不相关的，所以债券 i 的收益率方差是两两贴现债券协方差乘以债券 i 的暴露因子之和。当两个贴现债券期限相同时，即 j = n 时，我们得到的就是这个期限贴现债券收益的方差，而不是协方差。通过对因素收益开展时间序列分析，人们可以对协方差进行历史估计和预测。

### 1.2　平行移动、扭曲变动和蝶式变动的 MFM

我们假设：

$$RDB_{t+j}^{t,t+1}=f_j\cdot RS^{t,t+1}+g_j\cdot RT^{t,t+1}+h_j\cdot RB^{t,t+1}$$

式中，$RS^{t,t+1}$——平行移动因素从 t 时刻到 t + 1 时刻的收益率；

$RT^{t,t+1}$——扭曲变动因素从 t 时刻到 t + 1 时刻的收益率；

$RB^{t,t+1}$——蝶式变动因素从 t 时刻到 t + 1 时刻的收益率。

---

① 运用矢量的概念，我们有 $Z_i^t=(Z_i^{t+3m},\ Z_i^{t+6m},\ Z_i^{t+1y},\ \cdots,\ Z_i^{t+15y})$ 以及 $V(R_i^{t,t+1})=z_i^{t'}\cdot W\cdot z_i^t$。

系数 $f_j$、$h_j$ 和 $g_j$ 的定义如下①：

| 系数 | 短期（j） | 中期（j） | 长期（j） |
|---|---|---|---|
| $f_j$ | +a | +a | +a |
| $h_j$ | +b | 0 | -b |
| $g_j$ | +c | -2c | +c |

这里 a、b、c 均为可以进行统计估计的参数。

运用公式（2）和公式（3），可得：

$$R_i^{t,t+1} = zs_i^t \cdot RS^{t,t+1} + zt_i^t \cdot RT^{t,t+1} + zb_i^t \cdot RB^{t,t+1}$$

这里：

$zs_i^t = \sum_{j=1}^{T} z_i^{t+j} \cdot f_j$，是债券 i 对平行移动因素的风险暴露；

$zt_i^t = \sum_{j=1}^{T} z_i^{t+j} \cdot g_j \sum_{j=1}^{T} z_i^{t+j} \cdot g_j$，是债券 i 对扭曲变动因素的风险暴露；

$zb_i^t = \sum_{j=1}^{T} z_i^{t+j} \cdot h_j \sum_{j=1}^{T} z_i^{t+j} \cdot h_j$，是债券 i 对蝶式变动因素的风险暴露。

与前面一样，可以将债券 i 的收益率的方差写为②：

$$V(R_i^{t,t+1}) = (zs_i^t)^2 \cdot V(RS^{t,t+1}) + (zt_i^t)^2 \cdot V(RT^{t,t+1}) + (zb_i^t)^2 V(RB^{t,t+1}) + 2zs_i^t \cdot zt_i^t \cdot Cov(RS^{t,t+1}, RT^{t,t+1}) + 2zs_i^t \cdot zb_i^t \cdot Cov(RS^{t,t+1}, RB^{t,t+1}) + 2zt_i^t \cdot zb_i^t \cdot Cov(RT^{t,t+1}, RB^{t,t+1})$$

这里：

$V(R^{t,t+1})$，是平行移动因素在时间段（t，t+1）的收益方差。

$V(RT^{t,t+1})$，是扭曲移动因素在时间段（t，t+1）的收益方差。

$V(RB^{t,t+1})$，是蝶式移动因素在时间段（t，t+1）的收益方差。

$Cov(RS^{t,t+1}, RT^{t,t+1})$，是平行移动收益与扭曲变动收益的协方差。

$Cov(RS^{t,t+1}, RB^{t,t+1})$，是平行移动收益与蝶式变动收益的协方差。

$Cov(RT^{t,t+1}, RB^{t,t+1})$，是扭曲变动收益与蝶式变动收益的协方差。

---

① 为简化起见，这里我们任意定义系数 $f_j$、$h_j$ 和 $g_j$。计算这三个系数更有效的方法是主成分分析法。有趣的是，用统计方法得出的解释与我们运用平行移动、扭曲变动、蝶式变动这几个因素来表示利率期限结构的运动具有相同的结果。

② 可以运用矢量概念，写成 $V(R_i^{t,t+1}) = (zs_i^t, zt_i^t, zb_i^t)' \cdot W \cdot (zs_i^t, zt_i^t, zb_i^t)$。

如前所述，债券 i 的方差是各个方差与两两协方差之和。我们这里只有三个因素，所以可以预测的只有三个方差和三个协方差。我们用它们计算债券 i 的方差，以得到债券风险模型。协方差前面乘以 2，因为根据定义，对于变量 x 与 y 而言，$Cov(x,y) = Cov(y,x)$。

# 习题：问题

## 问题 1：

你是一个基金经理，你被要求对一组公司债券估值。考虑表 1 所列债券（它们都是不含期权债券）：

**表 1**

| |
|---|
| 债券 A：公司 X 发行的公司债券，优先级无担保债券，评级为 BBB，年息票利率 3%（半年付），3 年后到期，赎回价格为 100.00 元，到期收益率为 2.75%。 |
| 债券 B：银行 Y 发行的公司债券，优先级担保债券，评级为 AA，年息票利率 2%（年付），5 年后到期，赎回价格为 100.00 元，到期收益率为 1.45%。 |
| 债券 C：银行 Z 发行的公司债券，二级次级债券，评级为 BB，零息债券，7 年后到期，赎回价格为 100.00 元，到期收益率为 4.00%。 |

（a）首先分析和评论这三个债券中隐含的不同的信用风险结构。然后根据信用风险上升的次序给它们排序。（6 分）

（b）请计算债券 A 和 C 相对于债券 B 的“相对利差”。（3 分）

（c）市场上目前有互换即期利率曲线（零息利率）、银行 Y 担保债券的信用利差（所有期限平坦的曲线）和从债券 B 的名义本金 100 元中剥离的银行 Y 的零息息票（信用风险类似于担保债券）的报价，如表 2 所示：

**表 2**

| 年限 | 互换即期利率曲线 | 信用利差 | 银行 Y 剥离的零息债券 |
|---|---|---|---|
| 1 | 0.50% | 0.20% | 1.982 |
| 2 | 0.75% | 0.20% | 1.961 |
| 3 | 0.95% | 0.20% | 1.930 |
| 4 | 1.15% | 0.20% | 1.887 |
| 5 | 1.26% | 0.20% | 94.861 |

注：* 假定收益率算法惯例：30/360 计息日数惯例，年复利。

** 信用利差用附加于互换即期利率曲线之上的基点数额来表示（平行移动）。

*** “银行 Y 剥离的零息债券”一列分别列出了首 4 年息票 2 元的现值，以及 5 年后息票加上最终偿付额之和 102 元的现值。

请查证相对于一系列从债券 B 的名义本金 100 元剥离的银行 Y 零息债券（信用风险和担保债券类似），债券 B 是否满足静态无套利的条件。如果静态无套利条件不能被核实，请指出为了从这次套利中获利，对于名义数额 1 亿欧元，需实施何种交易？列出你的计算。不需考虑交易成本。（8 分）

（d）投资主管要求你为表 1 中的债券给出基准利率风险波动率（无风险或近似无风险利率）的分析。

（d1）请完成表 3，计算空格中的数值。列出你的计算。

**表 3**

| | 价格 | 久期 | 凸性 |
|---|---|---|---|
| 债券 A | ? | 2.89 | 9.47 |
| 债券 B | 102.634 | ? | 27.679 |
| 债券 C | 75.992 | 7 | ? |

（8 分）

（d2）对于债券 B，请计算在利率曲线平行上移 25 个基点后，价格的相对变动（以% 表示），并特别指出其中来源于价格久期的变动和来源于价格凸性的变动。【注意：如果你没能回答出问题（d1），可将债券 B 的久期设定为 4.75。】（6 分）

（d3）假设你用表 4 中的三个债券构建了一个等权重组合。请计算组合久期和组合的凸度。注意：如果你没能回答出问题（d1），可使用以下数据。

**表 4**

| | 久期 | 凸性 |
|---|---|---|
| 债券 A | 2.70 | 9.50 |
| 债券 B | 4.75 | 30.00 |
| 债券 C | 7.00 | 50.00 |

（6 分）

（d4）由于更高的贷款损失准备带来的问题，市场预期未来一年 Z 银行发行的二级次级贷款债务工具或将面临更高的信用风险。除债券 C（表 1）外，市场上目前还有三个二级次级债券的报价（如表5）：

**表5**

| |
|---|
| 债券D：银行Z发行的公司债券，二级次级，评级BB，零息债券，7年后到期，赎回价格为100.00元。该债券是一种可返售债券，债券持有人自现在起一年后可行权。相关的收益率如下所示：返售利率为1%；到期收益率为4.00%。 |
| 债券E：银行Z发行的公司债券，二级次级，评级BB，零息债券，7年后到期，赎回价格100.00元。该债券是种可赎回债券，发行者自现在起一年后可行权。相关收益率如下所示：赎回利率为1%；到期收益率为4.00%。 |
| 债券F：银行Z发行的公司债券，二级次级，评级BB，零息债券，1年后到期，赎回价格是100.00元，到期收益率为1%。 |

既然你对Z银行的二级次级债券预期一个可能更高的短期信用利差波动（大约一年后），那么请指出C、D、E和F中哪个债券，在保持中长期投资期限的前提下，能更好地保护你的投资免受短期信用利差波动的影响？解释你的答案，无须计算。（5分）

（e）你考虑实施普通欧洲政府债券的交易策略。考虑中的两种交易策略：久期交易和凸性交易。

简便起见，普通欧洲政府债券收益率曲线由表6基准组成，图示见图1。

**表6**

| 项目 | 价格 | 到期收益率 | 修正久期 |
|---|---|---|---|
| 债券G 4.00% 2/2017（>2年期） | 108.70 | 0.40% | 2.33 |
| 债券H 4.5% 2/2018（>3年期） | 111.42 | 1.10% | 3.20 |
| 债券I 4.50% 2/2020（>5年期） | 114.50 | 1.70% | 4.85 |
| 债券J 5.00% 3/2022（>7年期） | 119.40 | 2.20% | 6.22 |
| 债券K 5.00% 3/2025（>10年期） | 122.10 | 2.60% | 8.17 |

注：*价格包括了应计利息。

** 到期收益率以年复利，30/360计息日数惯例计算。

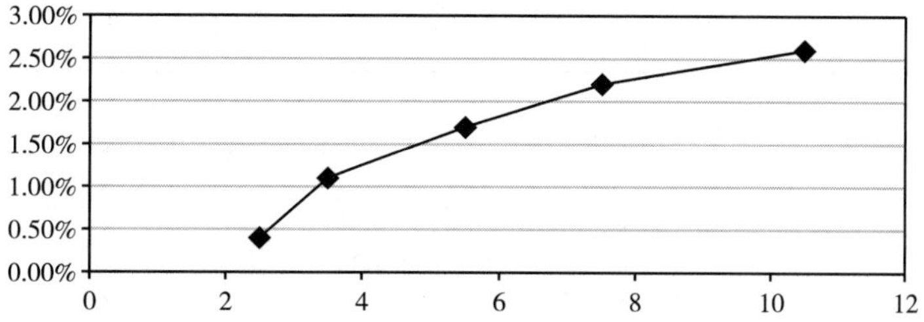


**图 1　政府债券到期收益率曲线**

（e1）根据过去两年 2 年期和 10 年期债券到期收益率利差的历史数据，你预测到期收益率曲线可能会平坦化。假设你没有在上述债券中持有任何头寸，可以以几乎零成本借入欧洲政府债券，你决定在 2 年期和 10 年期债券之间实施一个久期交易策略。该策略叫作“久期中性”（即根据久期的比例反向交易：这样组合总久期为零），在策略建立日 2 年期债券的名义数额是 10 000 000 欧元。请解释你对这两种债券实施何种交易（买还是卖），决定该交易中 10 年期债券的名义数额（四舍五入到 1 000 欧元的整数倍），以及这些对 2 年期和 10 年期债券交易的整体对应价值。（6 分）

（e2）根据过去 5 年对到期收益率曲线凸性的观察，以及假定你没有在上述债券中持有任何头寸，能以近乎零成本借入欧洲政府债券，你决定在 2 年、5 年和 10 年期债券中实施一种凸性交易策略“子弹对杠铃”（目的是从收益率曲线曲率上升中获利）。这种策略必须是“久期中性”（即，总组合久期为零）并且总组合价值必须是零（即多头等于空头）。假定在策略建立日 5 年期债券的名义数额是 10 000 000 欧元。请解释在这三种债券间你需实施何种交易（买还是卖），决定 2 年期和 10 年期债券的名义数额（四舍五入到 1 000 欧元的整数倍），以及这些在 2 年、5 年和 10 年期债券间交易的整体对应价值。

（8 分）

## 问题 2：

你刚刚获得了一个固定收益组合经理的新职位。在和你的经纪人会面之前，你想要更多地熟悉一下你的组合的特征。这些特征概括如表 7（1 基点 =0.01%）：

**表 7**

| 证券种类 | 评级 | 期限 | 名义价值 | 息票利率 | 价格（%） | 收益率（%） | 久期（年） | 凸性 |
|---|---|---|---|---|---|---|---|---|
| 浮动利率票据（FRN） | A + | 4 个月 | 100 万欧元 | 6 个月伦敦隔夜拆借利率（Libor）+25 基点 | 100 | 2.40 * | ? | 0.21 |
| 第一种零息债券 | AA − | 1 年 | 100 万欧元 | 0% | 98.04 | 2.00 | ? | 0.96 |
| 第二种零息债券 | AA − | 2 年 | 100 万欧元 | 0% | 94.22 | 3.02 | ? | 2.83 |
| 公司债券 | BBB | 3 年 | 100 万欧元 | 4.00% | 100 | 4.00 | 2.89 | 5.27 |

* 当前收益率。

（a）请计算从上次息票支付日（2008 年 4 月 30 日）起到评估日（2008 年 6 月 30 日）该商业票据的应计利息（利息算法惯例：实际日数/360）。（3 分）

（b）你预计你的公司债券将会在一年后降级，并且你预测该债券的收益率将在降级后上升 75 个基点。请计算该公司债券一年持有期的回报率（利息算法惯例：30/360）。（5 分）

（c）请计算上述组合的久期和凸性。（7 分）

（d）你的经纪人提供你一个可返售债券。当你预计利率波动会上升时，你会购买这类债券吗？（给出简短解释，不需要计算）（4 分）

（e）你的经纪人提供给你另一种固定利率债券，还剩两年到期，并带有 8% 的息票。请根据上表所提供的两种零息债券的不同收益率计算该债券的市场公允价格。假定该债券信用水平和那两种零息债券相同。（4 分）

（f）最后，你的经纪人提供你一个可转换债券：剩 3 年到期，收益率 2.5%，价格为 110%。转换时，每 5 000 欧元名义价值的可转债可转成 60 股 XYZ 公司的股票。

（f1）若每股 XYZ 公司股票价格为 75 欧元，请计算转换溢价。（5 分）

（f2）你预期 XYZ 公司将增加分红。若所有其他因素不变，你觉得更高的分红会缩短回收期吗？（给出简短解释，无须计算）。（5 分）

## 问题 3：

回答下列关于债券投资的问题，假定利率期限结构（当期利率）和零息债券价格如表 8 所示：

**表 8**

| 期限 | 1 年 | … | 4 年 | 5 年 | … | 8 年 | 9 年 |
|---|---|---|---|---|---|---|---|
| 当期利率（%） | 3.00 | | 4.50 | 5.00 | | 5.75 | 6.00 |
| 零息债券价格（欧元） | 97.09 | | 83.86 | 78.35 | | 63.94 | 59.19 |

（a）考虑一个“子弹式仓位”，即你仅投资于 5 年期零息债券；及一个“杠铃式仓位”，即你投资于 1 年期零息债券和 9 年期零息债券。

（a1）子弹式仓位（5 年期零息债券）的麦考利久期是多少？（2 分）

（a2）为了使杠铃式仓位的久期和子弹式仓位等同，请计算你需要购买多少 1 年期债券和 9 年期债券？假定你投资总额为 100 百万欧元。涉及面值时，将你的答案四舍五入到 0.01 百万欧元。（4 分）

（a3）请指出子弹式和杠铃式仓位哪种有更高的凸性。给出理由。（4 分）

（b）即使子弹式仓位和杠铃式仓位的久期相同，它们的回报是不同的。

（b1）子弹式仓位和杠铃式仓位的到期收益率是多少？请以百分率为单位来回答，四舍五入到小数点后两位。（4 分）

（b2）如果整体利率期限结构上升或下跌，请指出子弹式和杠铃式之间何种仓位更具优势。给出理由。（3 分）

（b3）假定利率的期限结构没有变化，请计算子弹式和杠铃式仓位的 1 年期持有期回报。请以百分率为单位来回答，四舍五入到小数点后两位。（4 分）

（b4）请描述在何种条件下你会选择子弹式仓位。也请描述在何种条件下你会选择杠铃式仓位。（4 分）

## 问题 4：

你在一个国际银行的财务部门工作，被安排为未来发行所谓的或有资本债券做一个分析。

此类的深度次级债券在监管角度属于补充一级资本，即如果银行的 CET1 比率（核心权益一级比率）降到低于给定的触发水平时（请看下面的对 CET1

定义的注解），它们的名义价值将被减记（或转换为股票）。另外，这种情况下息票将不被支付。

你分析的一类组合由表9所列或有资本债券构成：

**表9**

| 发行者 | 数量（10亿欧元） | 票息 | 结构 | 到期期限 | CET1 - 触发点 | 赎回收益率 | 理论赎回价格 |
|---|---|---|---|---|---|---|---|
| 巴克莱 | 1.00 | 8.00% | 终身不可赎回7年 | 7年 | 7.000% | 6.65% | ① |
| 桑坦德 | 1.50 | 6.25% | 终身不可赎回5年 | 5年 | 5.125% | 5.98% | 101.14% |
| 社通 | 1.00 | 6.75% | 终身不可赎回7年 | 7年 | 5.125% | 5.85% | 105.05% |
| 德国银行 | 1.75 | 6.00% | 终身不可赎回8年 | 8年 | 5.125% | 5.92% | ② |

【注：①②“理论赎回价格”是指债券在给定的赎回日期以给定的赎回收益率以票面值赎回的价格。】

注解：核心权益一级比率（CET1比率）是核心权益一级资本（CET1）除以风险加权资产（RWA）。或者，简单地，CET1/RWA比率。

-CET1触发水平是指某特定水平，当CET1比率低于该水平时或有资本债券就被减记（即，当CET1比率<触发水平，通常高触发水平固定在7%，低触发水平固定在5.125%。）

-对于上述所有给出的或有资本债券，假定有同样的发行日，类似的评级，同样的CET1定义和年度付息频度，以及同样的减记结构（即，不转股）。

（a）首先，你被要求回答一些基础问题。

（a1）请根据上面的表格中的数据，计算那两个空缺的“理论赎回价格”的价值。（6分）

（a2）请计算德国银行在发行17.5亿欧元或有资本债券前后的计划杠杆比率。（杠杆比率 = 一级资本/杠杆暴露；发行前一级资本：468.5亿欧元；发行前后杠杆暴露：14 230亿欧元。）（4分）

（a3）上述哪一种或有资本债券具有最高的修正久期和凸度？为便于回答，假定这些或有资本债券在赎回日到期。（请提供一个简短的理由，无须计算）（5分）

（b）然后，你被要求深入分析给定或有资本债券的赎回收益率。

（b1）巴克莱的或有资本债券在给定的债券中提供最高的赎回收益率。对此事实，最主要的原因是什么？（请提供简短理由，无须计算） （5分）

（b2）通常，对于新发行的或有资本债券的赎回收益率的主要决定因素是什么？请给出4个决定因素。 （4分）

（c）最后，你被要求评估这些或有资本债券的风险/回报的暴露。

（c1）此类或有资本债券从投资者角度看有强烈的需求，主要原因是什么？请解释。 （4分）

（c2）从投资者角度看，除了利率风险外，或有资本债券通常还面临哪些主要风险因素？请从中列出3种。 （6分）

（c3）为何银行要发行这种较为昂贵的或有资本债券？ （5分）

## 问题5：

你是一个退休基金的债券组合经理。你预期未来利率的波动性风险将会增加。你的息票债券组合的到期收益率是5%，债券组合的麦考利久期是6年。

（a）如果你持有债券组合一直到期，并且没有债券违约，必须要发生什么你才能获得5%的回报？ （5分）

（b）你的同事想让你为该债券组合创造一个免疫策略。请简短解释你如何创造一个免疫策略，以及该策略的好处。 （5分）

## 问题6：

你在一家投资银行的债务资本市场部工作，负责结构化固定收益证券。

考虑到当前的低利率环境，你建议客户发行一种“可赎回阶梯息票债券”，此债券的票息随着时间逐渐增长。

市场参数如表10：

**表10**

| | 1年 | 2年 | 3年 |
|---|---|---|---|
| 收益率 | -0.25% | 1.00% | 2.50% |
| 即期利率 | ① | ② | ③ |

续表

| | 1 年 | 2 年 | 3 年 |
|---|---|---|---|
| 贴现因子 | ④ | ⑤ | ⑥ |
| 远期利率 | | ⑦ | ⑧ |

注：收益率天数计算惯例：30/360 一年支付一次票息；即期利率 = 零息票利率；远期利率：远期利率是在相应到期期限前 1 年开始的远期合约的 1 年期利率；在这里允许负利率。

（a）在考虑“可赎回阶梯息票债券”前，你需要回答以下几个基本问题：

（a1）计算上面给定表格中的 8 个缺失值①~⑧。（12 分）

（a2）假设有一个 3 年期不可赎回的“阶梯息票债券”，这个债券的票息率等于对应时间的远期利率，请计算这个债券的价格【如果你没有解出问题（a1），假设 1 年、2 年、3 年的票息率分别等于 -0.25%、2.3% 和 5.7%。】（4 分）

（a3）一个以平价报价的普通固定息票债券被称为“平价债券”［即价格是 100］，请问什么会使得一个“阶梯息票债券”的报价等于平价？（简要解释，不需要计算）（4 分）

（b）接下来，你需要对包含赎回权的“阶梯息票债券”进行进一步分析，此赎回权是在 1 年后以 100% 的价格赎回的权利：

（b1）假设此债券在 1 年后被赎回，请计算此债券在今天的价格。（3 分）

（b2）与没有赎回特征的同类债券相比，你认为这个债券的价值体现在哪里？（即：更高、相等或更低。简短解释，不需要计算）（4 分）

（b3）与没有赎回特征的同类债券相比，你认为这个债券的修正久期会处在什么位置？（即，更高、相等或更低。简短解释，不需要计算）（4 分）

（c）最后，要求你评价给定“可赎回阶梯息票债券”的风险/收益状况：

（c1）计算这个债券的修正久期（假定赎回权处于深度虚值而且年收益率是 2.5%）。（6 分）

（c2）考虑到更高的预期利率波动率，站在投资者的角度，如何评价这个债券的表现？请给出解释。（4 分）

（c3）站在投资者的角度，与不可赎回的同类债券相比，这个债券主要的风险因子是什么？（4 分）

（c4）站在发行者的角度，在给定的市场环境下，发行这样一个债券主要

的卖点是什么？（4 分）

## 问题 7：

假设你是一个资产管理人，你的任务是利用表 11 中的证券来设立一个有资本担保的基金（即“资本保护”基金）：

**表 11**

| 证券/特征 | 评级 | 票面利率 | 期限（到期日） | 到期收益率（YTM） | 价格 | 修正久期 | 凸性 |
|---|---|---|---|---|---|---|---|
| 零息债券 A | AAA | 0% | 5 年 | 0.85% | 95.86% | ① | 29.50 |
| 零息债券 B | AAA | 0% | 15 年 | 2.35% | ② | 14.66 | 229.11 |
| 零息债券 C | AAA | 0% | 35 年 | ③ | 37.40% | 34.03 | ④ |
| 股票基金 | n/a | n/a | n/a | n/a | 100 欧元 | 0 | 0 |

注：• n/a 是指不适用。• 1 个基点等于 0.01%。• 收益率惯例：30/360。• 零息债券 A、B、C 在到期日时被 100% 的偿还，即以面值偿还，可被认为没有违约风险。它们以欧元来报价。

（a）在设计那样的“资本保护”结构之前，你需要回答一些基本问题：

（a1）计算上表中所缺失的四个数值①、②、③ 和④。（13 分）

（a2）为什么把股票基金的修正久期设为 0？（请给出简短的理由，不需要计算）（4 分）

（a3）对于一个由零息债券 A、B、C 构成的等权重的资产组合，请利用修正久期数据，计算其近似收益率。

【提示：组合收益率可以通过给定收益率的加权平均来近似估计，其中权重基于修正久期来确定。】

【注意：如果你尚未回答问题（a1），可假设零息债券 C 的收益率为 3%，零息债券 A 的修正久期为 5。】（4 分）

（b）你现在正面临一个任务，即为 3 个“资本保护”基金设计一个方案，该方案既保证投资者在到期日时获得 100% 的基金价值，同时又能分享股票市场的上升潜力：

（b1）有 3 个投资者 X、Y、Z，其个人的投资期限分别是 5 年、15 年、35 年，每个人的投资额度均为 50 000 欧元。在各个相应基金的开始，这三个投资者在给定的零息债券和股票基金中的敞口是多少（单位为欧元）?

【提示：投资者 X 仅仅投资于零息债券 A，剩下的资金投资于给定的股票基金；投资者 Y 仅仅投资于零息债券 B，剩下的资金投资于给定的股票基金；投资者 Z 仅仅投资于零息债券 C，剩下的资金投资于给定的股票基金。】

【注意：如果你尚未回答问题（a1），请假设零息债券 B 的价格为 70% 。】

（9 分）

（b2）投资者 X 不满足于零息债券 A 的低收益率，建议通过投资于评级为 BBB、期限为 5 年的零息债券来增加信贷敞口。对于这样的改变，你认为会对“资本保护”基金造成什么样的问题？（请给出简短的理由，不需要计算。）

（4 分）

（c）最后，你需要根据下列情景，评估问题（b）中所提出的 3 个“资本保护”基金在一年中的业绩：

（i）利率平行增加 +150 基点，以及

（ii）股票基金业绩为 +17.5% 。

（c1）在这个情景中，计算这三个“资本保护”基金在 1 年后的持有期回报率。假设零息债券 A、B、C 的各自到期收益率相对于 1 年前均增长 150 基点，请利用精确债券价格变动来计算债券收益率，不要使用久期近似方法（见表 12）。

【注意：如果你尚未回答问题（a1），请假设零息债券 C 的到期收益率为 3% ，零息债券 B 的价格则为 70% 。】（12 分）

**表 12**

| 投资者 | 在 t0 时刻 | | 债券价格 | | 1 年期业绩 | | 1 年期回报 |
|---|---|---|---|---|---|---|---|
| | 债券投资 | 股票投资 | 在 t0 时的债券价格 | 在 t1 时的债券价格 | 债券业绩 | 股票业绩 | |
| X | | | | | | | |
| Y | | | | | | | |
| Z | | | | | | | |

（c2）另外的一种选择是，通过使用股票衍生工具（例如多头看涨期权），而不是股票基金，来创造“资本保护”基金的股票敞口。请给出一个关键理由来支持以多头看涨期权来替代股票基金的做法，同时给出反对这种替代的一个关键理由。（4 分）

# 习题：解答

## 问题1答案：

（a）关于所考虑的系列债券隐含的信用风险结构，我们可以观察具有不同“等级”的证券：

- 债券A是种高级无担保债务工具，其回收不被任何担保工具保证。债券持有人的权利覆盖发行人的资产，排序在具有合法优先权利的债权人对资产的权利已经全额清偿之后。
- 债券B是一种高级担保债务工具。债券中连带承诺的支付由发行者的资产和第三方（担保人）的资产担保。担保的质量取决于发行者和担保者双方的信用度。
- 债券C是一种次级较低二级债务工具。在发生信用事件时，回收排序在高级担保和高级无担保债券之后。

1. 债券B，高级“担保”。
2. 债券A，高级无担保。
3. 债券C，次级二级。

（b）我们可计算债券A和C相对于B的相对收益差和收益率如下所示：

$$\text{相对收益率利差,债券 A} = \frac{\text{债券 A 收益率} - \text{债券 B 收益率}}{\text{债券 B 收益率}}$$

$$= \frac{2.75\% - 1.45\%}{1.45\%} = 0.8965$$

$$\text{相对收益率利差,债券 C} = \frac{\text{债券 C 收益率} - \text{债券 B 收益率}}{\text{债券 B 收益率}}$$

$$= \frac{4.00\% - 1.45\%}{1.45\%} = 1.7586$$

（c）检验静态无套利条件：用基础利率（互换即期曲线）和信用利差曲线引出债券B的定价，和具有相同信用风险和相同期限的零息债券的市场价值比较每笔现金流的现值。

普通的公式是：

$$P = \sum_{j=1}^{n} \frac{CF}{(1 + R_{ZC}^{Tj} + 利差)^{Tj}} + \frac{100}{(1 + R_{ZC}^{Tn} + 利差)^{Tn}}$$

债券 B 的定价：

$$P = \frac{2}{(1 + 0.5\% + 0.2\%)^{1}} + \frac{2}{(1 + 0.75\% + 0.2\%)^{2}} + \frac{2}{(1 + 0.95\% + 0.2\%)^{3}}$$

$$+ \frac{2}{(1 + 1.15\% + 0.2\%)^{4}} + \frac{2 + 100}{(1 + 1.26\% + 0.2\%)^{5}}$$

$= 1.986 + 1.963 + 1.933 + 1.896 + 94.869 = 102.646$

剥离的零息债券流的价值 $= 1.982 + 1.961 + 1.930 + 1.887 + 94.861 = 102.621$

因此，静态无套利条件未被证实。

为了从静态套利中获利，需要卖出债券 B，在市场上买入 Y 银行在市场所有具有同等信用风险的剥离的零息债券流：

| | |
|---|---|
| －卖出债券 B 得到 | ＋102.646 |
| －买入零息债券流 | （－1.982） |
| | （－1.961） |
| | （－1.930） |
| | （－1.887） |
| | （－94.861） |
| 总额 | （－102.621） |

价格差 =（102.646 － 102.621）＝0.025（2.5 分钱每张债券）

对于 1 亿欧元名义本金所得净额等于：

100 百万欧元 ×0.025% ＝25 000 欧元

（d）—（d1）债券 A 的价格由下式给出：

$$P = \sum_{j=1}^{n} \frac{CF}{(1 + k)^{Tj}} + \frac{100\%}{(1 + k)^{Tn}}$$

$$P_A = \frac{1.5}{(1 + 2.75\%)^{0.5}} + \frac{1.5}{(1 + 2.75\%)^{1}} + \frac{1.5}{(1 + 2.75\%)^{1.5}} + \frac{1.5}{(1 + 2.75\%)^{2}}$$

$$+ \frac{1.5}{(1 + 2.75\%)^{2.5}} + \frac{1.5 + 100}{(1 + 2.75\%)^{3}}$$

$= 100.7688$

[阅卷者注意：

如果考生用$\frac{1}{\left(1+\frac{2.75\%}{2}\right)}$而不是$\frac{1}{(1+2.75\%)^{0.5}}$来折算现金流，只能给2分，不能给3分。]

债券B的久期由下式给出：

$$\text{久期} = D_{FW} = \sum_{t=1}^{T}\frac{PV(CF_t)}{P}\cdot t = \frac{1}{P}\cdot\sum_{t=1}^{T}\frac{t\cdot CF_t}{(1+k)^t}$$

$$D = \frac{1}{102.634}\times\sum_{t=1}^{5}\frac{(t)\times CF_t}{(1+1.45\%)^t} = \frac{1}{102.634}\times$$

$$\left(\frac{1\times2}{(1+1.45\%)^1}+\frac{2\times2}{(1+1.45\%)^2}+\frac{3\times2}{(1+1.45\%)^3}+\frac{4\times2}{(1+1.45\%)^4}+\frac{5\times102}{(1+1.45\%)^5}\right)$$

$$=4.81$$

债券C的凸度由下式给出：

$$\text{凸度} = C^* = \frac{1}{P}\cdot\frac{1}{(1+k)^2}\cdot\sum_{t=1}^{T}\frac{(t)\cdot(t+1)\cdot CF_t}{(1+k)^t}$$

$$C^* = \frac{1}{75.992}\times\frac{1}{(1+4\%)^2}\times\frac{(7)\times(8)\times100}{(1+4\%)^7} = 51.78$$

(d)—(d2) 只考虑久期的相对价格变动（价格的百分比变化）：

$$\frac{\Delta P}{P} = -\frac{D}{(1+k)}\cdot\Delta k$$

使用计算出的值：

$$\frac{\Delta P}{P} = -\frac{4.81}{(1+1.45\%)}\times0.25\% = -1.185\%$$

[使用给出的值：$\frac{\Delta P}{P} = -\frac{4.75}{(1+1.45\%)}\times0.25\% = -1.171\%$]

考虑久期和凸度的相对价格变动（价格的百分比变化）：

$$\frac{\Delta P}{P} = -D\cdot\frac{\Delta k}{1+k}+\frac{1}{2}\cdot C^*\cdot(\Delta k)^2$$

使用计算出的值：

$$\frac{\Delta P}{P} = -\frac{4.81\times0.25\%}{(1+1.45\%)}+\frac{1}{2}\times27.679\times(0.25\%)^2 = -1.177\%$$

使用给出的值：

$$\frac{\Delta P}{P}=-\frac{4.75\times 0.25\%}{(1+1.45\%)}+\frac{1}{2}\times 27.679\times(0.25\%)^2=-1.162\%$$

(d)—(d3) 组合久期：

$$组合久期=\sum_{i=1}^{n} w_i\cdot D_i$$

使用计算出的值：

$$组合久期=\frac{1}{3}\times 2.89+\frac{1}{3}\times 4.81+\frac{1}{3}\times 7=4.9$$

[使用给出的值：组合久期 $=\frac{1}{3}\times 2.7+\frac{1}{3}\times 4.75+\frac{1}{3}\times 7=4.82$]

组合凸度：

$$组合凸度=\sum_{i=1}^{n} w_i\cdot C_i$$

使用计算出的值：

$$组合凸度=\frac{1}{3}\times 9.47+\frac{1}{3}\times 27.679+\frac{1}{3}\times 51.775=29.641$$

[使用给出的值：组合凸度 $=\frac{1}{3}\times 9.5+\frac{1}{3}\times 30+\frac{1}{3}\times 50=29.833$]

(d4)

如果信用利差上升，债券价格下跌。因此债券 D 是最佳选择，它具备一个中长期的投资期限并且提供一个对价格下跌的保护。进一步，由于持有一个卖出期权，如果价格波动率上升，该多头部位将从期权价格上升中获利。

比较债券 D 和 C 它们有着相同的到期收益率（4%），但是债券 D 嵌入卖出期权（总价值比债券 C 高）。

债券 E 给出一个期权，可以在一年后以收益率为 1% 的条件将债券回售给发行者。这债券不是正确的选择，因为信用利差上升时债券价格下跌，而债券 E 没有提供价格下跌的保护。

由于最短的久期，债券 F 将允许投资者对投资资本予以保护但是它不满足实施中长期投资的投资方针。

(e)—(e1) 由于预测在 2 年期和 10 年期债券间会产生到期收益率曲线平坦化，该久期交易包括：

-卖出债券 G4.00% 2/2017（2 年期）

-买入债券 K5.00% 3/2025（10 年期）

考虑到开始时有名义本金 1 000 万欧元的 2 年期债券，该策略将是如下所述：

2 年期债券名义数额 × 价格 × 修正久期 = 10 年期债券名义数额 × 价格 × 修正久期

$$10\ 000\ 000 \times 108.7 \times 2.33 = X \times 122.1 \times 8.17$$

$$X = 2\ 539\ 000$$

=> 购买债券 5%、3/2025 的名义数额：

$$\text{卖出 2 年期债券 G 的对应价值} = \frac{10\ 000\ 000 \times 108.7}{100} = 10\ 870\ 000(\text{欧元})$$

$$\text{购买 10 年期债券 K 的对应价值} = \frac{2\ 539\ 000 \times 122.1}{100} = -3\ 100\ 119(\text{欧元})$$

（e）—（e2）

为了实施一个久期加权的“子弹—杠铃”策略，交易包括以下各项：

-卖出债券 I 4.50% 2/2020（5 年期）

-买入债券 G 4.00% 2/2017（2 年期）

-买入债券 K 5.00% 3/2025（10 年期）

开始时我们卖出 5 年期债券 11.45 百万欧元，买入 2 年期债券 X 百万欧元和 10 年期债券 Y 百万欧元。我们有如下组合：

$$\begin{cases} 11.45 \times 4.85 = X \times 2.33 + Y \times 8.17 & (\text{组合久期为零}) \\ 11.45 = X + Y & (\text{组合价值为零}) \end{cases}$$

$$\Rightarrow \begin{cases} 11.45 \times 4.85 = X \times 2.33 + (11.45 - X) \times 8.17 \\ 11.45 - X = Y \end{cases} \Rightarrow 11.45 \times (8.17 - 4.85)$$

$$= X \times (8.17 - 2.33) \Rightarrow X = 11.45 \times \frac{(8.17 - 4.85)}{(8.17 - 2.33)} = 6.509 \quad Y = 4.941$$

$$\text{购买 2 年期债券的名义数额} = \frac{6\ 509\ 000}{1.087} = 5\ 988\ 000(\text{欧元})$$

$$\text{购买 10 年期债券的名义数额} = \frac{4\ 941\ 000}{1.221} = 4\ 047\ 000(\text{欧元})$$

**问题 2 答案：**

（a）［公式集：1.1.4 & 1.3］

- 在 2008 年 4 月 30 日和 6 月 30 日之间有 61 天
- 年票息 = 当前收益率 × 价格比例 = 2.4% ×100% = 2.4%

因此，6 个月票息等于 1.2%。

- 名义价值 = 100 万欧元

⇒应计利息 = 1 000 000 × 1.2% × 61 ÷ 180 = 4 066.67（欧元）

（b）［公式集：2.4.3］

- 公司债券经历了评级下调和收益率扩展，一年后的价格是：

$$P = \frac{4}{1 + 4\% + 0.75\%} + \frac{104}{1.0475^2} = 98.60$$

- 持有期回报率：$\frac{98.60 - 100 + 4}{100} = 2.60\%$

（c）［公式集：2.5.7］

- 商业票据和两种零息债券的久期和它们的到期期限——4 个月、1 年和 2 年，是相同的。（请看表格中的题注）
- 组合的市场价值 = 1 百万 × 100% + 1 百万 × 98.04% + 1 百万 × 94.22% + 1 百万 × 100% = 3.92（百万欧元）
- 这意味着这 4 种债券的 × 100% 占比可以表示如下：
  - ○ 商业票据：　　　　25.5%（= 1/3.92 × 100%）
  - ○ 第一种零息债券：　25.0%（= 0.9804/3.92 × 100%）
  - ○ 第二种零息债券：　24.0%（= 0.9423/3.92 × 100%）
  - ○ 公司债券：　　　　25.5%（= 1/3.92 × 100%）

⇒组合久期 = 25.5% × 0.33 + 25.0% × 1 + 24.0% × 2 + 25.5% × 2.89
= 1.55（年）

⇒组合凸性 = 25.5% × 0.21 + 25.0% × 0.96 + 24.0% × 2.83
+ 25.5% × 5.27
= 2.32

（d）［公式集：5.1］

- P（可返售债券）= P（不可返售债券）+ P（隐含卖出期权）

- 上升的波动率促使期权价格上升，即隐含卖出期权的价值上升

⇒在利率波动率上升的预期下购买可返售债券是合理的！

(e)［公式集：2.4.2］

- 给定的两种零息债券的公允市场价值 P（零息）可以推导如下：

  P（零息）＝8×98.04%＋108×94.22%＝109.60%

(f)—(f1)［公式集：4.1～4.2］

- 可转债的市场价值＝5 000 欧元×110%＝5 500 欧元
- 转换后的价值数额＝60×75 欧元＝4 500 欧元

⇒转换溢价＝（5 500－4 500）/4 500×100%＝22.2%

(f)—(f2)［公式集：4.3.］

- 一个分红增加的预期，如果其他因素不变，将导致预期分红收益率的上升。
- 回收期限定义为：

PP＝转换溢价/（CY－DY）

CY 是可转债收益率，DY 是 XYZ 公司的分红收益率。

⇒更高的分红收益率因此将导致更长的回收期！

## 问题 3 答案：

(a)—(a1) 5 年

(a)—(a2) 如果每种一半地投资在 1 年期债券和 9 年期债券，久期将是 (1＋9)/2＝5 年。因此，你将购买名义价值为 100÷2÷0.9709＝51.5 百万欧元的 1 年期债券和名义价值为 100÷2÷0.5919＝84.47 百万欧元的 9 年期债券。

(a)—(a3) 两种仓位的久期都是 5 年，但是子弹式仓位的现金流集中在第 5 年，而哑铃式仓位的现金流在第 1 年和第 9 年间分配，这给了哑铃式仓位更大的凸性。

哑铃比子弹有更大的凸性因为久期对于期限呈线性增长而凸性对于期限的平方呈线性增长。如果一个长久期和短久期的叠加——基本上就是期限，等于子弹的久期，同样的两个凸性的叠加——基本上是期限的平方，肯定大于子弹的凸性。

普遍意义上，当 $x+y+\cdots+z=a$（cons ton t）成立时，最小值发生于 $x=y=\cdots=z$。

如果我们将这公式应用于该题，可以看到，在久期相同的条件下，当现金流集中于久期点时凸性最小，也就是子弹。

如果我们实际计算凸性的数值：

子弹：$\dfrac{5\times6}{(1+y)^2}=\dfrac{30}{(1+y)^2}$

哑铃：$\dfrac{\frac{1}{2}\times1\times2+\frac{1}{2}\times9\times10}{(1+y)^2}=\dfrac{46}{(1+y)^2}$

明显哑铃的凸性大于子弹。

（b）—（b1）

$$YTM_{Barbell}=\frac{51.50}{(1+x)}+\frac{84.47}{(1+x)^9}=100\text{，因此 } x=0.057=5.70\%$$

其他答案：

子弹式仓位的到期收益率是5.00%。

哑铃式仓位的到期收益率是两种债券的修正久期的加权平均值，那是5.70%。

$$YTM_{Barbell}=\frac{\frac{1}{2}\times\frac{1}{1.03}\times3.00+\frac{1}{2}\times\frac{9}{1.06}\times6.00}{\frac{1}{2}\times\frac{1}{1.03}+\frac{1}{2}\times\frac{9}{1.06}}=5.70$$

公式的推导如下所示：

给定一现金流 C，收益率为 y 的债券价格为 $PV(C;y)$。

$$\begin{aligned}PV(C_1;y_1)+PV(C_2;y_2)&=PV(C_1+C_2;y)\\&=PV(C_1;y)+PV(C_2;y)\end{aligned}$$

$$\Rightarrow PV(C_1;y_1)-PV(C_1;y_1)+PV(C_2;y)-PV(C_2;y_2)=0$$

使用 $PV(C_1;y)=PV(C_1;y_1+y-y_1)\cong PV(C_1;y_1)-D_1^{mod}\cdot(y-y_1)\cdot PV(C_1;y_1)$，我们得到：

$$D_1^{mod}\cdot(y-y_1)\cdot PV(C_1;y_1)+D_2^{mod}\cdot(y-y_2)\cdot PV(C_2;y_2)=0$$

于是：

$$y=\frac{D_1^{mod}\cdot PV(C_1;y_1)+D_2^{mod}\cdot PV(C_2-y_2)\cdot y_2}{D_1^{mod}\cdot PV(C_1;y_1)+D_2^{mod}\cdot PV(C_2-y_2)}$$

（b）—（b2）哑铃式仓位有更大的凸性因此它的价格运动更有优势，无论利率上升还是下降。

（b）—（b3）对于子弹式仓位：

$$\left(\frac{83.86}{78.35}-1\right)\times 100=7.03\% \text{ 或}$$

$$5.00-4/1.045\times(-0.5)=6.91\%$$

[解释：5 年期债券收益率为 5%。过了一年后它变成了 4 年期债券，修正久期为 4/1.045。收益率从 5% 降为 4.5%，因此价格的下降幅度约为 4/1.045×（4.5% −5%）]

对于哑铃式仓位：

$$[3.00+6.00-8/1.0575\times(-0.25)]/2\times 100\%=5.45\%$$

[解释：1 年期债券收益率为 3%，9 年期债券为 6%。一年后 9 年期债券变成了 8 年期债券，修正久期为 8/1.0575。收益率从 6% 降为 5.75%，因此价格降幅约为 8/1.0575×（5.75% −6%）]

或者：

$$[(100/97.09+63.94/59.19)/2-1]\times 100\%=5.51\%$$

（b）—（b4）当前的期限结构是凹形的，因为它包含了一定程度的利率波动。如果你预期利率波动将变得更大，你应该选择哑铃式仓位因为当利率变动时它更有利。反之，如果你相信波动率将变小，你应该选择子弹。

## 问题 4 答案：

[阅卷者注意：以下答案不代表唯一适用的计算方法或解释。只要定义、计算和梳理合理，请视为正确。（请注意若计算方法不同，最终数字可能也不同）]

（a）—（a1）价格可以计算为票息和本金的现值。因此使用折现值公式：

$$P=\sum_{t=1}^{T}\frac{C}{(1+Y_C)^t}+\frac{100}{(1+Y_C)^T}=\frac{C}{Y_C}\times\left[1-\frac{1}{(1+Y_C)^T}\right]+\frac{100}{(1+Y_C)^T}$$

$$①P_1=\frac{8\%}{6.65\%}\times\left[1-\frac{1}{(1+6.65\%)^7}\right]+\frac{100\%}{(1+6.65\%)^7}=107.37\%$$

$$②P_4 = \frac{6\%}{5.92\%} \times \left[1 - \frac{1}{(1+5.92\%)^8}\right] + \frac{100\%}{(1+5.92\%)^8} = 100.50\%$$

(a) — (a2) 发行前一级资本：46.85 十亿欧元；发行前后杠杆暴露1 423十亿欧元。

因此，发行前杠杆比率 = 一级资本/杠杆暴露 = 46.85/1 423 = 3.29%（2 分）

$$发行后计划杠杆比率 = \frac{46.85 + 1.75}{1\ 423} \times 100\% = 3.42\%$$

(a) — (a3) 我们知道：

- 或有资本债券的赎回期限越长，它的（修正）久期和凸度就越高。
- 或有资本债券的赎回收益率越低，它的（修正）久期和凸度就越高。
- 或有资本债券的票息率越低，它的（修正）久期和凸度就越高。

久期和凸度和到期期限正相关，而和票息率和赎回收益率负相关。由于德国银行的或有资本债券同时具有最高的到期期限和最低的票息率（以及接近最低的赎回收益率），它可能是具有最高修正久期和凸度的债券。

(b) — (b1)

巴克莱的或有资本债券提供四个债券中最高的赎回收益率，原因是它的名义价值和票息可以在 CET1 比率（核心权益一级比率）为 7% 时减记（而其他债券的 CET1 比率的触发水平只有 5.125%）。

这意味着只要巴克莱的 CET1 比率下降到 7% 以下（原因可能是，它的 CET1 资本由于损失遭受减记或它的风险加权资产暴露有增加）相关投资者将开始亏钱。

巴克莱或有资本债券的如此较高的风险暴露被较高的赎回收益率所弥补（和其他三种或有资本债券比较）。

总之，巴克莱或有资本债券提供最高赎回收益率的原因是它有最高的 CET1 触发点（所以它风险更高）。

(b) — (b2) 新发行的或有资本债券的赎回收益率的主要决定因素是：

- 赎回到期日期；
- 息票（以及频度）；
- 新发溢价；

- CET1 触发点（以及触发缓冲）；
- 发行者的评级（即，债券的信用质量）。

（c）—（c1）从投资者角度看：

- 诸如保险公司或养老基金这样的投资者，由于大环境是极低的利率和利差，面临着实现适度回报的巨大挑战。
- 作为结果，他们普遍对高收益债券有较高兴趣，包括此类的或有资本债券，特别是比其他风险较低的债券提供更高收益率的。

所以主要原因是“收益率增强”。

（c）—（c2）

从投资者角度或有资本债券除利率风险外的其他主要风险因素为：

- 减记风险（或，一般说，更高的信用风险）；
- 息票支付风险；
- 二级市场低换手率的流动性风险；
- 市场事件（如，危机）导致的较高的价格波动率（和其他高级债券相较）。

（c）—（c3）

从发行者角度看：

- 由于这些或有资本债券在监管上属于一级资本，在转股的案例中，它降低发行银行的杠杆率［债务/权益］（并提升一级资本比率），因此在债券市场上支持该银行的总体债券利差。实际上，在触发事件发生时，债转股导致公司杠杆水平［债务/权益］降低。
- 另外，它们以负债端（包括股东权益）的次级工具形式支持普遍意义上的“损失承受能力”，因此，支持发行银行的长期评级。
- 在增加 CET1 的实践中，或有资本债券比发行新股便宜，因为权益资本成本高达 10%。
- 或有资本债券被税收管理者认为是债务，因此获益于税盾。

## 问题 5 答案：

（a）隐含的假设是所有期间现金流（利息支付）可以以 5% 的回报率进行再投资。如果从债券收到的所有利息支付都可以以 5% 再投资，那么 5% 将成为实际的到期收益率。技术上 5% 是个保证的到期收益率，是基于利率将保持不变并且所有期间现金流都以此利率再投资的隐含假设上的。在现实世界中这极少发生；因此投资者面临再投资风险，即期间现金流将以较低利率再投资的风险。如果我们预计未来利率将下降，为了获得5%的回报，资本利得（价格增长）必须弥补利息支付再投资回报的下降，反之亦然。

（b）投资者能通过匹配持有期限和久期来使组合免疫。相应地，6年的持有期能使组合免疫并锁定5%的回报率。在这个情景下价格风险和再投资风险将相互抵消。例如，如果利率上升那么债券的价值将下降。这种损失将被期间现金流的再投资的较高回报所抵消。应该注意久期将随着利率变化而变化，因此组合的久期可能需要在这六年期间做调整。

## 问题6答案：

［给改卷者的注释：如下答案不是唯一的计算方法和可能的解释。只要定义、计算和相互关系的阐述合理就可以给分（计算方法的不同可能导致最终结果的不同）］

（a）—（a1）

对于1年，即期利率 $R_{0,1} = -0.25\%$（收益率也是一样的）

$$\text{贴现因子(Discount factor)} = \frac{1}{(1-0.25\%)} = 1.00251$$

对于2年，即期利率是：

$$1 = \frac{1\%}{(1-0.25\%)^1} + \frac{101\%}{(1+R_{0,2})^2}$$

$$\therefore R_{0,2} = 1.01\%$$

$$\text{贴现因子(Discount factor)} = \frac{1}{(1+1.01\%)^2} = 0.98017$$

远期利率：

$$1 + F_{1,2} = \frac{(1+R_{0,2})^2}{(1+R_{0,1})^1} = \frac{(1+1.01\%)^2}{(1-0.25\%)^1}$$

$$\therefore F_{1,2} = 2.28\%$$

对于3年，即期利率是：

$$1 = \frac{2.5\%}{(1-0.25\%)^1} + \frac{2.5\%}{(1+1.01\%)^2} + \frac{102.5\%}{(1+R_{0,3})^3}$$

$$\therefore R_{0,3}=2.55\%$$

$$贴现因子(\text{Discount factor})=\frac{1}{(1+1.0255\%)^{3}}=0.92725$$

远期利率：

$$1+F_{2,3}=\frac{(1+R_{0,3})^{3}}{(1+R_{0,2})^{2}}=\frac{(1+1.0255\%)^{3}}{(1+1.01\%)^{2}}$$

$$\therefore F_{1,2}=5.71\%$$

计算的图表是：

| 年 | 1 | 2 | 3 |
|---|---|---|---|
| 收益率 | -0.25% | 1.00% | 2.50% |
| 即期利率 | -0.25% | 1.01% | 2.55% |
| 贴现因子 | 1.00251 | 0.98017 | 0.92725 |
| 远期利率 | | 2.28% | 5.71% |

(a) — (a2)

计算价格如下：

$$P=\frac{-0.25\%}{(1-0.25\%)^{1}}+\frac{2.28\%}{(1+1.01\%)^{2}}+\frac{100\%+5.71\%}{(1+2.55\%)^{3}}=100\%$$

(a) — (a3)

如果“阶梯型附息债券”的息票等于相应的票息支付日前一年开始的 1 年期远期利率，那么它的价格是 100% [即平值 - 参看问题 (a2) 的答案]。

(b) — (b1)

如果债券 1 年后赎回，价格是：

$$P_{call}=\frac{-0.25\%+100\%}{(1-0.25\%)^{1}}=100\%$$

(b) — (b2)

- 赎回条款为发行者提供了一个权利：当利率上升，她/他能够收回这个产品，同时用相对便宜的融资方式替代较昂贵的。
- 这个权利有一个价格，即发行者需要支付的。
- 既然这两个债券是不同的（一个有赎回条款，而另一个没有），前面提到的权益需要一种投资者获得权益一家的方式在发行价格中体现出来。
- 结果，包含赎回权的“阶梯型附息债券”的发行价格要低于没有赎回权的同类产品。

(b) — (b3)

- 赎回条款赋予发行者权利：他/她能提前赎回产品。
- 既然这两个债券是不同的（一个有赎回条款，而另一个没有），相对于不可赎回债券，前面提到的权益意味着可赎回债券的现金流可能发生得更早。
- 结果，包含赎回权的“阶梯型附息债券”的修正久期要低于没有赎回权的同类产品。

(c) — (c1)

债券的久期：

$$D=\frac{\frac{-0.25\%}{(1-0.25\%)^{1}}+\frac{2.28\%}{(1+1.01\%)^{2}}\times 2+\frac{5.71\%}{(1+2.55\%)^{3}}\times 3}{100\%}=2.98$$

修正久期是：

$$D^{Mod}=\frac{D}{1+y}=\frac{2.98}{1+2.5\%}=2.91$$

(c) — (c2)

- 较高的利率波动率导致更高的看涨期权价格。
- 投资者可以向发行者出售赎回权，即，他/她持有期权空头，从而看空波动率。
- 从投资者的角度，这意味着较高的波动率水平导致较高的期权价格是不利的。

(c) — (c3)

- 主要的风险来自赎回权，因为在更低的利率环境下债券可能提前支付使投资者面临风险。
- 因而，投资者不得不以更低的利率进行投资。

(c) — (c4)

- 主要的卖点是：与低的，平的甚至负利率曲线相比，这个产品吸引人的息票结构。
- “可赎回阶梯型附息债券”的远期利率高于当前收益率。
- 另外，赎回条款能够避免在第 1 年出现负票息。

## 问题7答案：

【注：以下答案并不是本题的唯一解释和计算方法，只要定义、计算和相互之间的关系合理就可以认为是正确的（最后的数字可能因方法差异而不同）】

（a）—（a1）

计算如下：

①因为这是一个零息债券，久期$_A$ = 期限$_A$ = 5年。于是我们有：

$$MD_A = \frac{久期}{1+Y_A} = \frac{5}{1+0.85\%} = 4.96$$

②债券B的价格$(P_B) = \frac{100}{(1+Y_B)^t} = \frac{100}{(1+2.35\%)^{15}} = 70.58\%$

③下面，我们计算债券C到期收益率（$Y_C$）：

$$P_C = \frac{100}{(1+Y_C)^t}$$

$$37.4 = \frac{100}{(1+Y_C)^{35}}$$

$$\therefore Y_C = 2.85\%$$

④债券C的凸性是：

$$C_C = \frac{1}{P} \cdot \frac{1}{(1+Y_C)^2} \cdot \frac{t \cdot (t+1) \cdot CF}{(1+Y_C)^t}$$

$$= \frac{1}{P} \cdot \frac{1}{(1+Y_C)^2} \cdot t \cdot (t+1) \cdot \frac{CF}{(1+Y_C)^t}$$

$$= \frac{1}{P} \cdot \frac{1}{(1+Y_C)^2} \cdot t \cdot (t+1) \cdot P$$

$$= \frac{1}{(1+Y_C)^2} \cdot t \cdot (t+1)$$

$$= \frac{1}{(1.0285)^2} \times 35 \times 36$$

$$= 1\,191.14$$

[注：$C^* = 0.5 \times C = 595.57$ 是凸性的另一个可以使用的定义]

（a）—（a2）

- 修正久期是对利率相关证券的利率敏感性的近似。
- 给定的股票基金没有呈现出与利率相关的行为。
- 依赖于当前的经济环境，随着利率的升高或下降，股票价格的变化是不确定的。
- 总之，股票利率敏感性通常表现为修正久期是 0。

（a）—（a3）

【注：YTM 是即期利率的加权平均，对于投资组合，在通常的利率环境中，投资组合的 YTM 可以近似为其投资组合成分 YTM 的加权平均，权重是这个成分的久期。】

等权重的零息债券组合的收益率（$YTM_P$）是各债券收益率的加权平均，权重是这个债券的修正久期：

$$YTM_P = \frac{MD_A \cdot YTM_A + MD_B \cdot YTM_B + MD_C \cdot YTM_C}{MD_A + MD_B + MD_C}$$

$$= \frac{4.96 \times 0.85\% + 14.66 \times 2.35\% + 34.03 \times 2.85\%}{4.96 + 14.66 + 34.03}$$

$$= 2.53\%$$

或者（使用题目给出的数值）：

$$YTM_P = \frac{MD_A \cdot Y_A + MD_B \cdot Y_B + MD_C \cdot Y_C}{MD_A + MD_B + MD_C}$$

$$= \frac{5 \times 0.85\% + 14.66 \times 2.35\% + 34.03 \times 3\%}{5 + 14.66 + 34.03}$$

$$= 2.62\%$$

（b）—（b1）

3 个投资者的零息债券和股票暴露（用欧元报价）可通过下面公式计算：零息债券暴露 = 零息债券的价格 ×50 000。即使股票部分是 0，到期时投资者一定能获得50 000欧元，他将把 50 000 的额度投资在零息债券（到期时会平价支付）。

- 投资者 X：

$$零息债券暴露_A = 95.86\% \times 50\,000 = 47\,930$$

$$股票基金暴露_A = 50\,000 - 47\,930 = 2\,070$$

- 投资者 Y：

$$零息债券暴露_A = 70.58\% \times 50\ 000 = 35\ 290$$

$$股票基金暴露_A = 50\ 000 - 35\ 290 = 14\ 710$$

或者（使用给定的值）：

$$零息债券暴露_B = 70\% \times 50\ 000 = 35\ 000$$

$$股票基金暴露_B = 50\ 000 - 35\ 000 = 15\ 000$$

• 投资者 Z：

$$零息债券暴露_C = 37.40\% \times 50\ 000 = 18\ 700$$

$$股票基金暴露_C = 50\ 000 - 18\ 700 = 31\ 300$$

（b）—（b2）

这个持有更低的信用产品的暴露可以描述为：

•“资本保护”的概念基于零息债券在相应的到期日能获得 100% 的补偿。

• 用另一句话：资本保护被零息债券 100% 赎回价格保证。

• 即使更长的时期，AAA 的零息债券的违约概率也可被忽略。

• 但是，当投资于 BBB 级零息债券时，无违约假设的保护就不再起作用了。

（c）—（c1）

如果利率平行增加 +150 基点，债券的价格：

$$P_{A,1} = \frac{100}{(1 + 2.35\%)^4} = 91.13 \rightarrow 价格变化 = 91.13 - 95.86 = -4.73$$

或者用% 表示，价格变化 =（91.13/95.86 − 1）×100% = −4.93%

$$P_{B,1} = \frac{100}{(1 + 3.85\%)^{14}} = 58.93 \rightarrow 价格变化 = 58.93 - 70.58 = -11.65$$

或者用% 表示，价格变化 =（58.93/70.58 − 1）×100% = −16.51%

$$P_{C,1} = \frac{100}{(1 + 4.35\%)^{34}} = 23.51 \rightarrow 价格变化 = 23.51 - 37.4 = -13.89$$

或者用% 表示，价格变化 =（23.51/37.4 − 1）×100% = −37.14%

于是业绩可以计算为：

| 投资者 | 在 t0 时刻 | | 债券价格 | | 1 年期业绩 | | 1 年期回报 |
|---|---|---|---|---|---|---|---|
| | 债券投资 | 股票投资 | 在 t0 时的债券价格 | 在 t1 时的债券价格 | 债券业绩 | 股票业绩 | |
| X | 95.86% | 4.14% | 95.86 | 91.13 | -4.93% | 17.50% | -4.01% |
| Y | 70.58% | 29.42% | 70.58 | 58.93 | -16.51% | 17.50% | -6.50% |
| Z | 37.40% | 62.60% | 37.40 | 23.51 | -37.14% | 17.50% | -2.94% |

（每一排 4 分，最多 12 分）

或者：

| 投资者 | 在 t0 时刻 | | 债券价格 | | 1 年期业绩 | | 1 年期回报 |
|---|---|---|---|---|---|---|---|
| | 债券投资 | 股票投资 | 在 t0 时的债券价格 | 在 t1 时的债券价格 | 债券业绩 | 股票业绩 | |
| X | 95.86% | 4.14% | 95.86 | 91.13 | -2 267.09 | 17.50% | -1 904.84 |
| Y | 70.58% | 29.42% | 70.58 | 58.93 | -4 111.29 | 17.50% | -1 537.04 |
| Z | 37.40% | 62.60% | 37.40 | 23.51 | -2 597 | 17.50% | -2 880.07 |

或者（使用给定的值）：

$$P_{B,1}=\frac{100}{(1+3.85\%)^{14}}=58.93\rightarrow \text{价格变化}=58.93-70=-11.07$$

或者用%表示，价格变化 =（58.93/70 - 1）×100% = -15.81%

$$P_{C,1}=\frac{100}{(1+4.5\%)^{14}}=22.39\rightarrow \text{价格变化}=22.39-37.4=-15.01$$

或者用%表示，价格变化 =（22.39/37.4 - 1）×100% = -40.13%

或者：

| 投资者 | 在 t0 时刻 | | 债券价格 | | 1 年期业绩 | | 1 年期回报 |
|---|---|---|---|---|---|---|---|
| | 债券投资 | 股票投资 | 在 t0 时的债券价格 | 在 t1 时的债券价格 | 债券业绩 | 股票业绩 | |
| X | 95.86% | 4.14% | 95.86 | 91.13 | -4.93% | 17.50% | -4.01% |
| Y | 70% | 30% | 70.00 | 58.93 | -15.81% | 17.50% | -5.82% |
| Z | 37.40% | 62.60% | 37.40 | 22.39 | -40.13% | 17.50% | -4.06% |

（c）—（c2）

关于是否使用衍生产品的讨论：

- （支持）看涨期权的多头允许更高的股票暴露（通过更便宜的看涨期权而不是标的股票），产生杠杆，如果股票价格上涨会有更高的业绩（零息债券的保护不会有影响）。
- （反方）持有看涨期权多头会有更高的股票暴露，产生杠杆，因此如果股票市场下滑会表现出更差的业绩（零息债券的保护不会有影响）。
- （反方）持有看涨期权的多头可能会有交易对手，即看涨期权的出售方的风险。

【注：如果衍生产品头寸是被担保的，或者由清算中心结算，有人会认为不再存在交易对手风险，然而，当股票头寸具有剩余价值时，股票期货头寸也具有剩余价值，但是需要以现金形式提交初始和维持保证金，这会降低零息债券即保护的价值。】

# 后　　记

2024 版《注册国际投资分析师考试指定用书》是由中国证券业协会主持翻译、审定、出版的。具体翻译、审译工作分工如下：李明亮、陆宇建、何诚颖、李磊宁、杜冬云和邹洋、涂红、高洁、刘程、彭海兰同志承担了《经济学》《财务会计和财务报表分析》《公司财务》《股票估值与分析》《固定收益证券估值与分析》《衍生产品估值与分析》和《投资组合管理》的翻译工作，陆宇建、梅丹、邹洋、杜冬云、涂红、刘程同志承担了《财务会计和财务报表分析》《公司财务》《衍生产品估值与分析》《经济学》《股票估值与分析》《固定收益证券估值与分析》《投资组合管理》的审译工作。参加教材翻译、审译工作的人员有杨高宇、章耀、林珊珊、戴丹苗、路颖、吴一萍、周洪荣、朱蕾、王伟、臧赢鹏、陈海楠、黄桂勇、王伟豪、张晛、刘琬璐、任天一。

教材的翻译工作还得到了海通证券股份有限公司、国信证券股份有限公司、中航证券有限公司、南开大学、中央财经大学、对外经济贸易大学的帮助。

在本套教材的编辑出版过程中，中国财政经济出版社做了大量工作。

在此对以上各方参与专家、工作人员及相关单位一并表示衷心感谢！

**中国证券业协会**

2024 年 7 月